中国历史土地利用变化
数量恢复与空间重建

金晓斌 杨绪红 薛樵风 周寅康 等 著

科学出版社

北京

内 容 简 介

本书以全球变化背景下的历史土地利用重建研究为对象，从研究目的、意义、内容、国内外的研究方法和成果等方面探讨历史土地利用研究的理论问题，集成利用多重资料和方法恢复并分析历史时期中国人口和耕地的时空变化，深入探讨历史城市用地、农村居民点用地及城乡建设用地的重建方法。在此基础上，完成包含耕地、建设用地、林（草）地和水域等主要地类的历史土地利用格局全地类重建。

本书可供地理学、环境科学、历史学及全球变化科学等领域的研究人员参考，也可以作为高校本科生、研究生教学参考书和课外阅读书。

审图号：GS（2023）623 号

图书在版编目（CIP）数据

中国历史土地利用变化数量恢复与空间重建 / 金晓斌等著. —北京：科学出版社，2023.3

ISBN 978-7-03-075187-4

Ⅰ．①中⋯　Ⅱ．①金⋯　Ⅲ．①土地利用－研究－中国　Ⅳ．①F321.1

中国国家版本馆 CIP 数据核字（2023）第 046468 号

责任编辑：沈　旭　黄　梅　石宏杰 / 责任校对：杨聪敏
责任印制：张　伟 / 封面设计：许　瑞

科 学 出 版 社 出版
北京东黄城根北街 16 号
邮政编码：100717
http://www.sciencep.com

北京中石油彩色印刷有限责任公司 印刷
科学出版社发行　各地新华书店经销

*

2023 年 3 月第 一 版　开本：720×1000　1/16
2023 年 3 月第一次印刷　印张：10
字数：200 000

定价：99.00 元
（如有印装质量问题，我社负责调换）

前　　言

全球及区域尺度的生态环境与气候变化长期以来受到地球系统表层土地利用与土地覆盖变化的影响。20世纪90年代中期开展的土地利用与土地覆盖变化研究提出，应当应用各种科技手段重建土地利用变化历史。重建具有定时、定量、定位的较高精度和准确性的历史土地利用空间数据，能够在补充现代遥感解译成果的基础上，进一步识别土地利用与土地覆盖变化过程和变化规律，可为土地利用，气候模拟，全球资源、环境、生态问题提供借鉴和依据。中国历史上形成的丰富文献资料为开展历史土地利用重建创造了良好的条件，通过对史志、地方志、笔记、地形图、地籍图等历史资料中包含的地理要素，按时间、空间进行提取、甄别、修正和空间化，可为定量或半定量分析历史土地利用与土地覆盖变化提供有利证据。

本书是在国家自然科学基金面上项目"集成地理建模与历史文献挖掘的近300年苏皖地区土地利用格局重建"（项目编号：41671082）的资助下，在南京大学地理与海洋科学学院土地利用与整治实验室师生历经数年的研究基础上，经补充、完善、深化、拓展编写而成。本书以突破传统历史土地利用格局时空重建研究在细化空间精度、连续重建结果、提升成果解释力等方面面临的限制为对象，沿袭拓展数据源和集成重建模型的整体思路，从历史数据订正、重建方法体系构建和全地类历史土地利用格局重建等方面开展深入研究。

本书第1章综述历史土地利用与土地覆盖变化研究的意义；第2章评述国内外土地利用与土地覆盖变化最新研究的进展；第3章重建以省级区域为分析单元的近300年来中国人口数据时间序列，探讨人口变化与时空分布格局演化规律；第4章综合多种方法对中国历史耕地数据进行修正，重建近300年中国分省耕地数据集；第5章基于多源历史数据，采用历史城市形态复原法，重建明清时期中国城市建成区，并对其用地变化进行分析；第6~8章以位于长江三角洲的若干地区为案例，分别探讨区域历史城市建成区的扩展过程与城市体系演变、历史农村居民点用地数量估计与空间重建、历史城乡建设用地数量估算与空间重建等问题；第9章在综合全书研究成果的基础上，完成区域历史土地利用的全地类重建。

各章节的执笔人如下：第1章，金晓斌、周寅康；第2章，杨绪红、林忆南、韩娟；第3章，潘倩、金晓斌；第4章，曹雪、金晓斌、王金朔、缪丽娟；第5章，薛樵风、金晓斌；第 6 章，覃丽君、蒋宇超；第 7 章，滕芸、杨绪红；第 8 章，林忆南、金晓斌；第 9 章，潘倩、金晓斌、周寅康。全书由金晓斌、薛樵风统稿。

  本书编写过程中，得到了中国科学院地理科学与资源研究所何凡能研究员、北京师范大学叶瑜教授和崔雪峰教授、清华大学龙瀛研究员、国防科技大学吕欣教授、云南大学成一农研究员、中国地质大学（武汉）李士成副教授、南京信息工程大学李蓓蓓副教授给予的指导、支持和帮助。本书的编写参考了大量国内外著作和研究成果，采用了国家地球系统科学数据共享服务平台、中国气象科学数据共享服务网、复旦大学历史地理研究中心的相关数据，在此对相关著作作者和研究人员表示衷心的感谢。

  由于时间仓促，加之作者水平有限，书中疏漏之处在所难免，热忱欢迎各位专家和广大读者批评、指正。

作　者

2022 年 11 月 21 日

目 录

前言
第1章 全球变化与历史土地利用重建 ··· 1
  1.1 历史土地利用与土地覆盖变化研究的目的和意义 ······················· 1
    1.1.1 历史土地利用与土地覆盖变化是全球变化研究的重要组成部分 ········· 1
    1.1.2 利用历史文献重建土地利用空间格局 ····································· 2
  1.2 历史土地利用与土地覆盖变化的研究内容与方法 ······················· 3
    1.2.1 历史文献地理要素的挖掘、解析与空间化 ······························· 3
    1.2.2 基于空间配置方法的初始全地类配置 ····································· 6
    1.2.3 基于空间演化模型的单地类格局重建 ····································· 7
    1.2.4 基于个体模型的多地类竞争协调优化 ····································· 8
  1.3 历史土地利用与土地覆盖变化的研究目标 ································ 9
  1.4 技术路线 ··· 10
第2章 中国历史土地覆被数据集空间重建研究进展 ···························· 12
  2.1 历史土地利用变化与历史记录 ·· 12
    2.1.1 历史时期中国土地利用变化 ·· 12
    2.1.2 基于历史记录的土地利用变化分析 ·· 14
  2.2 历史土地利用与土地覆盖变化重建方法 ···································· 16
    2.2.1 重建假设 ·· 16
    2.2.2 "自上而下"的配置模型 ··· 18
    2.2.3 "自下而上"的演化模型 ··· 19
  2.3 典型历史土地利用重建数据集 ·· 19
    2.3.1 典型历史土地利用重建成果 ·· 19
    2.3.2 典型数据集对比 ·· 22
  2.4 本章小结与研究展望 ··· 26
第3章 近300年来中国人口变化及时空分布格局 ································· 27
  3.1 近300年来中国人口总量及增长率变化 ····································· 27
    3.1.1 人口数据收集与订正 ··· 27
    3.1.2 人口总量及增长率变化 ··· 28
  3.2 近300年来中国人口分布演化 ··· 30

3.2.1　人口分布演化测度方法 ………………………………………30
　　　3.2.2　人口分布演化过程 …………………………………………33
　3.3　本章小结 ………………………………………………………………37
第4章　近300年来中国耕地数据集重建与耕地变化分析 ………………………39
　4.1　已有历史耕地重建结果简要回顾 ……………………………………39
　4.2　历史耕地数据修正方法 ………………………………………………41
　　　4.2.1　耕地数据搜集与断面选择 ……………………………………41
　　　4.2.2　清代耕地数据复建体系构建 …………………………………42
　　　4.2.3　行政界线归并 …………………………………………………45
　　　4.2.4　系数邻近修正法 ………………………………………………46
　4.3　近300年耕地数据重建结果与分析 …………………………………47
　　　4.3.1　耕地数量重建结果 ……………………………………………47
　　　4.3.2　与已有数据集的比较分析 ……………………………………48
　4.4　近300年耕地变化分析 ………………………………………………50
　　　4.4.1　中国耕地变化阶段 ……………………………………………50
　　　4.4.2　省际耕地变化差异分析 ………………………………………51
　4.5　本章小结 ………………………………………………………………53
第5章　历史城市建成区数据集重建与城市用地变化分析 ………………………55
　5.1　历史城市建成区重建原理 ……………………………………………55
　　　5.1.1　已有历史时期城市化评估方法简要回顾 ……………………55
　　　5.1.2　历史城市建成区代用指标 ……………………………………56
　5.2　历史城市分类、分区与多源数据融合 ………………………………58
　　　5.2.1　历史城市类型与分区 …………………………………………58
　　　5.2.2　多源数据收集与融合 …………………………………………59
　5.3　历史城市建成区空间重建方法 ………………………………………62
　　　5.3.1　历史城市形态学复原方法 ……………………………………62
　　　5.3.2　中国城市城墙范围数据集制作方法 …………………………63
　　　5.3.3　中国城市建成区数据集制作方法 ……………………………65
　5.4　历史城市建成区重建结果与分析 ……………………………………68
　　　5.4.1　历史城市建成区重建结果 ……………………………………68
　　　5.4.2　重建结果的质量控制与比较分析 ……………………………70
　5.5　本章小结 ………………………………………………………………72
第6章　历史城市建成区扩展过程与城市体系演变 ………………………………74
　6.1　已有历史城市扩展与体系演变研究简要回顾 ………………………74
　6.2　长江三角洲地区历史城市体系演变背景 ……………………………75

6.2.1　历史时期长江三角洲地区城市化发展概况······················75
　　6.2.2　历史城市的类型与研究对象选择······························76
　　6.2.3　长江三角洲地区历史城市数据来源与处理方法··················78
6.3　历史城市建成区扩张与城市体系演变分析方法··························79
　　6.3.1　城市建成区扩张过程演变分析································79
　　6.3.2　城市体系等级规模演变分析··································80
6.4　历史城市扩张空间格局演化与等级规模演变····························81
　　6.4.1　城市建成区扩张空间格局演化································81
　　6.4.2　城市体系等级规模变化······································84
　　6.4.3　城市体系等级规模空间结构演化······························86
6.5　本章小结··87

第7章　历史农村居民点用地数量估计与空间重建·····························89
7.1　苏皖地区居住文化与农村居民点演变背景································90
　　7.1.1　苏皖地区自然与社会环境概况································90
　　7.1.2　苏皖地区农村居住文化······································91
7.2　农村居民点重建思路与数据来源······································92
　　7.2.1　农村居民点用地数量估计与重建思路··························92
　　7.2.2　农村居民点重建数据来源····································93
7.3　农村居民点用地数量重建··94
　　7.3.1　农户数量重建方法··94
　　7.3.2　户均农村居民点用地规模估算································94
7.4　农村居民点用地空间重建··96
　　7.4.1　空间分布准则··96
　　7.4.2　控制性要素··97
　　7.4.3　空间演化准则··99
7.5　农村居民点格局重建和结果验证······································100
　　7.5.1　农村居民点格局重建结果····································100
　　7.5.2　农村居民点重建结果验证····································102
7.6　本章小结··105

第8章　历史城乡建设用地数量估算与空间重建······························106
8.1　建设用地变化特征与重建思路··106
　　8.1.1　建设用地变化特征··106
　　8.1.2　历史建设用地重建思路······································107
8.2　江苏省历史沿革与基础数据··109
　　8.2.1　江苏省历史沿革··109

		8.2.2 基础数据	109
	8.3	研究方法与时空格局重建	111
		8.3.1 典型时段建设用地数据估算	111
		8.3.2 典型时段建设用地空间重建	115
	8.4	建设用地重建结果验证	119
		8.4.1 趋势验证与相关性验证	119
		8.4.2 典型时段定量验证	121
	8.5	本章小结	123
第9章	历史土地利用格局全地类重建		126
	9.1	重建空间尺度及土地利用类型划分	127
	9.2	历史土地利用数量重建	127
		9.2.1 聚落用地数量修正与重建	127
		9.2.2 耕地数量重建	129
	9.3	历史土地利用全地类重建	130
		9.3.1 城镇用地空间重建	130
		9.3.2 农村居民点用地、耕地空间重建	130
	9.4	历史土地利用重建结果	133
	9.5	本章小结	135
参考文献			137

扫码查看本书彩图

第 1 章　全球变化与历史土地利用重建

1.1　历史土地利用与土地覆盖变化研究的目的和意义

1.1.1　历史土地利用与土地覆盖变化是全球变化研究的重要组成部分

大量证据表明，地球系统正在发生行星尺度上的重大变化，日益增长的人类活动以温室气体排放、土地利用变化等多种方式表现出来，影响甚至主导着地球环境及其运行的许多方面（IGBP，2001）。土地利用与土地覆盖变化（land use and cover changes，LUCC）是除了工业化之外，人类对自然生态系统的最大影响因素（Turner et al.，1997；Lambin et al.，2001）。农田面积扩大、城市用地增加和森林砍伐等用于满足人类需求的措施正在改变土地利用与覆被的可持续性，相关土地利用变化问题逐步由环境问题上升为生境问题乃至人类的生存问题（Voldoire et al.，2007；葛全胜等，2004；李家洋等，2006），LUCC 研究也成为众多国际跨领域研究项目中的重要内容之一。LUCC 研究特别将"过去 300 年中人类的活动是如何改变土地覆被以及在不同历史阶段不同地理单元土地利用变化的主要人文因素是什么"列为重点问题，强调利用各种手段恢复过去土地利用与土地覆盖变化的详细历史（Leemans et al.，2000；Thompson，2000）。

LUCC 作为开展长期气候变化模拟、诊断气候形成机制、辨识气候系统对自然和人类要迫感性、预测未来气候变化等研究的重要参量，以及分析、模拟并预测全球（区域）生态环境变化的重要基础数据，建立（重建）长时期（近 300 年甚至更长时段）、全地类（涵盖主要土地利用类型）、连续型（具有一定的时空连续性）、较高分辨率（1~10km 空间格网）的数据集成为实现这些科学目标的重要基石（IGBP，2005；Feddema et al.，2005）。在历史土地利用空间格局重建方面，现有研究多集中在耕地。其中，美国威斯康星大学全球环境与可持续发展中心（SAGE）的全球土地利用数据集（global land use database）和荷兰国家公共健康与环境研究所（RIVM）的全球历史环境数据集（historical database of the global environment）都是较为重要的尝试（Goldewijk and Battjes，1997；Goldewijk and Navin，2004；Goldewijk，2001；Goldewijk et al.，2011，2017；Ramankutty and Foley，1999）。在此基础上，有学者对原始土地利用数据进行加工，又得到"土地利用转型"数据集（land use transformation database）（Hurtt et al.，2006）。然而，这些全球数据集中的大部分土地数据是由人口、消费等社会经济参数间接推导而来的,推理过程中有许多假设,增加了数据集的不确定性,导致其成果虽能够反映全球大势,但却相对粗略,数据量和空间分布在局部尺度上都存在较大误差(葛全胜等,2008a;李蓓蓓等,2010)。与此同时,上述研究也为相关学科发展提供了方法借鉴和数据参考,诸多学者利用或改良这些方法进行了更为深入的研究(He et al.,2015;Liu and Tian,2010;Ye et al.,2015;李柯等,2011;李士成等,2014)。但综合而言,大部分重建成果以耕地为主且多为垦殖率类型,空间分辨率较低,这与深入分析全球变化陆地表面过程对土地利用与土地覆盖变化基础数据的要求仍有较大差距。

1.1.2 利用历史文献重建土地利用空间格局

中国历史上形成的丰富文献资料为开展历史 LUCC 重建创造了良好的条件。利用历史文献资料,采用史料考订、断面定量比较、多时段数据整合等方法确定一定区域下特定土地利用类型的数量,基于土地适宜性评价结果或现代土地利用格局,重建以网格垦殖率为主要表达方式的历史土地利用格局是这一研究领域的典型范式(葛全胜等,2003,2008b)。通过对史志、地方志、笔记、地形图、地籍图等历史资料中包含的地理要素(地名、地物、现象、事件等),按时间、空间进行提取、甄别、修正和空间化,可为定量或半定量分析历史 LUCC 提供有利证据。同时,借助嵌入表征人类土地利用行为的规则和智能算法,采用网格单元逐次循环迭代的方式"自下而上"地演化历史土地利用格局,也成为提高历史 LUCC 重建效率并合理解释其变化过程的可能途径。

长江三角洲地区(含今江苏、安徽、浙江及上海)依山负海,跨江越淮,是中国南北方的过渡区和融合区。区内既有平坦、宽阔的江淮平原、苏南平原,也有西部大别山、南部徽州的山地和丘陵地区。长江、淮河、钱塘江三大水系横贯东西,区域内湖泊众多,水域辽阔,海陆变化显著,是一个聚集了众多自然地理要素的综合性区域。该区是中国传统农区的重要组成部分,自古就是中国的主要粮食种植区和经济社会活跃地带,同时繁荣的商业活动也刺激和资助了文化活动,使这里成为明清时期文化极为发达的地区之一。该区近 300 年来土地覆被变化显著,留存的历史文献资料中也蕴含大量可供挖掘的地理要素信息,在开展结合历史资料进行土地利用格局重建方面具有显著优势。

本书拟从丰富基础数据来源和拓展建模方法入手,一方面充分挖掘历史文献记载中具有地理意义的各类要素,为丰富地理建模提供客观基础数据支撑;另一方面基于"初始全地类配置→单地类历史过程演化→多地类综合协调→近现代数据验证"的整体思路,构建集成"配置-演化-协调"的重建方法,探索长江三角洲地区近 300 年全地类［含耕地、城市用地、农村聚落、林（草）地、水域和其他用地］利用格局的时空连续重建方法（空间分辨率为 1km×1km，时间分辨率为 10～20a）。本书力图在理论层面将地理学时空分析、历史学文献解析等学科内容进行交叉融合，增强对历史 LUCC 驱动机制、变化过程和区域特征的认识。在方法层面，综合"自上而下"的土地利用空间配置与"自下而上"的土地利用空间演化的建模思路，构建贴近历史土地利用变化实际过程的模型方法，为历史 LUCC 重建提供新的方法探索。在实践层面，通过对明清时期以来近 600 年长江三角洲地区 LUCC 时空格局的分析，加深对中国传统农区土地利用变化过程和驱动机制的理解，为长时期、大范围的历史 LUCC 研究提供参考。

1.2 历史土地利用与土地覆盖变化的研究内容与方法

本书主要包括以下研究内容：①历史文献地理要素的挖掘、解析与空间化；②集成"配置-演化-协调"的历史 LUCC 重建方法体系构建；③长江三角洲地区明清时期以来建设用地、耕地土地利用及人口、农村居民点等社会经济要素空间格局重建。

1.2.1 历史文献地理要素的挖掘、解析与空间化

历史文献中包含大量与历史时期土地利用数量及空间格局变化有关的信息，为直接或间接研究历史土地利用变化提供了重要的基础数据。本书从档案、地方志、族谱、奏折、调查报告、年鉴、史料汇编和近现代统计资料入手，进行多元、多类型数据采集。明清时期留存的大量文献材料，加之近年来严谨的古籍保护和文献资料数字化工作，使得这些历史文献得以较好地保存和整理加工。历史文献资料种类繁多，内容涵盖行政区划、人口、土地覆被、土地利用等多方面，其中对历史土地利用研究具有较高价值的文献资料主要包括：①档案、奏折、政书、实录，如《清实录》《宫中档乾隆朝奏折》《皖政辑要》《吴煦档案》等；②地方志、一统志、史料汇编，如《江南通志》《苏州文史资料》《江苏省苏州市地名录》等；③族谱、笔记，如《莫厘王氏家谱》《吴中叶氏族谱》等；④年鉴、论著、统计调查，如《明代江南市民经济试探》《江苏各县田亩科则第一次调查表》《上海年鉴》等；⑤电子文献资料，如国家图书馆的"数字方志库"、上海图书馆的"家谱数据库"等。部分文献中提及的相关地理要素摘录举例如表 1-1 所示。

表 1-1 明清时期部分历史文献摘录

类别	要素	时期	资料示例	资料出处
政区沿革	政区	清前期	（江苏省）本朝改置江南省，治江宁。顺治十八年，分属左右布政使司。康熙六年，改为江苏省。雍正二年，升苏州府属之太仓州、淮安府属之海州、扬州府属之通州为直隶州。十一年，升徐州为府。乾隆三十二年，以通州及崇明县沙地析置海门直隶厅。领府八、直隶州三、直隶厅一	《嘉庆重修一统志》
	沿革	1760年	乾隆二十五年，安徽布政使司自江宁返治安庆	《安徽建省考》
自然灾害	水灾	1755年	淮徐海三府州属……四月初七初八初九及十二十三等日，连日大雨，兼值上游水发，淮属之清河、桃源、安东，徐属之铜山、丰县、沛县、萧县、砀山、邳州、宿迁、睢宁，海州及所属之沭阳、赣榆，并江宁府属之江浦一县……附近湖河洼地皆被水淹，自五六寸至二三尺不等	《宫中档乾隆朝奏折》
人口	户口	1881年	光绪七年实在男妇二百九十万七千九百九十三丁口，金山县实在男妇二十万七千八百七十一丁口……青浦县实在男妇三十七万四千八百八十六丁口	《上海府县志辑·光绪松江府续志》
	移民	明初	吾濡西潘氏一家，承自祖源，西周时代原世族为周文王之十五子孙毕公，其子孙采食于潘，原姬女之派而得姓潘氏，以荥阳为其郡花县堂也。后经数千年迁徙、分派，而溯发祥之始祖贵一公昂轩、贵二公举轩籍世为徽州婺源人，因明初洪武龙兴干戈，婺乃兵家用武之地，两始祖避兵祸遂拨濡西，后迁无为州西北谢家岗……	《濡西潘氏传家宝录》
田赋	赋税	1687年	若高邮田二万五千余顷，额征银四万一千余两；泰州田九千余顷，额征银二万五千余两。非泰州之田仅高邮三分之一，非泰州之赋重于高邮三倍也，盖泰州大地而高邮小地也。又如兴化田二万四千余顷，额征银二万八千余两；宝应田二千余顷，额征银二万余两，非宝应之田仅兴化十分之一，非宝应之赋重于兴化十倍也，盖宝应大地而兴化小地也	《江南通志》卷68《食货志·田赋》
	田契	1777年	立卖契程尧章，为因正用，今将承祖遗下系"体"字三千七百零三号，土名藕塘下，田二秤十五斤，计税三分六厘一毫五系；又四千八百零六号，土名江坑口，田三秤，计税四分七厘六毫四系；又四千八百十三号，土名泥田址，田一秤十七斤半，计税一分八厘六毫。其田东至西至南至北至。以上十二至俱照保簿为定，凭中立契，卖与房叔名下为业	《休宁程氏抄契簿》
	耕地	1582年	万历十年清丈，田、塘俱二百四十四步八厘为一亩，高地四百步为一亩，平地二百五十六步九分为一亩，面地十二步二分五厘为一亩	《祁门县志》
	屯田	1902年	各直省卫所屯田，原为转漕养赡运丁而设。自南漕改由海运以来，屯卫弃丁半成虚设，……现又定章改折漕粮，急宜认真清查，改归丁粮，以昭核实而裕漕课	《清德宗实录》
制度	地方行政制度	1727年	江南省二十三卫向隶都司管辖，今都司已裁，其征收钱粮、盘查仓库应归附近之府州专办结销。请将上江之新安等卫归徽州等府管辖；下江之苏州等卫归苏州府管辖；江淮兴武等卫归江宁府管辖	《清世宗实录》卷52
土地覆被	水道	宣统	（庐州府属）大江在无为州由安庆府东北流至灰口入境，北过大兴、卫生等洲，至老鹳嘴折东流至泥汊镇，自灰口至此，南岸为池州府界。转东北流过栅港，经黑沙、锦口等洲又东流过奥龙镇，折北流矶，属芜湖	《皖政辑要》，卷98，《邮传科·水道》
	山川	康熙	合肥前奠平陆，凡百里，左湖右山，而后亦广野，故有塘有圩。舒则南西皆山，尤多美田山泉之利，号称膏腴	《天下郡国利病书》

续表

类别	要素	时期	资料示例	资料出处
土地利用	塘坝	1748年	（合肥）塘堰共计二千余口，东南塘面积一千二百余亩，学塘、四倍塘、楚堰面积各二百余亩，江大塘、实塘、双堰面积各一百余亩，二四五六七八各区皆以塘堰为要，均必征工挑挖	《安徽通志·水工稿》
	集镇	1748年	（运漕镇）地临大河，上接巢湖，下通大江，居民稠密，商贾辐辏之地	《江南通志》
	村落	1840年	巢县吕婆店市，县南十里，人烟凑集	《重修安徽通志·关津》
	墓葬	弘治	义冢一名漏泽园。明弘治十一年，苏州府知府曹凤建在柳字号报恩寺后。《县志》，旧额二亩四分，即报恩寺废基	《龙潭庵村志》
	寺庙	道光	城中圆庙观，尤为游人所争集，卖画张者聚市于三清殿，乡人争买芒神春牛图。观内无市鬻之舍，支布幕为庐，晨集暮散……杂耍诸戏，来自四方，各献所长，以娱游客之目	《清嘉录·卷一》
	庙学	洪武	明洪武初知县董原芳拓学东地为射圃	《上海府县志辑·光绪松江府续志》
商业	米粮贸易	1729年	因市牛具，仿北方种植法，躬督垦辟，遂享其利	《清史稿·卷477·陈庆门传》

基于历史文献的特性和信息载体的表现形式，可将其分为文本型和地图型两类素材进行分别提取，复原与土地利用有关的制度（如弓尺、原额、折亩、隐匿、嵌田、赋税、户口等）和土地利用方式的名词术语（如田亩、市镇、村落、寺庙、庙学、道路等）。方志、日记、档案等文本型数据有显性、隐性时间之分，地名多异，字体以繁体为主，竖向排版等特点。对显性时间属性构建年号纪元转化数据库、简繁体对照数据库、古今地名映射数据库、数值转录数据库等基础数据库后，采用图片文字识别技术（如光学字符识别 OCR），将历史典籍按章节条目款进行文字扫描输入、切行分字预处理、单字识别与连接后建立典籍库，对隐性时间属性建立重大历史事件对照表，显化时间段或时间点，结合布尔检索、截词检索、原文检索、加权检索和聚类检索、扩检与缩检等数据库检索技术按研究所需之关键字词（如田亩、税赋、城郭、集镇、户、丁等名词；多、常、频、勤、繁等频率副词；大、广、垠、阔等程度副词；亩、步、尺等规模副词）、事件（旱、涝、蝗、瘟、疫、灾、战争等重大事件）、地名（镇、集、圩、庄、坊、村、塘、浜、甸、庙、祠、寺、井、楼、湾、坝、园、店、堂、子、口、家、头、城、基、墅、泾、洼、界、塓、墩、巷上、基上、头上等位置地名）进行数据检索、分类导出，建立耕地（田亩）、户数（人口、男丁）、城池（府、县、附郭、步长、里）、森林等原始记录。

针对地形图、景观图等图件型材料，将地名实体抽象成"点""线""面"等形状要素。行政区划地名实体、城市建成区、山体、水域等刻画为具有几何形状的面状要素，限定在一定的区域范围；建筑地名实体（如村、庄）刻画成具有明确空间位置的点状要素；河流、道路等地名实体刻画成具有一定长度的线状要素。对于地名实体的空间形态，采用一组有序的地理坐标（Lon，Lat）描述其地理位置；以一连串有序的点的集合构成线要素；以封闭的线要素构成面要素的边界。基于数字化扫描技术，将纸质、胶片等光影信号转化为电信号，经多样点几何校正、投影纠正等处理后制作成具有明确空间定位的电子图片，结合 ArcScan 的灰度值自动数字化技术，将地名实体转为"点""线"等形状要素后，再结合目视解译将闭合曲线围合的城市建成区、耕地、山体、水域等几何形态转为面状要素，经几何位置、拓扑关系检查后对形状要素赋予相应的文本属性，如地类、地名、年代等信息。处理过程示意见图1-1。

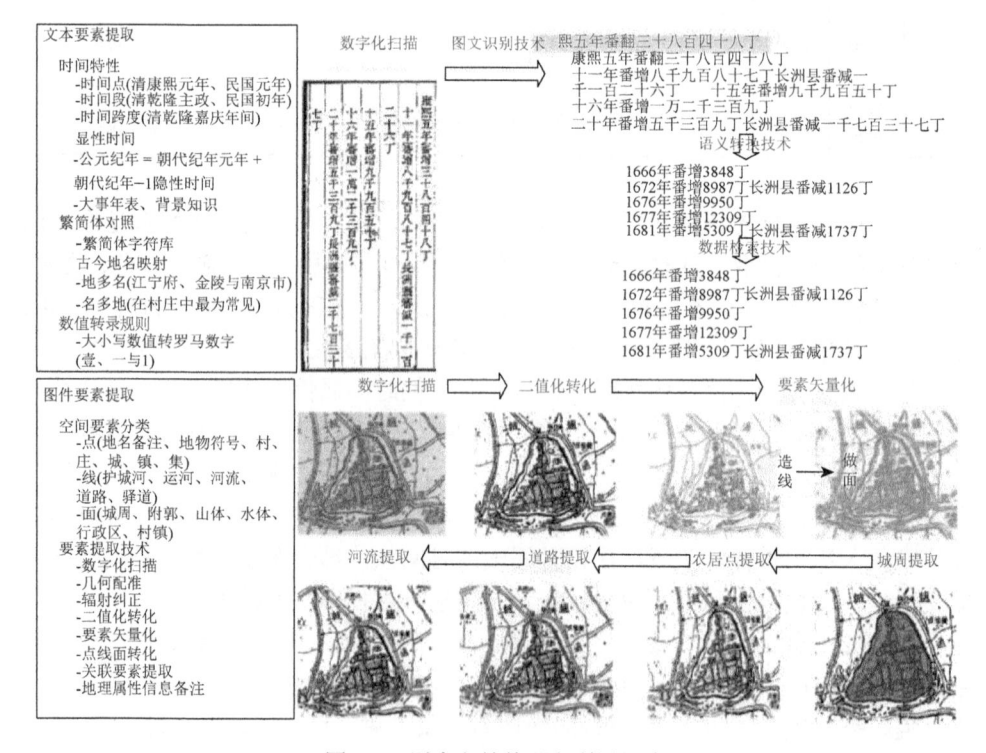

图1-1 历史文献整理和利用思路

1.2.2 基于空间配置方法的初始全地类配置

本书拟在历史地理要素深入挖掘的基础上，采用地理建模方法，通过正向演化、逆向纠偏的方式实现对历史时期土地利用时空格局变化的连续重建。其中正向演化是指根据自然资源条件诊断、土地利用变化特点和历史垦殖趋势判断的综合分析，结合现代土地利用格局，通过设置一定的配置法则，首先构造一个初始土地利用格局；然后根据不同土地类型特点，细化重建分区[耕地参考综合地理和农业分区，城市用地考虑城市类型、城市组合特征和城市发展阶段，农村聚落考虑居住特点和文化差异，林（草）地考虑地貌条件和人口压力]，考虑不同地类的历史变化过程，设置相应的演化规则，在网格单元下采用逐次循环方式对各地类进行独立迭代演化；再通过过程控制期（如 20 世纪 30、50 年代，具有调查数据）和结果验证期（如 60~80 年代，具有遥感数据）的趋势验证与数量检验，分析误差产生的原因，对"初始格局"和"演化规则"进行动态调整和逐级修正。

对基于适宜性评价的空间配置、基于栅格组织的空间演化和基于土地利用主体的空间决策等研究方法进行集成，衔接单一地类重建和全地类重建，构建集成"配置-演化-协调"的历史 LUCC 重建方法体系。首先，以全地类为对象，通过基于适宜性评价的地理空间配置方法，"自上而下"地形成初始土地利用格局；其次，从各独立土地类型出发，采用基于栅格的空间演化方法，采用地类数量控制和分区规则控制，利用通过历史文献挖掘获取的各类地理要素作为空间引导参数，"自下而上"进行正向演化模拟；再次，在有较为完整记录或具有客观数据的过程控制期和结果验证期，进一步考虑不同土地类型竞争和土地利用决策主体的利用偏好，采用多主体模型对不同土地类型之间的竞争协调关系进行分析，修正各地类独立演化后在空间格网上产生的"重叠"和"空窗"，实现全地类重建。

1.2.3　基于空间演化模型的单地类格局重建

本书拟开展对不同地类的地理演化模型设计，重点实现对历史建设用地时空变化过程的解析。从变化强度角度来看，建设用地是中国近 300 年变化最为剧烈的土地类型。考虑到历史时期建设用地的特点，为了便于数据收集和空间模拟，本书所涉及的建设用地主要为城市用地和农村聚落，并根据其不同性质进行独立分析。

（1）城市用地重建。城市是人口、资源和社会经济要素高度密集的综合体，并随时间变化不断向四周扩展。这种扩展是时间上的动态过程，体现在自然、经济、人文等要素上的发展具有时间上的阶段性、顺序性和不可逆性。历史文献中虽鲜有关于城市占地面积的直接记载，但可利用历史时期城垣大小和城市人口规模进行表征；还可以利用民国时期实测地图，采用历史地理的研究方法，追溯城市不同时期的空间范围，从而复原各个时期的占地面积。本书基于《古今图书集成》《嘉庆重修一统志》和各地明清地方志等历史文献，对相关城市进行类型划分和变化过程提取，可以较为真实地实现对研究区城市用地变化过程的重建。本书将继续深入对历史城市变化资料的挖掘，围绕城垣建设的历史过程，结合演化方法进行变化过程分析。

（2）农村聚落重建。历史上，中国长期处于自给自足的农业社会和自然经济中，农村作为一个有机联系的整体构成了聚落体系。现有历史文献中很难找到关于大范围农村聚落用地数量的直接记载。考虑到村落虽零星分布，但多以亲缘或宗族为纽带，形成过程缓慢但相对稳定；空间分布主要受人口、家庭结构、居住方式，以及地形、水源、耕作半径等要素的影响，一般外围边界不受控制，其用地扩张与农村人口增加存在显著正相关等特征。

为确定农村聚落用地的空间分布，提出以下基本假设：第一，与居民点用地布局相关的自然资源条件不发生重大变化，即气候、地形、工程地质等不随时间变化；第二，虽存在个别村庄荒废、弃置等现象，但比例极低，故不予考虑；第三，现代（1990年）居民点是通过历史潜在居民点发展而来，因此历史时期的潜在居民点都落在现代居民点范围之内。选取自然资源要素和社会经济要素构建宜居性评价函数，生成宜居性矩阵网格；利用马尔可夫链求取单地类配置形成的演化初始期 T_{1660} 与演化目标期 T_{1990} 之间的演化概率矩阵作为农村聚落空间演化的速率性指引因子；设置农村聚落集中连片扩展，先易后难、宜建先建，以及河流水体不分配用地等演化规则，在目标期聚落最外围边界和人口规模决定数量规模的双重控制下，采用约束性 CA 模型正向扩展方式演化 T_i 期的农村聚落格局，并结合验证期通过数据挖掘得到的农居点点位和空间格局进行综合验证，利用验证结果进行调整优化形成不同演化期内农村聚落用地空间格局。

1.2.4 基于个体模型的多地类竞争协调优化

由于土地资源的有限性与多宜性，通过单地类演化模拟，在典型历史断面下必然会形成部分栅格单元具有多重属性（一个栅格单元表现为多个地类属性），而部分栅格单元出现属性缺失而导致"空窗"。因此在典型历史断面下，结合土地利用类型数量和变化趋势控制，对不同土地利用类型间的竞争关系进行有效分析，是合理确定土地利用空间格局的重要途径。

土地利用竞争是指利益相关者在收益预期驱动下对土地利用格局的改变过

程。土地利用竞争的基本构成要素是土地资源、土地利用收益预期差异和利益相关者。其中，土地资源是土地利用竞争的对象；土地利用收益预期差异是土地利用竞争产生的必要条件；利益相关者是土地竞争结果的决策主体。土地在满足人类需求方面的排他性（即满足人们某方面需求的土地往往不能同时用以满足其他方面需求），使土地利用格局与人类需求之间体现为刚性关系，通过土地利用竞争过程，利益相关者采取权衡并改变土地利用格局以最大限度地满足土地利用的综合需求。

本书针对明清时期以来近 600 年长江三角洲地区土地利用变化特征，以耕地和建设用地（城市用地及农村聚落）为重点，兼顾林（草）地（水域借鉴历史地理研究成果并结合历史文献解析补充），细化重建分区[耕地参考综合地理和农业分区；城市用地考虑城市类型、城市组合特征和城市发展阶段；农村聚落考虑居住特点和文化差异；林（草）地考虑地貌条件和人口压力]，结合历史文献数据挖掘和所构建的"演化-配置-协调"方法，以历史文献记载较为详细的典型断面（如 1661 年、1724 年、1820 年等）为基础，通过过程控制期（如 20 世纪 30、50 年代，具有调查数据）和结果验证期（如 20 世纪 60~80 年代，具有遥感数据）的趋势验证与数量检验，分析误差产生的原因，对"初始格局"和"演化规则"进行动态调整和逐级修正，实现长江三角洲地区明清时期以来建设用地、耕地土地利用及人口、农村居民点等社会经济要素空间格局的精度化（空间分辨率为 1km×1km，时间分辨率为 10~20a）重建。

1.3　历史土地利用与土地覆盖变化的研究目标

本书力图突破传统历史土地利用格局时空重建研究在细化空间精度、连续重建结果、提升成果解释力等方面面临的限制，从丰富基础数据来源和拓展建模方法入手，挖掘反映历史土地利用与土地覆盖的基础数据。通过对历史文献记载中相关地理要素的挖掘，既加深对过去土地利用及其变化的认识，也丰富可供地理建模利用的基础数据。探索贴近历史土地利用变化过程的模型方法。构建既能体现自然资源条件对土地利用的限制，也结合历史土地利用变化过程特点，还兼顾不同土地类型间竞争与协调的历史 LUCC 重建方法。加深对热点地区历史土地利用变化过程认识。加深对中国传统农区历史土地利用特点和变化过程的规律性认识，为更长时期、更大范围的历史土地利用格局重建提供参考和借鉴。为此，本书拟解决以下关键科学问题。

1) 历史文献土地利用信息的提取与解析

基础数据，尤其是能客观反映历史时期自然资源、土地利用、社会发展等方面的数据，是科学分析历史土地利用变化过程、建立数值（空间）模型和确定模拟参数等的依据。基础数据的丰富度、可靠性和空间精度决定着重建结果的合理性和解释力。围绕近300年土地利用格局精细化重建需求，面对来源丰富的历史文献资料，如何利用现代信息挖掘技术高效、准确地从历史文献记载中检索出历史土地利用的相关信息，有效提取具有空间指示意义的地理要素，通过甄别、考订和综合校验，使之成为服务于历史土地利用空间格局重建的基础数据，是本书拟解决的关键科学问题之一。

2）基于空间演化方法的历史土地利用格局重建方法

突破利用静态配置方法重建历史土地利用格局的传统思路，引入地理空间演化方法，利用通过历史文献挖掘的地理要素作为历史土地利用状态（或变化过程）的空间参照点（或过程控制线），借助嵌入表征人类土地利用行为的规则和智能算法，采用网格单元逐次循环方式"自下而上"迭代演化形成历史土地利用格局，是提高重建效率并合理解释其变化过程的可行方法之一。如何结合空间扩展阶段和扩展边界识别，有效挖掘不同演化分区和不同土地类型的空间结构、驱动机制与演化模式，分析其进程与特征，建立相应的地理演化模型，也是本书拟解决的关键科学问题之一。

3）多时期多土地类型"演化-协调"机制分析与建模

针对不同时期的自然、经济和社会条件，在土地数量和变化趋势的控制下，对不同土地类型间的竞争关系进行有效分析，是合理确定土地利用空间格局的关键要素。因此，考虑不同土地类型竞争关系和决策主体利用偏好，构建体现不同土地类型特点、不同历史阶段和不同区域特征的"演化-协调"模型，是本书拟解决的第三个关键科学问题。

1.4 技 术 路 线

本书拟基于"历史文献整理挖掘→初始全地类配置→单地类历史过程演化→多地类综合协调→近现代数据验证"的整体思路，在信息挖掘技术支持下开展历史文献记载中多元/多类型数据提取、校验和空间化，为历史土地利用空间格局重建提供数据支持；综合基于土地适宜性的空间配置和基于栅格组织的空间演化的建模方法，开展初始全地类配置和单地类历史过程演化；综合考虑不同决策主体的行为特征，分析"演化-协调"机制，建立体现冲突识别、合作协调、竞争协调和学习协调的算子，经过综合验证，探索近300年长江三角洲地区的全地类土地利用空间格局重建方法。主要技术路线如图1-2所示。

第1章　全球变化与历史土地利用重建

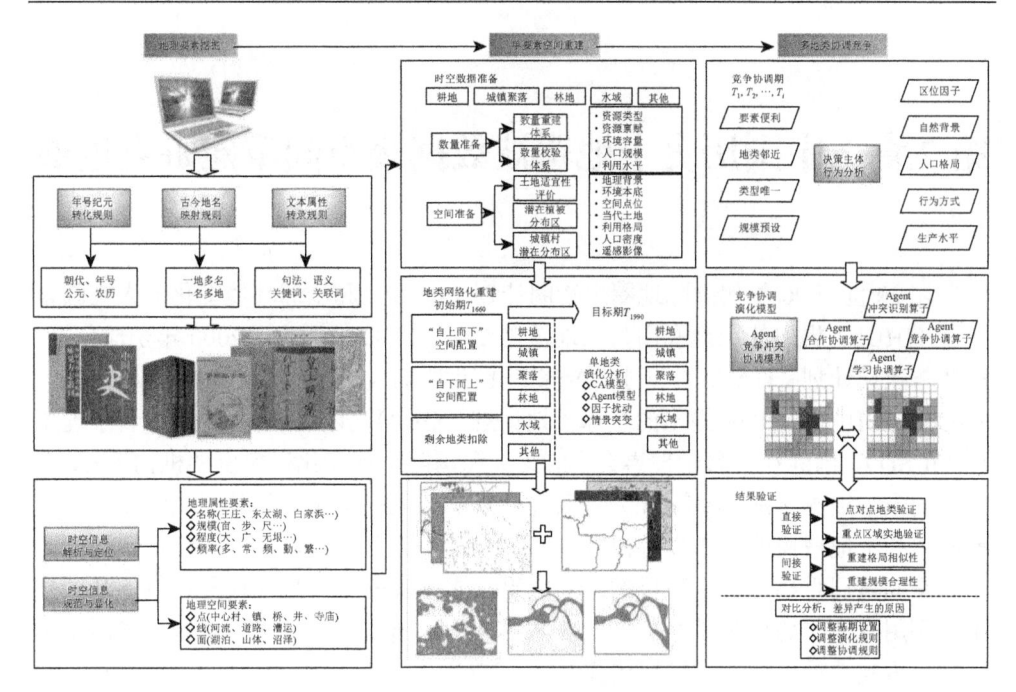

图1-2　总体技术路线

第 2 章 中国历史土地覆被数据集空间重建研究进展

在 20 世纪 90 年代国际地圈生物圈计划（IGBP）和全球环境变化的人文因素计划（IHDP）提出的土地利用与土地覆盖变化（LUCC）计划，2000 年全球分析、解释与建模计划（GAIM）和过去全球变化计划（PAGES）提出的 BIOME 300，2005 年 IGBP 和 IHDP 提出的全球土地计划（GLP），以及 2014 年国际科学理事会（ICSU）、国际社会科学理事会（ISSC）和国际全球变化研究资助机构（IGFA）提出的未来地球（Future Earth）等研究计划的共同推动下，重建历史时期全球土地利用和土地覆盖的工作取得积极进展。国内外历史 LUCC 研究围绕基础数据订正和空间格局重建形成了积极的研究成果。立足本书的目标和任务，以下从历史土地利用变化与历史记录、历史土地利用与土地覆盖变化重建方法和典型历史土地利用重建数据集三方面进行述评。

2.1 历史土地利用变化与历史记录

2.1.1 历史时期中国土地利用变化

国外对全球土地利用变化的研究可上溯至过去 12000 年（Goldewijk et al., 2011）。公元 1000 年，全球耕地面积约占全球无冰区面积的 1%；至 1700 年，增加至 2%，约 $3.0\times10^8 hm^2$；到 2000 年，增加至 11%，约 $1.5\times10^9 hm^2$。林（草）地面积从 1700 年的 2%，增加至 2000 年的 24%，约 $3.4\times10^9 hm^2$。国内相关研究主要集中在耕地、林地和建设用地等土地利用类型。

（1）耕地。随着人口快速增长，我国的土地垦殖活动愈发剧烈。现有恢复修正过去 300 年耕地数据的研究颇丰，多基于官修政书及地方志等历史文献（梁方仲，2008；史志宏，1989；章有义，1991），但各学者所参考的文献基础不尽相同，相应的修正方法亦异，导致重建结果差异较大（曹雪等，2013）。从耕地变化的时间过程来看，历经明末清初的战乱动荡，全国多地生产停滞；康熙-雍正时期，采取了一系列诸如展限升科年限、颁行考成制度、摊丁入亩、改土归流等措施，进行招抚流民，鼓励垦殖，恢复生产（葛全胜，2008a，2008b），至乾隆-道光年间，人口超过 4 亿（曹树基，2001），农业垦殖也达到这一时期顶峰。大规模的拓垦主要发生在东北、内蒙古、新疆等地区（Jin et al., 2015；葛全胜等，2003；王金朔等，2014）。19 世纪中后期至民国时期，全国耕地面积变化不大（张建民，1990；曹雪等，2014）；中华人民共和国成立后，耕地面积随着不同的历史发展阶段增减交替，1979 年前总体增加，20 世纪 80 年代后，随着经济蓬勃发展，呈缓慢下滑态势，1999 年之后，由于生态退耕、城市化加速等原因，耕地面积迅速减少（封志明等，2005）。

（2）林地。历史上，中国曾是一个多森林的国家，早在远古时代，境内森林面积有 570 万～620 万 km^2，占国土面积的 60%～64%（樊宝敏和董源，2001）。其后随着人口增加和社会发展，森林资源消耗与日俱增。相关研究表明，近 300 年间，森林和耕地面积变化相互关联，常常表现出此消彼长的关系（葛全胜等，2008b）。1700 年全国森林面积达 2.48×10^{8}hm^2，但因人口迅猛增长，清廷不得不多次鼓励开垦新田，使得清前中期所对应的耕地面积迅速增加，这一时段也对应林地面积的锐减，尤以乾隆、嘉庆两朝最甚（赵冈，1996）。近百年来，森林面积又因战争及其他政策原因而快速减少，至 1950 年仅余 1.09×10^{8}hm^2，降至 300 年来的最低值（He et al.，2015；何凡能等，2007）。此后森林面积受植树造林和森林保护等政策影响而逐步增加，至 2000 年恢复到 1.89×10^{8}hm^2（葛全胜等，2008a）。

（3）建设用地。随着人口增加、城市发展和居住条件改善，近 300 年间建设用地变化剧烈，但受历史数据限制，相关研究尚不丰富。在城市用地面积上，何凡能等（2002）根据清代史志中记载的有关城周资料，估算了嘉庆年间（1820 年）城市建成区面积，得到内地十八行省的城市用地总面积为 1987.44km^2，占辖区土地总面积的 0.05%；方修琦等（2002）通过对近百年来北京市城市空间扩展的研究，认为北京市城市核心区面积由 1913 年的 47.1km^2，增加至 1963 年的 96.9km^2，此后又快速增长到 1992 年的 227.9km^2；尹昌应等（2013）研究了晚清以来上海市建成区边界扩张过程与特征，得出上海市建成区从 1842 年的 1.54km^2 增加至 1919 年的 75.30km^2，进而增加到 1989 年的 559.55km^2；林忆南等（2015）对 1820 年江苏省建设用地进行了数量重建和空间恢复，得出清代中期江苏省建设用地总面积为 1006.44km^2，其中城市用地 222.51km^2，农村聚落用地 783.93km^2。在城市数量方面，清代全国城市格局基本稳定，受帝国主义侵略和民族工商业发展的影响，至民国时期发生了重大变化，主要表现为殖民地型港口贸易城市、新兴矿业城市、新兴铁路枢纽性城市及新辟商埠城市等大城市用地面积的扩张和小城镇数量的增加。1893 年的城镇数为 1779 个，城市为 89 个，其中小城镇 63 个（Skinner，1977）；20 世纪 30 年代城市数增长到 160 个，其中小城镇 137 个；至 1947 年，共有城市 176 个（顾朝林，1992）。中华人民共和国成立以来，我国城市化水平不断提高，全国城市建成区面积从 1949 年的 3100km^2，增加到 1957 年的 6000km^2 及 1978 年的 7100km^2（葛全胜等，2000）。

2.1.2 基于历史记录的土地利用变化分析

历史记录中包含历史时期土地利用规模及格局变化的重要信息，为直接或间接研究过去土地利用变化提供了数据资料（朱枫等，2012）。根据历史记录介质表达形式的不同，可进一步分为历史文献记录和历史自然记录。

（1）历史文献记录。中华民族五千多年的文明史形成了数量巨大、种类繁多的历史档案，这些承载人类记忆，传承中华文明的历史档案分散地保存在不同档案馆、机构及个人手中。国家档案局调查显示，截至 2005 年全国藏有明朝以前历史档案 714 件，明清档案 1029 万卷/件、民国档案 1871 万卷（件）、革命历史档案 88 万卷（件）（冯惠玲和张辑哲，2006）。这些历史文献资料中的土地税赋、地方志、史志、地名志、游记、个人笔记、地形图、地籍图、景观图等包含了大量反映地理要素的信息，对其按时间、空间尺度进行提取、恢复、甄别、修正和空间化后，可为定量或半定量地分析历史 LUCC 提供有利证据。对历史 LUCC 重建有支撑作用的历史文献初步汇总见表 2-1。

表 2-1 部分可用于历史 LUCC 重建的文献与资料

资料集	内容	资料来源
地图	疆域、政区、民族、人口、文化、宗教、农牧、工矿、近代工业、城市、都市、港口、交通、战争、地貌、沙漠、植被、动物、气候、灾害等	舆图档案（各档案馆、研究机构、图书馆、博物馆），《中国历史地图集》（谭其骧），《国家历史地图集》（国家地图集编纂委员会），《中国近代地图志》（中国科学院地理科学与资源研究所），《中国城市人居环境历史图典》（王树声），《中华民国分省地图册》等
人口	人口数量、人口素质、人口构成、人口社会关系等	中国人口信息系统，《中国家谱总目》（王鹤鸣），《中国人口史》（葛剑雄），《中国近代人口史》（姜涛），《论中国人口之分布》（胡焕庸），《胡焕庸人口地理选集》（胡焕庸），《民政部户口调查及各家估计》（王士达），《中国人口问题之统计分析》（主计处统计局），《中国人口统计年鉴》（国家统计数据库）等
政区	国界、府界、县界	《历代地理沿革表》（陈芳绩），《清代地理沿革表》（赵泉澄），中国历史地理信息系统（CHGIS），以及其中的 T-S 数据（复旦大学历史地理研究中心，http://yugong.fudan.edu.cn/views/chgis_index.php?list = Y&tpid = 700），《中国行政区划通史》（周振鹤）等
地理要素	聚落点、海岸线、河流湖泊	CHGIS（复旦大学历史地理研究中心 http://yugong.fudan.edu.cn/views/chgis_index.php?list = Y&tpid = 700）等
	地形、地貌	国家地球系统科学数据中心（http://www.geodata.cn）等
	城市	大清一统志城市资料库转化资料（成一农），《中国城市建设史》（同济大学城市规划教研室），《中国封建社会晚期城市研究》（施坚雅），《历史城市地理》（李孝聪），《中国古代城市规划史》（贺业钜）等
	市镇	《明清江南市镇探微》（樊树志），《中国市镇的历史研究与方法》（任放）等

续表

资料集	内容	资料来源
地理要素	农村	古今地名数据库,《中国历史地名大辞典》(中国社会科学院历史研究所),《中国古今地名大词典》(戴均良),《农村聚落地理》(金其铭),《村落地理学》(陈芳惠)等
土地利用	土地调查、测量,官府档案文书,耕地数量,田赋,农业	表格凭证、鱼鳞册、黄册和黄册实征册,土地合同、协议档案、宗族文书、盐业准销票、森林保护告示等(各档案馆、研究机构、图书馆、博物馆),《中国古今土地数字的考释与评价》(何炳棣),《中国土地问题之统计分析》(国民政府主计处统计局),《中国土地利用统计资料》(卜凯),《中国历代户口、田地、田赋统计》(梁方仲),《中国国土资源数据集》(中国科学院自然资源综合考察委员会)等
	通商口岸,行业贸易	近代中国海关基础数据库,近代中国埠际贸易数据库,近代中国邮政数据库(王哲),商业账簿、商业合同和各社团、组织及会社文书档案(各档案馆、研究机构、图书馆、博物馆)等
	宗教,庙宇	宗族谱牒(档案馆、图书馆、博物馆和其他机构),《中国佛教寺院名录》,寺院志书(如《中国佛寺志丛刊》)等
区域地情	典籍	《清史稿》(赵尔巽),《嘉庆重修一统志》等
	地方志	《中国地方志总目提要》,古代地方志资料库或汇编(如国家图书馆"数字方志库")、万方新方志知识服务系统,地情信息网等
	奏折	《清代奏折汇编:农业·环境》(中国第一历史档案馆)等
	年鉴	《中华民国史档案资料汇编》《中国统计年鉴》等
		古代皇帝的诏书、敕谕,大臣的笔记,官府的文书、典册及实录、起居注等,现代档案中的会议记录、科技论文、各类人物的文字档案或者音像资料等

利用历史文献资料开展历史 LUCC 研究依赖于历史文献的丰富程度和可辨识性,资料整理过程较为烦琐、耗时且重建的时空范围有限。例如,葛全胜等(2003)利用清代官修地方总志、国民政府与金陵大学的调查统计数据及国家统计局资料,重建了 1661~1933 年中国传统农区内 18 省的历史耕地面积,并分析了土地垦殖强度的时空差异;何凡能等(2002)以《嘉庆重修一统志》《清史稿》《清代地理沿革表》中的有关记载和考订,按府、直隶州、直隶厅、散州、散厅、县 6 个类别分省统计城垣周长里数,估算了清代 1820 年内地十八行省的城市用地面积;王哲和吴松弟(2010)、王哲(2013)通过对中国旧海关出版物和档案的挖掘与整理,利用进出口贸易、埠际贸易、子口税贸易等海关数据建立起包括开埠港口的国际贸易网络和开埠城市的国内埠际贸易网络,开展以港口-腹地的互动为视角的近代中国经济地理研究;Wei 等(2015)通过收集土地纳税记录,求算并检验农田规模,插值得到 1644~1911 年直隶耕地空间格局;何凡能等(2007)搜集正史、地方志、类书、游记、文人笔记、国民政府森林调查统计信息等,订正了 1700 年以来全国 6 个时间断面的历史森林面积,并探讨了其时空变化;何凡能等(2003)利用《陕西通志》《屯田》《田赋》等地方志的原额数据,重建了清代关中地区土地垦殖时

空特征，并分析了土地垦殖的时空差异；叶瑜等（2009a，2009b）分别以地方志、个人日记、年鉴、林业史、历史文献、历史专题地图等资料和《盛京通志》《八旗通志初集》《清代东北史》《吉林外纪》等历史记录为基础，重建了过去300年东北地区林（草）地和耕地覆被变化状况；曾早早等（2011b）利用县级地名志，将聚落地名依据不同的土地开垦类型进行划分，建立了吉林省聚落体系演变与农业土地开垦过程的空间格局；李为等（2005）基于《盛京通志》《黑龙江通志》《清仁宗实录》等历史文献，重建了清代东北地区土地开发过程及耕地规模；罗静等（2014）利用1726年（雍正四年）河湟谷地历史文献中的田亩数据，重建出该区2km×2km空间格网的耕地分布格局；王宇坤等（2015）通过《铁虎清册》中记录的雅鲁藏布江中游河谷地区1830年的耕地税收数据，重建出该区1km×1km空间分辨率的耕地格局；姜蓝齐等（2015）基于《满铁调查报告》和《满蒙全书》，在1km×1km像元尺度上重建了清末（1908年）松嫩平原耕地空间格局。

（2）历史自然记录。除了文献记录，人类活动的历史记录还表现在"痕迹"上，即人类历史活动在陆地表层留下的足迹，表现为植物孢粉、人类遗址、动植物化石、木屑炭、树轮等自然记录。通过地质测年、碳追踪、考古学等分析手段，可以了解自然记录的年代、气候、自然植被和人类活动特征，在几百上千年甚至万年的时间尺度上还原历史LUCC特征。例如，丁伟等（2011）通过筛选不同气候条件下人类活动的指示性和代表性花粉类型，探讨了中国东部暖温带低山丘陵区表土花粉对人类土地利用活动的指示意义；史威等（2008）采集中坝遗址中的文化堆积物，辅之以树轮校正后结合物器推定时代，建立了该遗址的综合剖面时间序列和人类土地利用活动的阶段特征。

2.2 历史土地利用与土地覆盖变化重建方法

现有国内外研究多遵循基于数量重建进行空间重建的基本思路（朱枫等，2012）。数量重建主要通过查阅典籍、方志、税赋记录、统计资料和已有研究，甄别、订正数据记载后获得历史土地数量的统计信息；空间重建大多借助一定的理论假设，在地理空间分析方法的支持下，依据设定的转化规则、分配方法和约束条件，将一定历史时期和一定区域范围的历史土地数量统计数据空间化为具有一定时空分辨率的空间属性数据集（杨绪红等，2016）（图2-1）。

2.2.1 重建假设

在进行历史LUCC重建前，一般会根据现代空间格局或资源特征提出一定的重建假设（白淑英等，2007；龙瀛等，2014），其中，数据假设、分布控制因素假设、限制因子假设是历史 LUCC 重建的基石和基本准则。

一是数据假设：①当数据缺乏时，简单回溯算法更为有效；②数据应尽量收集齐备，而不是单纯依赖于模型模拟；③相邻省份耕地面积变化的趋势相似，并假定历史时期各省内府、州之间的耕地面积以大致相同的比率变化（李士成等，2015）。

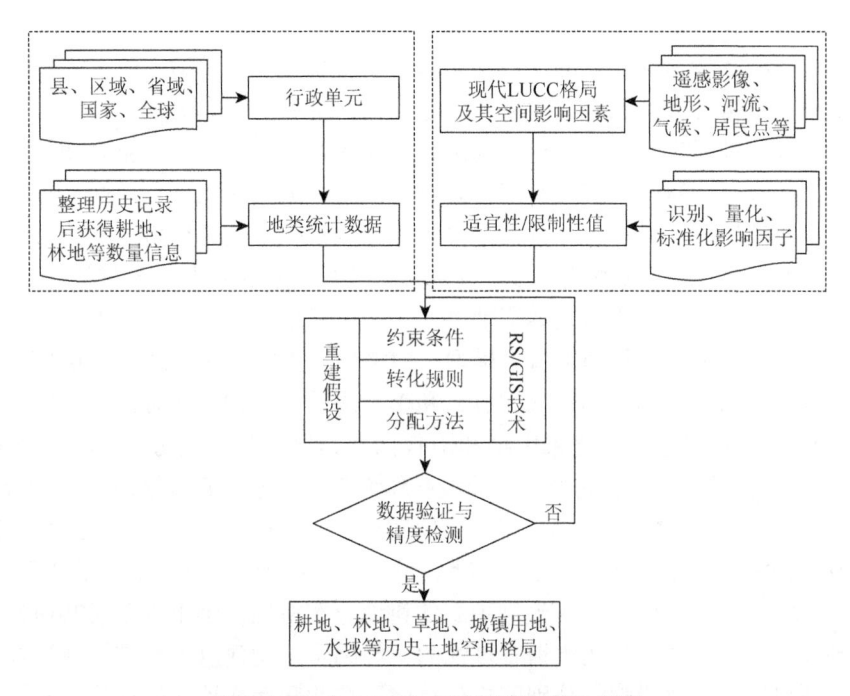

图 2-1　历史 LUCC 重建研究的基本思路

二是分布控制因素假设：①历史记载数据可提供控制边界；②历史时期的耕地垦殖率一般不超过现代水平；③现代耕地分布是历史耕地的最大潜在分布范围（李柯等，2011）；④行政区域内各栅格历史耕地比率固定；⑤在城市聚集区、人口密度小于 0.1 人/km² 的地区不分配耕地；⑥靠海岸和冲积平原的土地更适宜人类早期定居；⑦年平均气温<0℃的地区没有农业活动；⑧湖泊、河流等水域不含人口；⑨可将耕地分配到历史时期县治、市镇、村庄对应的今址上，提高空间分辨率。

三是限制因子假设：①自然因素变化不大，可采用现代格局；②农业发展与人口、劳动力密切相关，可用历史人口估计农业区位置；③地形、热量、气候条件是耕地分配的重要因素；④人们倾向于先选择地势平坦、海拔低的土地开垦耕种；⑤离河流、公路等的距离对耕地分布有影响；⑥最可能的土地利用方式和实际利用方式可作为土地变化空间模拟的参考。在空间分配方面，现有研究无一例外地都结合当代空间格局，并假设历史土地利用的空间格局和现代格局具有相似性，但不同方法对这种相似程度的控制不尽相同。

2.2.2 "自上而下"的配置模型

该方法将数量重建获得的一定地类的历史数量按照土地适宜性、人口密度或现代土地利用格局分配到空间网格中，主要包括两种配置方式。

一是按土地适宜性高低进行空间配置。首先基于史料获得历史时期土地利用面积，而后筛选并量化对其分布产生影响的因子，如历史人口、地面高程、地形坡度、距河流距离、距村镇聚落点距离等，结合现代土地利用格局构建土地适宜性函数，依据适宜性高低配置历史土地数量，实现历史土地利用的网格化。例如，林珊珊等（2008）选取人口及地形坡度作为历史耕地空间分布影响因子，构建了农垦人口引力模型和农垦地形引力模型，网格化了中国传统农区6个历史时间断面的耕地空间格局；何凡能等（2011）和李士成等（2012）在对人口和田亩数据进行订正后，分别重建了北宋中期和清代西南地区耕地空间分布格局；李柯等（2011）基于遥感数据，以地表高程和坡度作为影响因子构建宜垦适宜性函数，网格化重建了1671年和1827年云南省耕地数据集；颉耀文和汪桂生（2014）基于地面坡度、海拔等自然因子和人口密度等因子，采用垦殖率方式重建了公元2年、140年、753年和1290年黑河流域中游的耕地分布格局；李士成等（2014）和何凡能等（2014）遴选并量化土地宜垦性的主导因子，构建以土地宜垦性为权重的历史森林覆被网格化模型，分别网格化重建了东北和西南地区的森林空间格局；此外，冯永恒等（2014）、张丽娟等（2014）、罗静等（2014）及李士成等（2015）选择人口、地形坡度、现代土地垦殖强度等指标构建土地宜垦性评价体系，依据宜垦性高低分别网格化重建了中国全域、黑龙江和青藏高原河湟谷地及青海和西藏的耕地空间格局。

二是依据历史人口密度或现代土地利用格局将土地类型数量配置到网格。这种配置方法认为现代土地利用格局是人类活动对陆地表层施加影响并进行改造的累积结果，当代人口密度和土地利用格局已暗含了历史格局的信息，故将人口密度或现代土地利用格局作为历史LUCC重建的指示因子，依据其值高低配置土地类型面积。例如，全球历史环境数据集HYDE 1.1（Goldewijk and Battjes，1997）和HYDE 2.0（Goldewijk，2001）版本将现代人口密度作为土地格局分配的底图，依据历史人口数量高低在此底图内配置土地类型面积；SAGE数据集

(Ramankutty and Foley，1999)、Liu 和 Tian（2010）、Tian 等（2014）在收集历史土地统计数据后，将当代遥感影像解译的土地利用格局作为分配底图，依据历史统计数据与遥感解译后的面积比值，将历史地类数量配置到底图内生成历史土地利用格局。

2.2.3 "自下而上"的演化模型

该模型在进行地类数量网格化重建时进一步考虑了人类的土地利用行为，在模型中嵌入表征人类土地利用行为的规则和人工智能算法，可通过网格单元逐次循环迭代后反演历史土地利用格局。例如，白淑英等（2007）、Long 等（2014）和 Yang 等（2015a）考虑到邻近耕地的非耕地易于被人类垦殖而嵌入邻域开发密度函数，利用元胞自动机（CA）模型分别模拟了历史时期杜尔伯特蒙古族自治县全地类，以及江苏省和山东省的耕地空间格局；Ray 和 Pijanowski（2010）考虑到多期土地利用遥感数据之间暗含土地利用转化规律而嵌入了人工神经网络算法，结合 GIS 技术，采用分步土地利用转化方法，以美国密歇根州马斯基根河流域为例反演了建设用地、耕地、林地的空间分布。此外，Yang 等（2015b）考虑到由不同空间差异引起的耕地演化规律的空间异质性和演化速率的空间差异性，构建分区同步的约束性 CA 模型，模拟了中国传统农区历史耕地空间分布。

目前"自下而上"的空间演化模型对于"正向"（预测模拟）的研究（如城市扩展预测）已较为深入（Zhang et al.，2016；张鸿辉等，2008），而对"反向"（历史反演）的研究尚处于起步阶段。其难度体现在不仅要考虑空间配置约束因子的筛选、量化及标准化，也需考虑人类的土地利用行为特征，以及如何用数学语言抽象成函数后嵌入模型中。

2.3 典型历史土地利用重建数据集

随着全球变化研究的不断深入，对历史时期，特别是以过去 300 年为重点的 LUCC 研究取得了积极的成果。

2.3.1 典型历史土地利用重建成果

以 Web of Science 和中国知网为数据源，对以中国（或其内部区域）为研究区，具有明确地理空间属性的历史 LUCC 数据集进行整理，典型成果如表 2-2 所示。

表 2-2　中国区典型历史 LUCC 数据集

作者	模型/方法	地类	影响因子	时段	数据类型	空间分辨率	空间尺度
Ramankutty 和 Foley（1999）	比例修正法	耕地	现代土地利用格局	1700 年至今	比例型	0.5°	全球
Hurtt 等（2006）	土地类型转化模型	耕地、草地	HYDE 数据集、潜在生物量	1700 年至今	比例型	0.5°	全球
Goldewijk 等（2011）	土地适宜性配置模型	耕地、草地	人口、地形坡度、与河流距离、城市分布、林地分布、潜在植被	公元前 10000 年～公元 2000 年	比例型	5′	全球
Pongrats 等（2008）	比例修正法	耕地、草地	人口、潜在植被	800～1700 年	比例型	0.5°	全球
Liu 和 Tian（2010）	历史土地空间配置模型	耕地、林地、城市用地	人口密度、2000 年土地利用现状	1700～2005 年	比例型、布尔型	10km	中国
Li 等（2015）	网格化重建模型	耕地	坡度、高程、人口密度、现代耕地垦殖率	1661 年、1724 年等 8 个时间断面	比例型	10km	中国
He 等（2015）	网格化重建模型	林地	高程、坡度、气候生产潜力	1700～2000 年每 20 年一个断面	比例型	10km	中国
Yang 等（2015a）	空间演化模型	林地	高程、坡度、水系、居民点等	1661～1952 年	布尔型	1km	中国
冯永恒等（2014）	分区网格化模型	耕地	坡度、高程、人口密度、现代耕地垦殖率	1913 年、1933 年等 6 个断面	比例型	10km	中国
林珊珊等（2008）	网格化重建模型	耕地	海拔、坡度、人口	1820 年	比例型	60km	中国传统农区
何凡能等（2011）	网格化重建模型	耕地	海拔、坡度、人口	1077 年	比例型	60km	中国传统农区
Yang 等（2015b）	分区同步重建模型	耕地	坡度、高程、水系距离、降水、居民点	1661 年、1724 年、1820 年等 6 个断面	布尔型	1km	中国传统农区
张洁和陈星（2007）	网格化重建模型	耕地、林地、水域	现代土地利用格局	1724 年、1784 年、1820 年等 6 个断面	比例型	0.5°	中国东部
李士成等（2014）	网格化重建模型	林地	地形（海拔、坡度）、气候生产潜力	1780 年、1940 年	比例型	10km	东北
叶瑜等（2009a）	垦殖率重建法	耕地	人口数量	1683 年、1735 年等 14 个断面	数量和垦殖率	分县	东北
姜蓝齐等（2015）	网格化重建模型	耕地	聚落、水源、地形	1908 年	比例型	1km	松嫩平原
张丽娟等（2014）	垦殖倾向指数模型	耕地	聚落、地形、水系	20 世纪 90 年代	比例型	1km	黑龙江

续表

作者	模型/方法	地类	影响因子	时段	数据类型	空间分辨率	空间尺度
何凡能等（2014）	网格化重建模型	耕地	地形（海拔、坡度）、气候生产潜力	1724年、1784年等5个断面	比例型	10km	云南、贵州、四川、重庆
李士成等（2012）	网格化重建模型	耕地	海拔、坡度、气候生产潜力、人口密度	1661年、1724年等6个断面	比例型	10km	云南、贵州、四川、重庆
Long等（2014）	约束性CA重建模型	耕地	土壤侵蚀、pH、有机质、居民点、水体	1661年、1820年等5个断面	布尔型	1km	江苏
李士成等（2015）	网格化重建模型	耕地	坡度、高程	1910年、1960年等4个断面	比例型	1km	青海、西藏
Yang等（2015a）	约束性CA重建模型	耕地	坡度、高程、水系距离、土壤侵蚀、土壤肥力	1661年、1685年等8个断面	布尔型	1km	山东
李柯等（2011）	网格化重建模型	耕地	海拔、坡度	1671年、1827年	比例型	90m	云南
Ye等（2015）	垦殖率重建法	耕地	重建耕地数据集	17世纪后期、19世纪等5个断面	比例型	分县	山东
颉耀文等（2013）	网格化重建模型	耕地	海拔、坡度、人口	2年、140年、753年、1290年	比例型	5km	黑河流域中游
罗静等（2014）	土地适宜性配置模型	耕地	海拔、坡度、气候生产潜力	1726年	比例型	2km	青藏高原河湟谷地
林忆南等（2015）	土地适宜性配置模型	建设用地	坡度、高程、水系距离、道路距离、居民点距离	1820年	布尔型	100m	江苏
潘倩等（2015）	土地适宜性配置模型	全地类	坡度、高程、水系距离、居民点距离、土壤质地、pH、有机质	1820年	布尔型	100m	江苏

综合而言，在重建时段的设置上，包括典型历史断面研究和连续时间断面研究。典型历史断面的选取多基于朝代更替、地方志或统计资料的记录时段，其时间分辨率较为多样化，如叶瑜等（2009b）在过去300年东北地区耕地重建时，所选择的时间断面间隔介于6~45年；而Lin等（2009）、何凡能等（2011）、罗静等（2014）选取典型历史断面进行耕地重建。当时间分辨率达到代际甚至年际时（1~50年），通常是采用算法回溯获得，其重点关注重建结果的长时间序列特征，或是对不同数据源的数量修正；在空间单元的选择上，大多基于行政区划或采用空间格网，格网精度主要考虑数据应用或与其他模型的衔接，如气候模拟、生态效应分析或土地空间特征等，格网单元包括 0.5°×0.5°、5′×5′、60km×60km、10km×10km、5km×5km、1km×1km、90m×90m 等；在重建结果的数据表达上，

主要包括比例型数据（如垦殖率等）和布尔型数据（逻辑数据类型，是或不是），如 Liu 和 Tian（2010）采用相同算法获得了基于比例型和布尔型的中国全域数据集。尽管比例型数据仅表示网格单元内特定土地利用类型的比例，而"模糊"了具体位置，但却间接地提高了重建结果的可靠性，同时其也能较为方便地转化为布尔型数据，故成为当前数据集的主流。

历史 LUCC 重建类型的选择主要受到基础数据可获取性和重建方法复杂性的限制。中国历史典籍中关于耕地、人口的记载较为详细，同时还保存了较为丰富的赋税记录，这使得历史耕地空间格局重建占据了显著地位（魏学琼等，2014）。相对而言，林地和牧草地的历史记载较为有限，虽有学者假定历史耕地面积的增加与森林砍伐或退化紧密联系，并据此重建了历史林地格局（He et al.，2015；何凡能等，2014），但尚未形成系统性的研究结果；涉及建设用地的史料更是寥寥，仅有少量基于史料的定性分析，具有时空指示意义的城市用地和农村聚落空间重建尚未有效开展。同时，由于多地类的重建涉及不同土地利用类型间的用地竞争及用地协调，相应的重建规则确立具有一定难度，故当前研究仍以单一土地类型重建为主，全地类的重建研究成果尚不多见（潘倩等，2015）。

2.3.2 典型数据集对比

由于不同研究所采用的数据源、研究方法、重建假设、验证方式等各异，不同数据集的重建结果差异显著。以具有代表性的 SAGE 2010、HYDE 3.1、中国传统农区耕地数据集（CHCD）和中国传统农区历史耕地数据集（HCTC）为例进行对比分析，主要结果如图 2-2 和图 2-3 所示（杨绪红等，2016）。

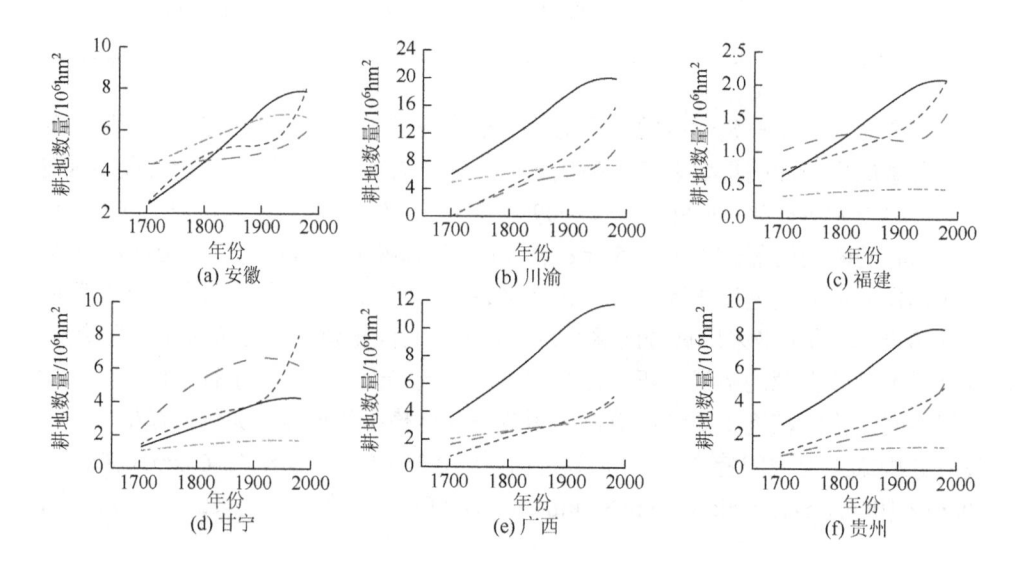

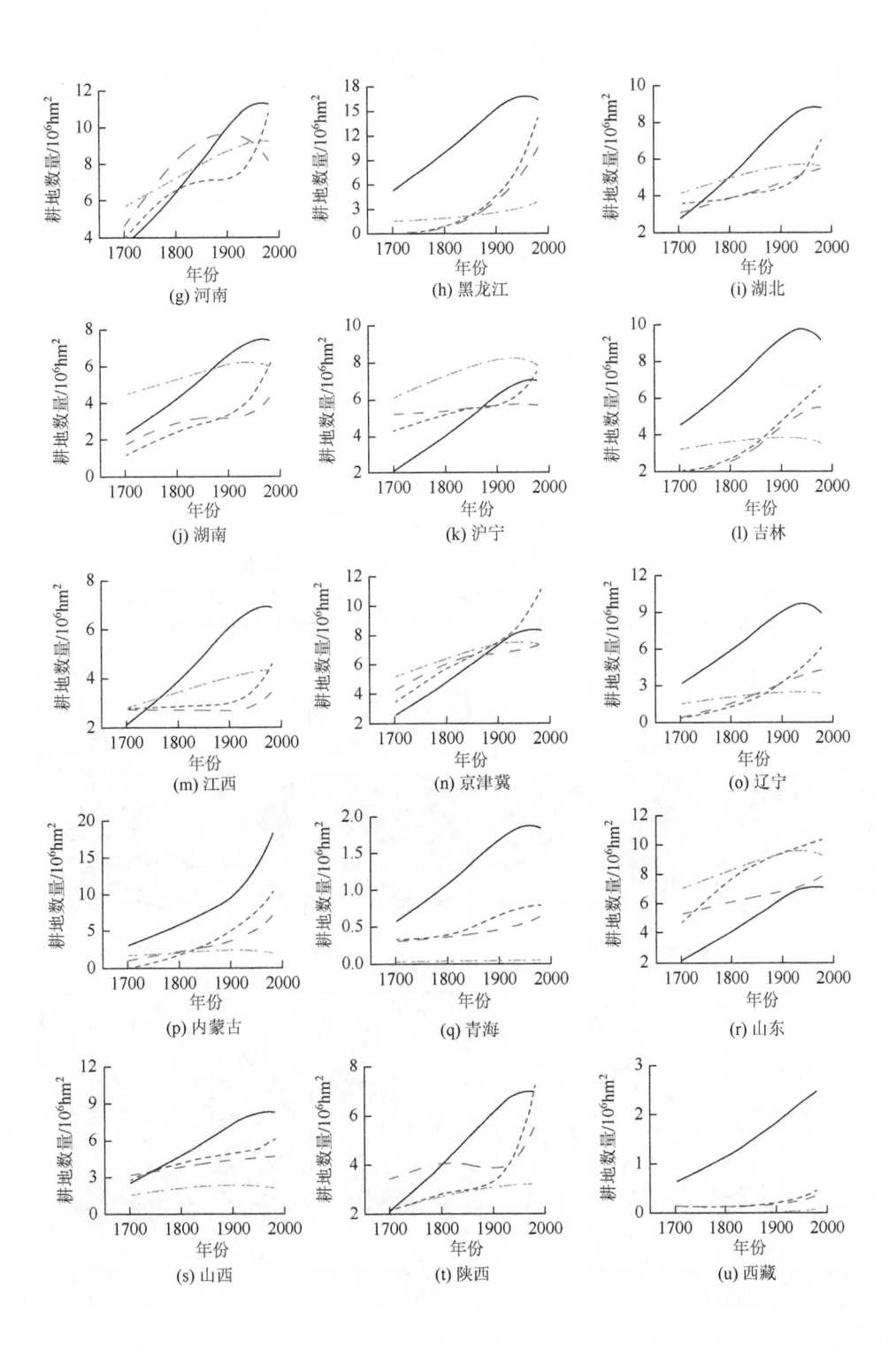

(g) 河南　(h) 黑龙江　(i) 湖北
(j) 湖南　(k) 沪宁　(l) 吉林
(m) 江西　(n) 京津冀　(o) 辽宁
(p) 内蒙古　(q) 青海　(r) 山东
(s) 山西　(t) 陕西　(u) 西藏

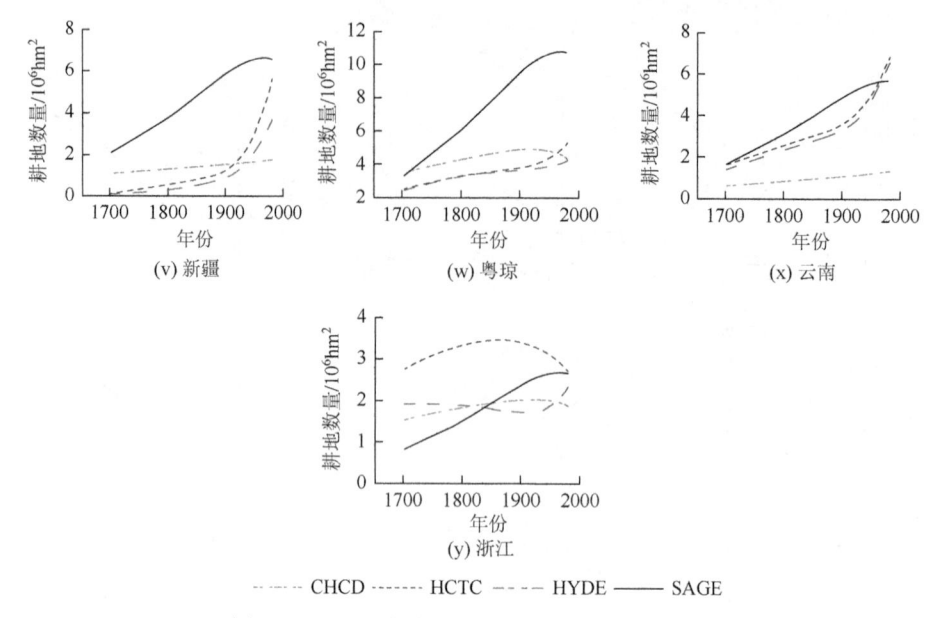

· 24 ·　中国历史土地利用变化数量恢复与空间重建

(v) 新疆　　　(w) 粤琼　　　(x) 云南

(y) 浙江

----- CHCD　------ HCTC　---- HYDE　——— SAGE

图 2-2　近 300 年来中国历史耕地数量对比分析

CHCD 源自文献（Li et al.，2015）；HCTC 源自文献（Yang et al.，2015a）；SAGE 2010 源自 http://www.sage.wisc.edu/iamdata/；HYDE 3.1 源自 http://themasites.pbl.nl/en/themasite

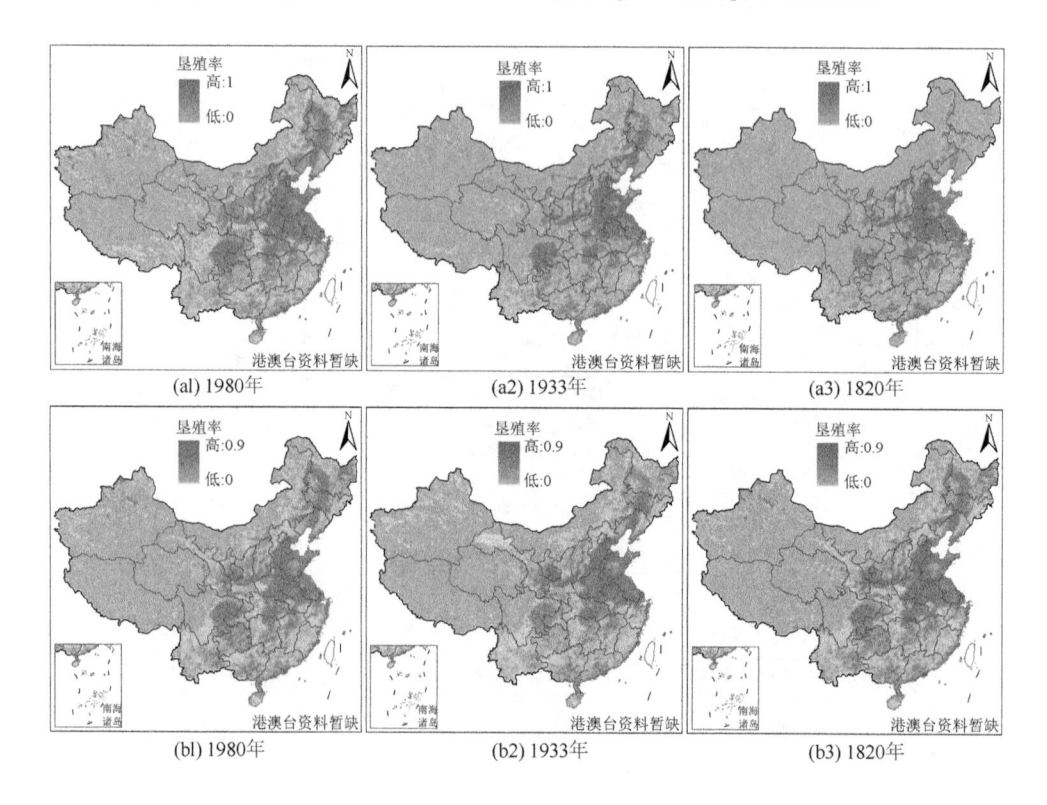

(a1) 1980年　　　(a2) 1933年　　　(a3) 1820年

(b1) 1980年　　　(b2) 1933年　　　(b3) 1820年

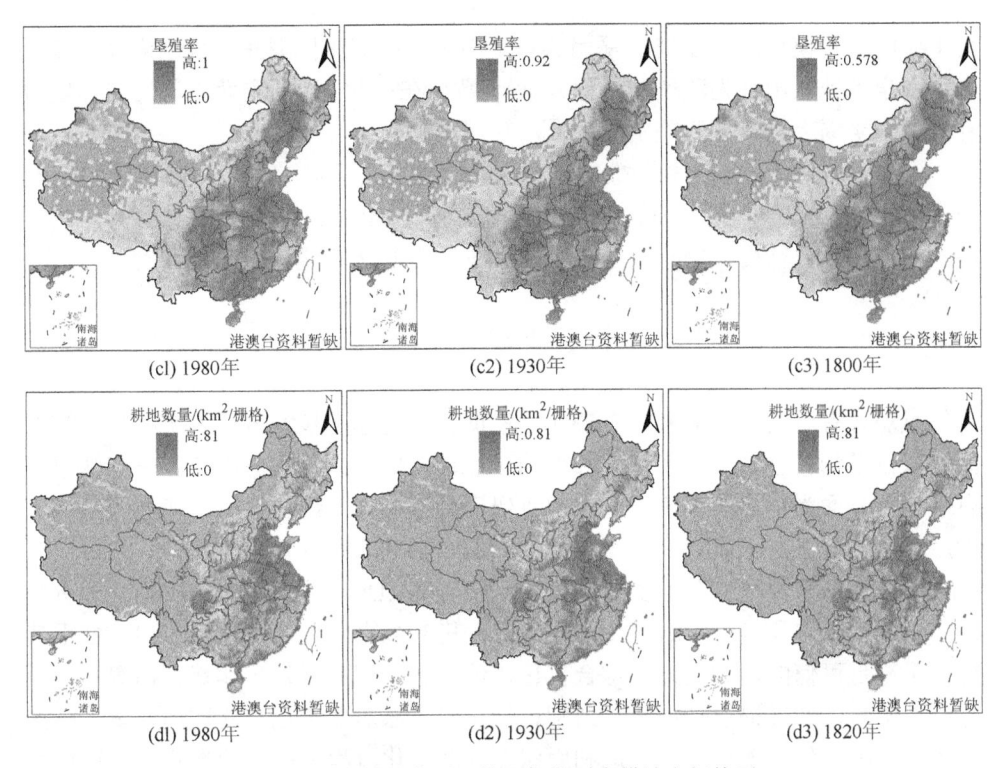

图 2-3 中国区内不同数据集的历史耕地空间格局
(a) 为 HCTC；(b) 为 CHCD；(c) 为 SAGE 2010；(d) 为 HYDE 3.1

（1）SAGE 和 HYDE 均采用"自上而下"的空间配置法，以 DISCover 与 GLC2000 遥感数据（精度分别为 66.9%、68.6%）中的耕地格局作为历史耕地的最外围边界。囿于现代耕地格局底图精度、历史耕地数量来源和采用的影响因子各异，其重建的耕地空间格局差异较大且难以体现我国耕地垦殖的历史过程。

（2）SAGE 中 1720~1950 年以来各省耕地数量呈年均增长率为 0.51%的线性增加，到 1950 年之后又以 0.34%的速度递减，这种线性递增、递减的重建算法使得各省耕地数量呈现统一变化规律；同时，除山东、浙江与京津冀地区外，其余各省耕地数量明显高于其他数据集。

（3）相较于 HCTC、CHCD 等国内数据集，HYDE 中的耕地在贵州、山西、陕西、福建、云南和浙江等省份存在低估，而在山东、沪苏、湖南、安徽、江西等省份（地区）存在高估，福建、湖南、云南、贵州外其余地区的平均相对差异率均介于±45%之间。

（4）CHCD 和 HCTC 在基础数据订正整理上采用了相似的历史资料，并都利用了现代土地利用格局，故两者在历史耕地总量及区域变化的总体趋势上较为一致。但由于采用了不同的重建方法（CHCD 以现代耕地格局为底图，采用"自上而下"的配置模型法；HCTC 采用"自下而上"的演化模型法，耕地格局重建考虑了农户土地利用行为和垦殖过程），两套数据在东北、西北和西南等历史垦殖边界区域的格局上存在显著差别。

（5）即使采用相似的基础数据，但由于重建方法不同，以及在影响因子选择、因子量化方法上的差异，相应的重建结果也将表现出显著区别。为融合多元数据，进一步提高模拟精度，仍有待进一步深入对历史 LUCC 重建方法的研究。

2.4 本章小结与研究展望

纵观现有研究，近年来历史 LUCC 空间格局重建在技术方法和实践应用等方面均取得了积极进展，但在基础数据的可靠性、研究方法的适用性、研究结果的有效性等方面尚存在较大争议。在现有研究的基础上，综合性和集成性势必将成为后期历史 LUCC 空间格局重建的重要特征，具体表现在以下方面。

（1）数据来源的综合。多源数据是开展历史 LUCC 重建之根基，中国拥有悠久的农业耕作史和未曾中断的文明发展史，其丰富的文献记载为历史 LUCC 重建提供了充足可信的基础数据。综合古籍、地方志、调查报告、地籍、档案、地图等历史资料，通过提取、恢复、甄别、修正等方法对其中记载的地理要素进行深度挖掘，将其作为表征历史土地利用状态（或变化过程）的空间参照点或过程控制线，并力争与地理时空模拟方法相结合应是今后研究的重要趋势。

（2）重建方法的综合。随着学科理论和研究方法的交叉融合，历史 LUCC 重建在研究方法上已从早期依靠历史文献记录和自然记录的还原发展到多源数据、多学科方法的融合，尤其是"自上而下"的配置模型和"自下而上"的演化模型的引入进一步丰富了重建方法集。但目前的模型方法大多采用通用的空间建模理论假设与规则设计，在土地利用变化机理和驱动机制控制等方面仍有进一步完善的空间。后期应进一步考虑不同区域自然资源特点和自然-人文因素交互影响，突出土地利用主体与土地资源间的相互适应，以及不同土地利用类型在空间上的竞争与协调，使重建方法更贴近历史土地利用变化的实际过程。

（3）重建类型的综合。历史 LUCC 重建的重要任务之一是对历史时期的土地利用格局进行复原，并为模拟长期气候过程、诊断气候形成机制、预测未来气候变化等科学问题提供数据支持。而当前以耕地为主要对象的单地类研究成果难以满足全球变化相关研究对 LUCC 基础数据的需求，亟须综合建设用地、林（草）地、水域等其他用地的时空变化。同时考虑到与全球变化模型对边界参数的精度匹配，以及与基于遥感解译的现代土地利用数据相衔接，进一步提升历史 LUCC 的重建精度仍面临挑战。此外，加强对重建结果的验证，综合定性、半定量、定量等方法，多角度进行重建结果的精度解析和不确定性分析也应成为进一步研究的重要内容。

第 3 章　近 300 年来中国人口变化及时空分布格局

人口数量变化和空间分布通过改变不同地区粮食需求、土地利用与土地覆盖等（Turner et al., 1990；何凡能等，2007），直接或间接地影响着全球气候和生态过程（Ellis and Ramankutty, 2008；李巧萍等，2006），是全球变化研究的重要组成部分。过去 300 年，全球人口变化尤为剧烈（Ramankutty and Foley, 1999），目前国内外多项研究计划中均包含相关大尺度研究（Goldewijk and Ramankutty, 2004；Goldewijk, 2005；葛全胜等，2003），典型成果包括 HYDE、中国人口地理信息系统（CPGIS）等。然而，以近 300 年为时间尺度，系统对中国人口变化开展的研究尚不多见。中国作为人口大国，人地矛盾突出，人口与生态、气候变化等关系复杂，亟待深入相关研究。本章采用历史文献梳理和订正的方法，建立以省级区域为分析单元的中国近 300 年人口数据时间序列，运用人口分布模型和空间自相关等分析方法，探讨近 300 年来人口变化与时空分布格局演化规律，以供 LUCC 及全球气候变化等研究借鉴和参考。

3.1　近 300 年来中国人口总量及增长率变化

3.1.1　人口数据收集与订正

本章研究时间跨度为 1724~2009 年，空间分析单元为省级行政单位（本研究未包含港、澳、台地区，下同）。

过去 300 年间中国人口记载的统计口径不尽相同，不同年代资料差异较大。本研究将近 300 年划分为清代、民国和中华人民共和国成立后三个时期，通过对现有资料的甄选、插补和订正，形成一套包含 286 个时相的省级人口数据集。主要数据来源和修正过程如下。

1) 清代

以《中国近代人口史》（姜涛，1993）和《中国人口史》（赵文林和谢淑君，1988）为主，不一致处参考《清朝文献通考》《大清会典事例》《清史稿·地理志》等官方人丁、人口记载及前人研究论著（路遇和滕泽之，2000；何炳棣，2000；梁方仲，2008；胡焕庸，1983；曹树基，2005；侯杨方，2005；张研，2008）。清代数据中，1741 年前的人口统计形式为"人丁"，即 16~60 岁成年男子，属赋税单位，采用口丁比（赵文林和谢淑君，1988）折算。

人口数据订正前，借鉴已有研究，对数据特征作以下基本假定：一是官方数据总体可信；二是人口数量总体呈上升趋势；三是人口数量在短期内变化幅度有限，除非发生重大历史事件，无陡变现象；四是省界在一定时期内相对稳定。基于数据特征，所进行的具体修正过程如下：首先，通过对比、订正转引后的数据摘抄错误，形成原始官方数据集；其次，修正陡变数据，若某年出现数据陡变，先查阅文献，如未发生重大历史事件，采用人口平均增长率插值修正；再次，对出现数据遗漏的省份，若有相近年份的历史数据，采用平均增长率插值修正；最后，部分省份统计数据存在大量漏报或明显错误的，以《中国人口史》为参考，经甄别后，综合考虑战争、灾荒等因素修正。

2）民国

此时期官方记载较为混乱，同一年份可能存在国民政府行政院、内政部、实业部等统计的若干数据源。为避免数据不一致，采用《中国人口史》修正，得到1912年、1919年、1925年、1928年、1936年的分省人口数据，再通过年平均增长率插补所缺数据。

3）中华人民共和国成立后

1953年采用第一次全国人口普查数据，1954~2009年有3个全面可靠且较为一致的数据源。考虑到《中国人口统计年鉴》（后改名为《中国人口和就业统计年鉴》）无系统错误，精度较高，故以此为数据基础[①]。

为保持数据的连续性，针对近300年行政区划变动进行空间匹配与归并，包括面积转化和省域归并。面积转化是指通过赵文林和谢淑君（1988）分析出的各省份历史与现代的面积比例，以历史人口乘以省域面积比得到2007年省级行政界线下的人口数；省域归并指为保证分析单元的空间一致性，将北京市、天津市、河北省合并为京津冀地区，上海市、江苏省合并为沪苏地区，广东省、海南省合并为粤琼地区，四川省、重庆市合并为川渝地区。

2007年省级土地面积采用《中国区域经济统计年鉴2008》和《中国区域经济统计年鉴2009》，底图为2007年省级行政区划图，省级行政中心地理坐标源自中国科学院科学数据库数据。

3.1.2 人口总量及增长率变化

以修正后的286个时相全国分省人口数据为基础，求得年平均人口增长率（1724年值取1661~1724年的人口年均增长率），见图3-1。由图可知，近300年

[①] 此时期总人口和分省人口均不包含现役军人数。

来人口数量呈波动上升趋势，总人口由 1.25 亿人（1724 年）增长至 13.17 亿人（2009 年），年平均增长率为 0.83%。

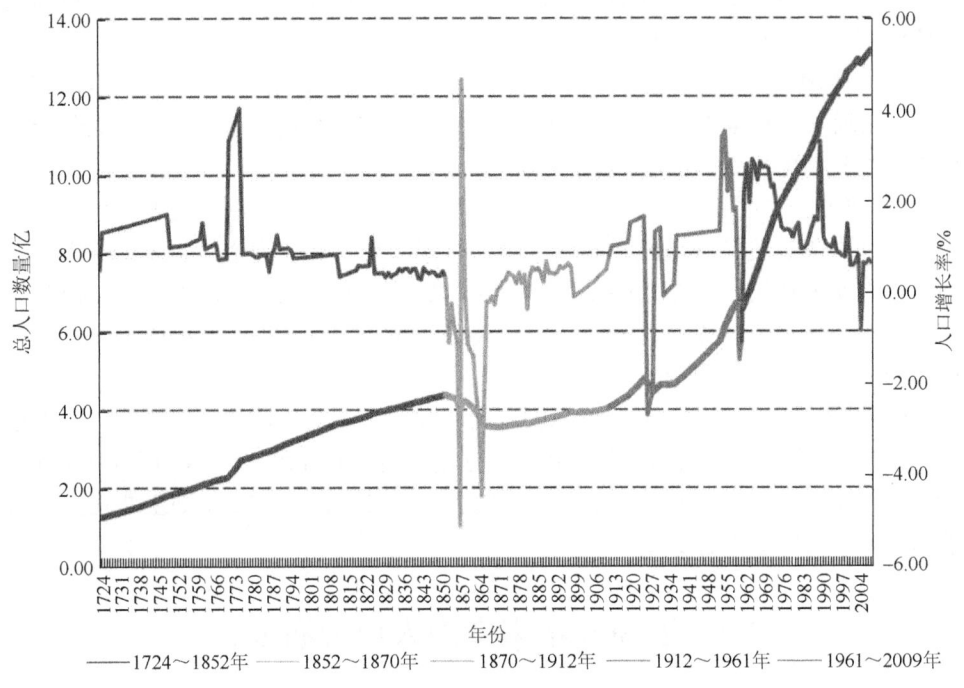

图 3-1　近 300 年来中国人口数量及增长率变化趋势
粗线为总人口数量；细线为人口增长率

根据曲线特征，将人口变化分为以下阶段：

（1）1724~1852 年，为人口较快稳定增长期。明末人口基数较前朝大，且清初在平定明末战乱和"三藩"后，政府采取一系列政策恢复社会生产力和社会秩序。1712 年，康熙颁布"盛世滋生人丁，永不加赋"之令，人口大量增长；1723 年，雍正推行"摊丁入亩"政策，即按土地数量征收人头税，减轻了百姓的赋税负担，百姓亦无隐匿人口的必要；1776 年保甲制度健全，缺、漏报现象得以改善，人口统计得到保障。之后，鸦片战争打破了中国自然经济秩序，促进沿海城市人口增长。同时，精耕细作、生产技术提高和高产作物的推广种植使农业生产进一步发展，为人口增长提供了基础和保障。在赋税政策激励，以及经济、农业制度等多重因素的共同作用下，该阶段人口激增，年平均增长率最低为 0.28%，最高达 4.03%。

（2）1852~1870 年，为人口快速波动负增长期。1851~1864 年太平天国运动兴起，为中国历史上农民运动的最高峰，造成了全国性大动乱，同时战后的瘟疫、饥荒等导致人口大量消亡。此外，受第二次鸦片战争（1856~1860 年）、北方捻军起义（1853~1868 年）、陕甘回民起义（1862~1873 年）（骆毅，1998）等战争及清政府、外国侵略者镇压的影响，除 1858 年人口增加外，人口在近 20 年间几乎停滞增长，甚至出现大幅减少。

（3）1870~1912 年，为人口低速平稳增长期，此阶段为清末，受战争影响较小，人口增长主要依靠自然增殖，且 1870~1898 年人口统计较为完善，大部分年份人口增长缓慢，增长率小于 0.79%。

（4）1912~1961 年，为人口无序跌宕增长期，包括社会经济发展不稳定的民国时期和中华人民共和国成立初期。民国时期只有几次较为全面的人口普查数，综合已有研究成果，此期间除少数年份人口数量下降，总体呈增加趋势，但其间波动较大，人口增长无明显规律；中华人民共和国成立前期，人口增长速率显著提升，但受自然灾害影响，人口数量波动较大。

（5）1961~2009 年，为人口急剧波动增长期，而增长速率显著下降，一定程度上与"计划生育"政策有关。其中较为明显的突变点在 1982 年、1990 年、2000 年、2005 年，前 3 个年份对应第三、四、五次全国人口普查，2005 年则主要是人口自然增长率下降的波动性结果。

3.2　近 300 年来中国人口分布演化

3.2.1　人口分布演化测度方法

人口分布结构指数可反映人口集中或分散趋势；人口分布重心可通过迁移曲线表征人口空间再分布和演化方向；空间自相关可检验人口密度的空间关联及其随时间的变化。依据数据相对完善及时间间距相对均匀原则，选取 1724 年、1767 年、1812 年、1855 年、1898 年、1936 年、1982 年和 2009 年作为时间断面，通过人口分布结构指数和人口分布重心研究各断面人口分布特征和空间演化路径；运用 OpenGeoDa 软件，通过全局、局部空间自相关分析探讨人口密度空间分布的集聚与分异情况。

1）人口分布结构指数

人口分布指数是判断区域人口分布集中或分散趋势的定量指标（张善余，2006），包括人口分布不均衡指数和集中指数，计算公式为

$$U = \sqrt{\frac{\sum_{i=1}^{n}\left[\frac{\sqrt{2}}{2}(x_i - y_i)\right]^2}{n}} \tag{3-1}$$

$$C = \frac{1}{2}\sum_{i=1}^{n}|x_i - y_i| \qquad (3\text{-}2)$$

式中，U 为不均衡指数；C 为集中指数；n 为研究单元个数；x_i 为 i 地区人口占研究区总人口的比例；y_i 为 i 地区土地面积占研究区土地总面积的比例。U、C 的值越小，人口分布越均衡，反之，人口分布越集中。

2）人口分布重心

人口分布重心是反映人口区域总体分布状况的指标，如一个区域由若干次级行政单元构成，其中，第 i 个次级单元的中心坐标为（X_i, Y_i），P 为该次级单元某种属性意义下的"重量"，则该属性下区域重心坐标为（段学军等，2008）

$$X = \frac{\sum_{i=1}^{n} P_i X_i}{\sum_{i=1}^{n} P_i} \qquad (3\text{-}3)$$

$$Y = \frac{\sum_{i=1}^{n} P_i Y_i}{\sum_{i=1}^{n} P_i} \qquad (3\text{-}4)$$

式中，X、Y 分别为人口重心的经纬度坐标；P_i 为 i 地区人口数量；X_i、Y_i 分别为 i 地区的中心经纬度坐标。参考前人研究成果（徐建华和岳文泽，2001），取（X_i, Y_i）为各行政单元首府的坐标。对涉及行政区域合并的京津冀地区、沪苏地区、粤琼地区和川渝地区，在代入人口计算公式前，以各合并前省（自治区、直辖市）土地面积和首府坐标处理得到合并后大区域（X_i, Y_i）：

$$X_i = \frac{\sum_{j=1}^{n} A_{ij} X_{ij}}{\sum_{j=1}^{n} A_{ij}} \qquad (3\text{-}5)$$

$$Y_i = \frac{\sum_{j=1}^{n} A_{ij} Y_{ij}}{\sum_{j=1}^{n} A_{ij}} \qquad (3\text{-}6)$$

式中，A_{ij} 为 i 地区第 j 个次级单元的土地面积；X_{ij}、Y_{ij} 分别为 i 地区第 j 个次级单元首府中心经纬度坐标。

3）空间自相关分析

空间自相关是表征位于区域不同空间位置某一属性值之间相关性的指标，是对空间集聚程度的一种度量（Tobler，1970；Miller，2004；陈彦光，2009），分为全局空间自相关和局部空间自相关。根据研究区特点，基于邻接规则选取一阶四邻域 Rook 邻接权重矩阵，定义如下：

$$W_{ij} = \begin{cases} 1, \text{区域} i \text{与区域} j \text{有公共边} \\ 0, \text{其他} \end{cases} \tag{3-7}$$

全局空间自相关反映了属性值在整个区域空间的总体特征，可判断空间变量取值是否与相邻空间有关，相关测度指标包括 Global Moran's I（全局 Moran 指数）、Geary's C、Getis's G（Moran，1950；Geary，1954；Getis and Ord，1992）等，其中，Global Moran's I 最为常用（朱传民等，2012），计算公式如下：

$$I = \frac{n \sum_{i=1}^{n} \sum_{j=1}^{n} W_{ij}(X_i - \bar{X})(X_j - \bar{X})}{\sum_{i=1}^{n} \sum_{j=1}^{n} W_{ij} \sum_{i=1}^{n} (X_i - \bar{X})^2} \tag{3-8}$$

式中，n 为研究区内地区总数；X_i、X_j 分别为地区 i、j 的属性值；$\bar{X}$ 为属性 X 的平均值；W_{ij} 为空间权重矩阵。

Global Moran's I 在[-1, 1]之间。Global Moran's I 大于 0 时，表示空间正相关，同时，如果趋向于 1 时，相似属性值聚集；Global Moran's I 等于 0 时，说明不存在空间自相关性，属性值在空间上随机分布；Global Moran's I 小于 0 时，表示空间负相关，同时，如果趋向于-1 时，相异属性聚集。

用标准化统计量 Z 对 Global Moran's I 进行显著性检验，计算公式为

$$Z(I) = \frac{I - E(I)}{\sqrt{\text{VAR}(I)}} \tag{3-9}$$

式中，$E(I)$ 为数学期望；$\text{VAR}(I)$ 为变异系数。

全局空间自相关可反映研究区总体属性值与周围地区之间的平均差异程度，但难以探测出聚集位置及区域相关程度。而局部空间自相关主要用于分析各属性单元在空间上的分布格局，可度量每个区域与周围地区之间局部空间关联程度（黄飞飞等，2009），常用指标为空间关联局部指标（local indicators of spatial association，LISA），即 Local Moran's I，计算公式如下：

$$I_i = \frac{n(X_i - \bar{X}) \sum_{j=1}^{n} W_{ij}(X_j - \bar{X})}{\sum_{i=1}^{n} (X_i - \bar{X})^2} \tag{3-10}$$

其检验值为

$$Z(I_i) = \frac{I_i - E(I_i)}{\sqrt{\mathrm{VAR}(I_i)}} \qquad (3\text{-}11)$$

3.2.2 人口分布演化过程

1) 人口分布结构指数与重心分析

由式（3-1）和式（3-2）计算得到人口分布指数（表 3-1）。由表 3-1 可知，人口不均衡指数和集中指数均呈现不断减小的趋势，近 300 年间，U 值由 0.0164 下降到 0.0107，C 值由 1.3336 降为 1.0161，说明人口分布均衡发展的态势不断增强。这与历史上的西部垦荒和现今西部大开发等有关，且随着人口迁移，区域差异逐步缩小。

表 3-1　近 300 年中国人口分布不均衡指数和集中指数

指数	1724 年	1767 年	1812 年	1855 年	1898 年	1936 年	1982 年	2009 年
U	0.0164	0.0154	0.0142	0.0137	0.0137	0.0124	0.0108	0.0107
C	1.3336	1.2862	1.2215	1.2266	1.2229	1.1182	1.0232	1.0161

将各年份人口重心坐标依次连接，得到人口重心变动轨迹图（图 3-2）。由图 3-2 可以看出，人口重心保持在河南、湖北两省，介于地理坐标 113.37°E~114.55°E、31.27°N~32.74°N 之间，移动幅度较小。近 300 年间，经向移动了 1.18°，纬向移动了 1.47°，且均在中国几何中心（103°50′E，36°00′N）（李二玲等，2012）的偏东与偏南方向，说明研究期内的人口分布一直处于不平衡状态，东、南部是人口高密度区。重心经向变化总体呈西移趋势，纬向变化呈先南后北再向南移动的趋势。按阶段分析如下。

第一阶段，处于清朝期间，东部人口过剩，耕地后备资源匮乏，人地矛盾突出，人口自然向西流动。同时，清前期、中期政治经济中心南移，人口受影响，大规模向南移动；清后期，受边防战争的影响，在政策法令要求下，大量移民到西部屯田御敌固边。清朝期间人口重心表现为向西和向南迁移的特征。

第二阶段，处于民国期间，大量北方移民垦殖依旧，人口重心北移；同时，受抗日战争影响，人口向西迁移；战争结束后，人口又向东回流。人口重心呈现先向西再向东移动的态势。

第三阶段，为中华人民共和国成立后，初期国民经济建设的重点是东北和华北，政治经济中心向北移动；改革开放后，长江三角洲、珠江三角洲率先开放，经济快速发展，经济中心南移，人口重心随之表现为先向北、后向南迁移。再者，受国家政策驱动，华南、华中的青壮年向西北、西南地区迁移，且移居地计划生育政策较松，对人口分布亦有一定影响。

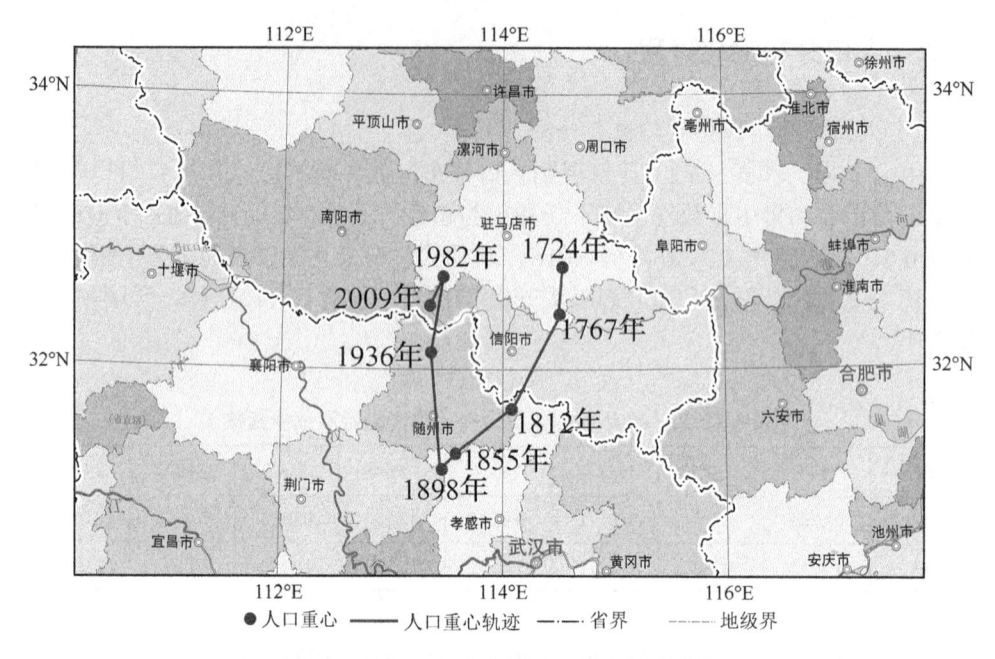

图 3-2　近 300 年来中国人口重心变动轨迹

2）人口密度空间自相关分析

人口密度是衡量人口分布的重要指标。本章利用 OpenGeoDa 软件计算了典型时段省级人口密度分布的 Global Moran's I，同时选取双侧 Z 检验，置信度为 0.1%，当 $Z(I)$ 在 -3.28~3.28 时，研究区范围内人口密度分布未显著相关，空间自相关性较弱；当 $Z(I)$ 大于 3.28 时，分布呈显著空间正自相关性；当 $Z(I)$ 小于 -3.28 时，分布显著负自相关。根据计算结果，对各年 Global Moran's I 值和 Z 检验值作统计分析，变化趋势见图 3-3。由图 3-3 可知，近 300 年来，人口密度 Global Moran's I 值在 [0.7719, 0.8618] 范围内，接近 1，同时在正态分布假设下，Global Moran's I 的 Z 检验值均远大于临界值（3.28），人口分布呈高度显著正相关关系。省级人口密度分布表现出空间聚集状态，并非完全随机性，即人口密度高的行政区趋向于和人口密度高的行政区相邻，反之亦然。Global Moran's I 和 Z 统计量呈上升—下降—上升—下降的趋势，说明近 300 年来，随着时间推移，人口分布保持正自相关趋势，但人口聚集程度呈现波动变化。

为准确、全面地了解区域人口密度时空分异情况，进行局部空间自相关分析，在 5%置信度下，得到近 300 年来典型年份各区域人口密度 LISA 集聚图（图 3-4）。

其中，高—高代表空间差异较小，本区域与周围区域人口密度值均较高；低—低代表空间差异较小，本区域与周围区域人口密度值均较低；高—低代表空间差异较大，本区域人口密度较高，而周围区域人口密度较低；低—高代表空间差异较大，本区域人口密度较低，而周围区域人口密度较高。由图3-4可知，中国近300年来人口空间分布格局均呈现高—高、低—低集聚两极分化的现象，即主要存在人口密度高、低集聚带；分区域人口不存在高—低、低—高相邻关系，即没有作为人口"热点"和"冷点"的省区，空间集聚极为显著。1724~1767年内蒙古人口数量相对于其他地区降幅较大；1767~1812年江西人口数量上升幅度大，可能是受人口迁移或周围地区战乱的影响；1812~1855年，人口高密度聚集区扩大到福建、海南、广州一带，形成狭长的东南沿海人口聚集带，同时人口低密度聚集区萎缩，表现为东北地区人口增加较快；1855~1898年，人口低密度聚集区面积变大，粤琼地区不再是高密度聚集区；1898~2009年，高、低密度人口聚集区总体均呈减小趋势，说明人口分布区域离散，这是由经济、人口政策共同决定的。

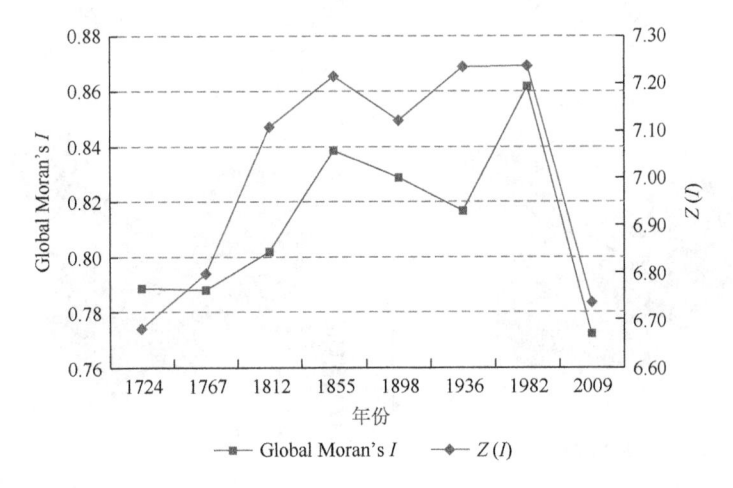

图 3-3　近300年典型年份中国人口密度 Global Moran's *I* 和 *Z* 检验值变化趋势

全国按华北、华东、华中、华南、西南、西北、东北七大区域分析，得到近300年典型年份中国人口密度分布统计（表3-2）。由表3-2可得，人口密度分布呈现如下特点。

（1）高—高相邻关系主要发生在华东地区和华中地区。沪苏地区、山东省、安徽省、浙江省人口一直相对集中增长，形成了人口高密度聚集区。江西省和福建省人口分别在1812~1982年和1855~1898年与周围省份高密度集聚，说明这两个省份人口在此期间人口增长较快。总体而言，形成了人口向东部沿海平原丘陵区聚集，同时偶尔不稳定向内陆发展的格局。

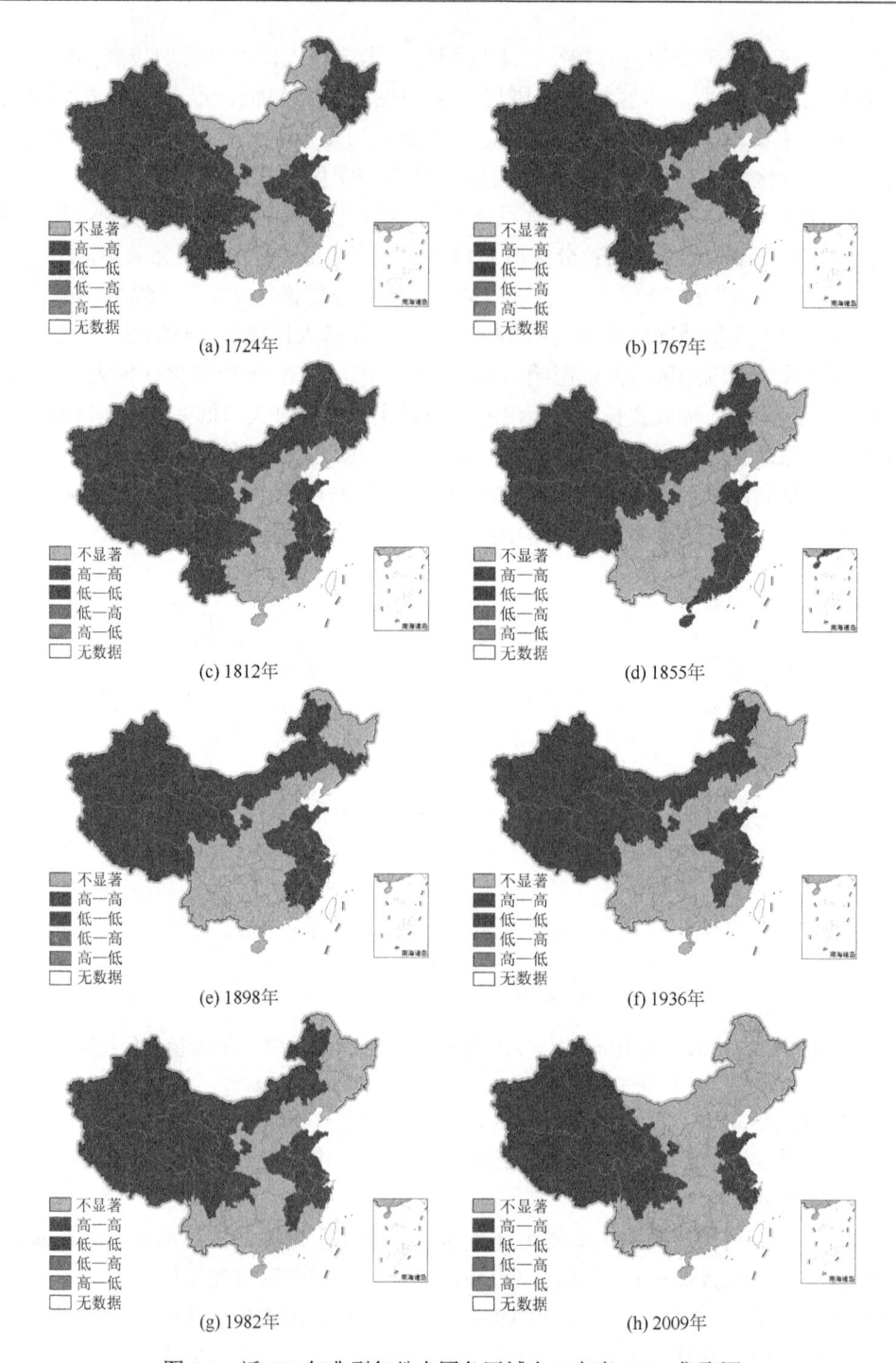

图 3-4 近 300 年典型年份中国各区域人口密度 LISA 集聚图

表 3-2　近 300 年典型年份中国人口密度高—高、低—低值分布区域统计

年份	高—高			低—低			
	HD	HZ	HN	HB	XN	XB	DB
1724	1、2、3、5	3	—	—	1、3、4	2、3、4、5	1、2
1767	1、2、3、5	3	—	3	1、3、4	2、3、4、5	1、2
1812	1、2、3、4、5	—	—	3	1、2、4	2、3、4、5	1、2
1855	1、2、3、4、5、6	—	1	3	1、2、4	2、3、4、5	—
1898	1、2、3、4、5、6	—	—	3	1、4	2、3、4、5	2
1936	1、2、3、4、5	3	—	3	1、4	2、3、4、5	—
1982	1、2、3、4、5	3	—	3	1、4	2、3、4、5	—
2009	1、2、3、5	—	—	—	1、4	2、3、4、5	—

注：各指标代表区域：HD-华东地区（HD$_1$-沪苏地区、HD$_2$-山东省、HD$_3$-安徽省、HD$_4$-江西省、HD$_5$-浙江省、HD$_6$-福建省）；HZ-华中地区（HZ$_1$-湖北省、HZ$_2$-湖南省、HZ$_3$-河南省）；HN-华南地区（HN$_1$-粤琼地区、HN$_2$-广西壮族自治区）；HB-华北地区（HB$_1$-京津冀地区、HB$_2$-山西省、HB$_3$-内蒙古自治区）；XN-西南地区（XN$_1$-川渝地区、XN$_2$-贵州省、XN$_3$-云南省、XN$_4$-西藏自治区）；XB-西北地区（XB$_1$-陕西省、XB$_2$-甘肃省、XB$_3$-宁夏回族自治区、XB$_4$-青海省、XB$_5$-新疆维吾尔自治区）；DB-东北地区（DB$_1$-黑龙江省、DB$_2$-吉林省、DB$_3$-辽宁省）。

（2）低—低关联主要发生在西南、西北部分省区。其中西南的川渝地区、西藏自治区稳定处于低—低值，主要是由该区多山地丘陵的地形条件造成的；西北的甘肃省、宁夏回族自治区、青海省、新疆维吾尔自治区稳定处于人口低密度聚集区，这与当地气候干旱少雨及较为脆弱的自然生态环境息息相关。

（3）华北地区的内蒙古自治区大部分时期与西南、西北地区省份共同形成人口低密度集聚区，相邻状态较稳定；东北的黑龙江省与吉林省的相邻状态不稳定，后期不处于低—低关联状态时，说明存在鼓励开荒政策或发生了战事，并与"闯关东"（1866 年后）事件有关。

（4）辽宁省、京津冀地区、山西省、陕西省、湖北省、湖南省、贵州省、广西壮族自治区未与周围省区存在显著相邻关系，这可能与我国南北、东西的经济差异有关。

3.3　本章小结

通过本章研究，主要得到以下结论。

（1）中国近 300 年人口数量总体呈现波动上升趋势，同时按增长曲线特征可分为人口较快稳定增长期、人口快速波动负增长期、人口低速平稳增长期、人口无序跌宕增长期、人口急剧波动增长期。综合而言，自然增长、政策、战争、灾荒等内外因素共同作用形成了近 300 年总人口格局。

（2）随着时间推移，人口分布均衡性增强。同时，人口重心移动幅度较小且均在几何中心的偏东、南方向，经向、纬向上总体分别呈现西移、南—北—南移动趋势。

（3）人口分布全局保持高度空间聚集，聚集程度呈现上升—下降—上升—下降波动变化的趋势。省域人口空间形成了高、低密度值集聚带，华东地区和华中地区形成人口高密度聚集区，人口趋向于分布在地形平坦、气候温和、交通便利、经济发达的东南沿海一带，同时偶尔向内陆发展；西南、西北地区一些省份由于地形、气候等较为恶劣，稳定处于人口低密度聚集区，华北地区的内蒙古自治区为较稳定人口低密度区，东北地区的黑龙江省、吉林省为不稳定人口低密度区。

第4章　近300年来中国耕地数据集重建与耕地变化分析

中国具有悠久的农业文明史，其历史时期的土地利用与土地覆盖变化过程在全球LUCC格局中占有显著地位。自清雍正实施"摊丁入亩"政策以来，土地替代人口成为税赋征收的依据，人口呈现爆炸式增长，由人口激增所带来的耕地扩张成为土地利用变化的主要驱动力。近年来，中国学者从耕地数据修正、空间格局重建等方面对中国历史时期耕地变化进行了研究。在耕地数量方面，历史地理学者在20世纪80~90年代即已形成较为丰富的研究成果（史志宏，1989；彭雨新，1990；章有义，1991；江太新，1995；郑正等，1998），21世纪以来，历史土地利用空间格局重建研究进一步深入，研究重点由垦殖率向地类栅格转变（葛全胜等，2003；叶瑜等，2006；何凡能等，2012）。由于历史时期耕地数据来源复杂，重建方法多样等原因，国内外学者重建的耕地数据集之间存在着较大的差异。耕地数量是历史时期耕地空间格局重建的基础，耕地数据集的误差将不可避免地反映甚至放大到空间格局重建成果上，对以此为基础的相关研究产生影响。

中国丰富的历史文献资料和历史地理学研究基础，使得在省域范围内分析影响耕地变动的因素，针对不同省份自然环境和历史发展特点进行耕地数量重建成为可能，从而提高现有研究精度。因此，本章以历史人口变化最为剧烈的近300年为研究期，以中国大陆地区为研究范围，在分析耕地记录特点的基础上，综合采用因素修正、引用替换、线性内插、衔接对比、人地关系检验、垦殖趋势检验、行政面积比例调整等方法对历史耕地数据进行修正，重建现代省界下的近300年中国分省耕地数据集，并结合人地关系和重大历史事件，分析其间耕地总量过程及区域变化趋势，以期为相关研究提供数据基础。

4.1　已有历史耕地重建结果简要回顾

近300年间中国经历了清朝、民国和中华人民共和国三个不同的政体，不同时期的耕地记录特点各不相同。其中，中华人民共和国成立后的数据来源较多，在具体使用中注意筛选即可；民国时期虽然记录数据表示真实的耕地面积，但由于社会动荡，存在较多的缺漏，需通过引用替换、线性内插、衔接对比等方法加以补全。

与民国时期和中华人民共和国成立后相比，清代耕地数据的情况较为复杂。清代的耕地数字实质上是以收取赋税为目的的田赋记录，一方面，由于明清时期官方册载田亩数据并非真正意义上的耕地，而是用于征收赋税的"税亩"概念，同时存在欺隐、免科等多种影响因素，致使其难以真实地反映历史耕地情况；另一方面，由于历史的不可亲验性、资料的限制性及研究方法的差异性等原因，中国清代耕地数据重建成果差别较大，给以此为基础的相关研究带来影响。

当前中国清代耕地重建研究主要有两个学派，一是以史志宏、章有义、史念海等为代表的历史地理学派，研究重点集中于耕地数据考证，研究时间集中在20世纪80~90年代，相关研究成果也成为后续研究的重要基础；二是21世纪以来，以葛全胜、何凡能、叶瑜等为代表的学派，侧重耕地空间格局重建研究，他们不仅对历史时期的土地利用数据进行考证，也将研究领域拓展到空间格局重建，研究重点从垦殖率转向土地利用类型的空间网格化，相关成果为LUCC和全球环境变化等研究提供了重要基础。

清代土地数据记载主要有两种，一是官修政书及地方志等，如《户部则例》《大清一统志》等；二是普遍引用的研究成果，如梁方仲的《中国历代户口、田地、田赋统计》等。相关的数据修正方法包括史志宏（1989）采用的耕地指数法、章有义（1991）采用的校正系数法、周荣（2001）采用的升降百分比法、葛全胜等（2003）采用的趋势回溯法。由于国内学者引用的参考文献不同，相应的修正方法各异，重建结果差异较大（图4-1）。由图4-1可见，时间序列较长的官方统计并不能真实地反映历史耕地情况（梁方仲，2008）[①]，而现有耕地数据重建结果间差别较大，不经科学验证难以取舍。鉴于此，本章在构建清代册载田亩数据的修正

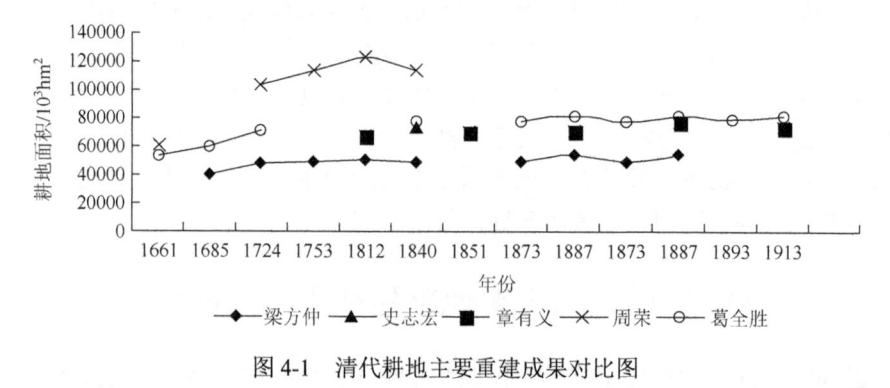

图4-1 清代耕地主要重建成果对比图

因葛全胜等（2003）的研究区域为内地18省，为便于比较，将数据比较区域统一为内地18省范围

[①] 梁方仲（2008）对史书上的数字基本无修正地统计录入，故将其研究成果作为清代的官方田亩数据。

方法和校验体系的基础上，尝试构建一套适用于清代耕地数据的修正校验体系，以清代官方册载田亩数据为基础，采用人口基数和垦殖趋势进行检验和订正，通过替换、引用、衔接对比等方法进行数据修正，以期为后续研究提供支持。

4.2 历史耕地数据修正方法

4.2.1 耕地数据搜集与断面选择

1）清代

清代耕地数据主要来源于三方面：一是官修政书及地方志等，如《户部则例》《大清一统志》《嘉庆重修一统志》等；二是普遍引用的研究成果，如《中国历代户口、田地、田赋统计》等；三是区域性历史地理研究成果，如《清代两广农业地理》《明清山东农业地理》等。考虑到历史资料的可得性与空间覆盖的全面性，选取现有资料相对完整的时间断面进行数据重建，所选取的历史断面为1661年、1724年、1820年和1887年。

2）民国

民国时期耕地历史记录的差别较小。一方面由于数据来源有限，众学者所参考的文献时有相同，如《中国农业概况估计》《中国土地利用统计资料》等；另一方面众学者大多采用"转引衔接"的修正方法，即在考虑各年代间耕地数据衔接的基础上，以转引相关文献为主体数据。但由于当时国内社会动荡，不同省份间资料多寡差异较大，尤其是非传统农区的东北、西北等地，在进行全国范围的统计时，需对耕地数据加以补全。民国数据主要参考《中国近代农业生产及贸易统计资料》（许道夫，1983）、《中国土地问题之统计分析》（国民政府主计处统计局，1936）、《中国农业的发展（1368—1968）》（Perkins，1969）等，根据各成果之间的覆盖度，选取具有时间重合性的1933年作为历史断面。

3）1949年后

1949年后的耕地数据虽来源较为丰富，但不同来源的数据在时间覆盖度和数据准确性上仍存在一定的差异。1985年全国土地概查数据比国家统计局同期的统计数据高出45%，且丘陵山区的相差幅度高于平原地区。同时，1985年的耕地概查数据中有大于$6.67×10^6 \text{ hm}^2$的耕地坡度大于25°，属不适宜耕种的陡坡地（耕地问题研究组，1992）。结合1996年第一次全国土地调查结果，及1985~1996年的耕地变化趋势，认为1985年全国土地概查数据较为符合实际，此前各省份耕地数量都存在不同程度的低估。因此主要参考1985年农业部全国土地概查数据及中国经济统计数据库（中国经济信息网：https://www.cei.cn/），选取1952年和1985年作为时间断面。

4.2.2 清代耕地数据复建体系构建

清代耕地数据恢复重建体系包括两方面，一是册载田亩数据的修正体系，从影响册载耕地失实的因素分析入手，估测各类因素在不同时期的影响程度，建立因素修正表；二是耕地修正数据的校验体系，从人口要素和垦殖趋势两方面对所得数据进行进一步检验和修正，以期获得典型时段的耕地数据。

1）册载田亩数据修正体系

清代官方耕地数据普遍失实，较实际面积偏低已是学界共识（史志宏，1989；彭雨新，1990；江太新，1995；叶瑜等，2006；Goldewijk et al., 2017）。造成官方册载田亩数据失实的原因多样（图 4-2），具体可分为"膨胀"和"紧缩"两类因素。

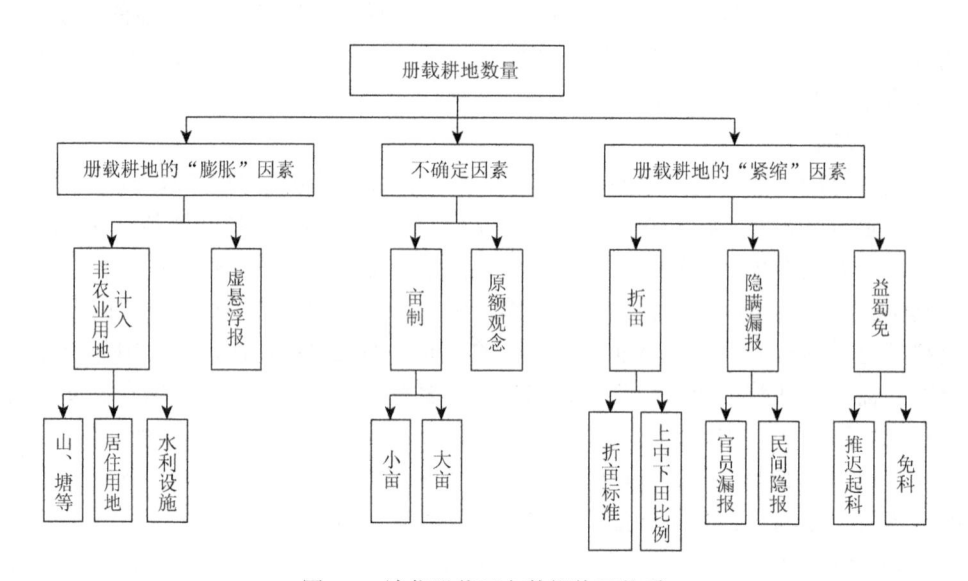

图 4-2 清代册载田亩数据修正体系

（1）"膨胀"因素。导致册载田亩数据高于实际耕地面积的"膨胀"因素主要包括非农业用地计入和虚悬浮报两方面。清代田赋记载的对象不仅包括用于耕种的土地，还包括山地丘陵、塘荡滩等其他用地面积（何凡能等，2012）。此外，部分地区的土地数据更新不及时，农村居民点用地、农田设施等也被纳入土地统计。虚悬浮报并非普遍现象，部分地方官吏为了迎合上意，捏造垦荒数字，导致部分田亩数字高于实际耕地数。

（2）"紧缩"因素。虽然存在导致册载耕地的"膨胀"因素，但现有研究揭示亦存在一系列"紧缩"因素，导致清代官方记录的田亩数字低于实际（史志宏，1989；彭雨新，1990；江太新，1995；叶瑜等，2006）。第一，田地统计时的折亩（程方，2010）。折亩是为了将不同质量的耕地转换为适合于田赋统计的"税亩"概念，减轻低产耕地的负担，故以大折小的折率很高，而以小折大的折率相对低（何凡能等，2012），因此折亩是导致清代官方册载田亩数据失之过低的重要因素之一。在修正折亩影响时，主要考虑该地区上中下三种田地比例，再按照不同地区的折亩标准进行修正。第二，隐瞒漏报。田地是清代征收税赋的主要依据，特别是清朝实行"摊丁入地"政策后，为逃避赋税，民间土地所有者多隐匿田产；此外，部分地方官吏与绅宦豪族相勾结，漏报田产，减轻垦田指标负担，更便于其中饱私囊。第三，田地免科法令。益蜀免是清政府为鼓励百姓垦田所实行的一项宽厚政策，可分为免科和推迟起科。免科使得新开垦的零星土地及质量较差土地不计入册，造成册载田亩数据低于实际耕地。

（3）不确定因素。除"膨胀"和"紧缩"因素外，各地亩制不统一、原额观念限制等也会影响册载耕地数字的真实性。清代官方记载多根据各地紊乱多样且顽固的土俗标准而折估载入档册（曹树基，2007），亩制不统一导致官方数据的高低具有不确定性，采用大亩的省份其耕地数字往往偏低，采用小亩的省份则可能虚高，修正中应根据该省亩制，将其转换为当前市亩，再进行后续修正。原额观念限制在不同时期所发挥的作用有所不同，受儒家思想影响，皇朝在财政上大都遵从"量入以为出"的原则。清初时"天下田赋悉照万历年间则例征收"，各地土地陈报数字也多囿于万历"原额"（叶瑜等，2006；陈高佣，1986），因此，清初原额观念会使册载耕地数据偏高，而清中期则会使册载耕地数据偏低，难以反映出康雍乾三代大力垦荒的成果。

2）耕地修正数据的校验体系

耕地修正数据的校验体系应综合考虑影响真实耕地面积的诸多因素，本研究主要从人口要素角度进行检验，从垦殖趋势角度进一步订正（图4-3）。由温饱线、可耕地水平和劳动力供给线确定特定区域耕地数量的合理区间。当低于温饱线时，通过考证该地区是否存在粮食输入以验证耕地数字的合理性；当高于可耕荒地数或劳动力供给线时，则证明耕地数量存在问题，需进一步订正。相应的订正主要从垦殖趋势出发，考证具体历史事件对耕地走势的影响，如当一个地区发生大范围战乱、灾荒等，一般会导致耕地出现一定幅度的下降。

（1）人口要素。自康熙二十二年（1683年）收复台湾后，清朝维持了130年左右的和平时间，人口突破4亿（李文海等，1994；中国军事史编写组，2003），达到历史至高点。人口爆炸式增长导致大规模土地开垦，到乾隆朝，国内开荒遍及山头地角，内地余地已不多（封志明等，2005；李良玉，2004）。从人口角度验证耕地数量主要基于粮食需求和劳动力供给两方面。粮食需求是导致土地开垦的直接动因，一个地区的耕地产量加上净输入量应需满足当地人口的粮食需求。在已知亩产、种植制度、赋役上交和粮食留种等因素的情况下，可估算出不考虑粮食贸易下的耕地面积，即最低耕地面积（温饱线）。当耕地达到温饱线并有结余时，可能存在粮食输出；反之，则存在粮食输入。通过考察一个地区粮食贸易的基本状况情况，可以判断出耕地修正数字的合理性。劳动力供给表示一个地区可从事耕作活动的劳动力数量。本章劳动力比例采用总人口中的成年男子比例，另计算单位劳动力可耕地面积，得到劳动力支持下的可耕地面积（劳动力供给线），作为耕地面积的上限。

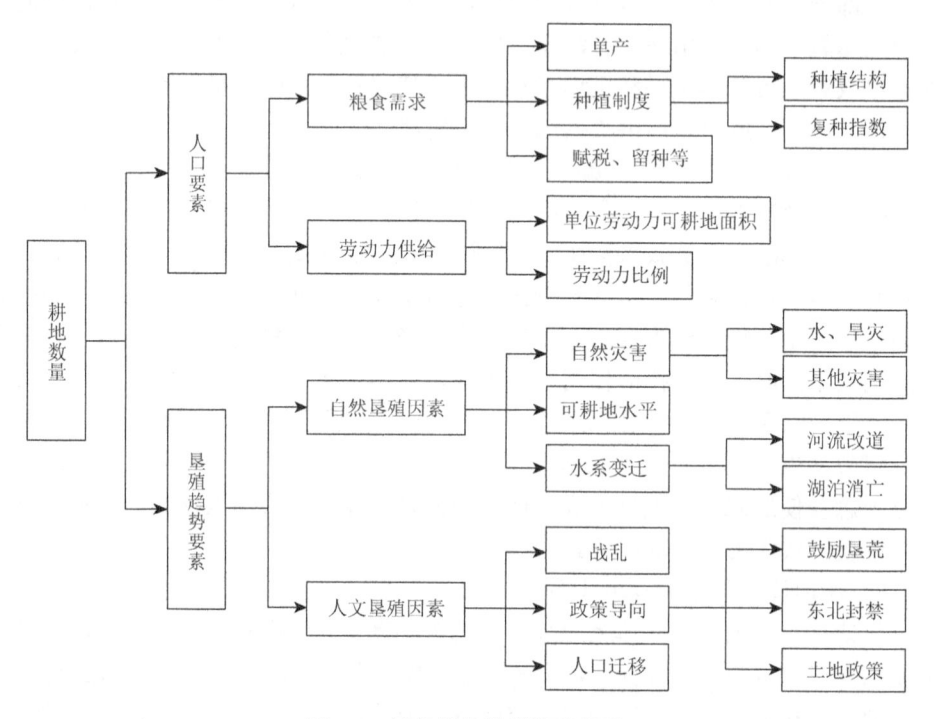

图 4-3　清代耕地数据校验体系

（2）垦殖趋势要素。垦殖趋势属于定性分析，既可用作修正数据的检验，也可用于进一步的订正。然其只能反映出某时段的耕地走势，难以确定具体数值。本研究中垦殖趋势要素包括自然垦殖因素和人文垦殖因素。自然垦殖因素包括自然灾害、可耕地水平和水系变迁等。其中，自然灾害对耕地数量变化的影响最大。可耕地水平决定了一个地区可开垦土地的最高值，若一个地区的修正耕地数字超过该值，则表明其存在问题。过去 300 年间，中国水资源体系发生了较大变化，黄河改道东营入海、罗布泊等内陆湖泊逐渐消亡等，但该因素的影响多为区域性的。人文垦殖因素包括战乱、政策导向和人口迁移等。战乱对耕地数量影响较大，明末清初大范围的战乱、清代中后期太平天国运动造成耕地大面积减少，但其影响仍是区域性的。垦殖政策导向主要包括鼓励复垦开荒、东北封禁与开禁，以及相关的优惠政策等。人口迁移主要发生在清初和清末，清初政府为了促进开荒，将人口强制性地从稠密地区迁移至稀疏地区；清后期部分地区的灾荒、战祸等造成大量流民迁徙，对区域耕地变化产生重大影响。

4.2.3 行政界线归并

行政界线归并，即将清代和民国时期的行政边界调整至现代行政界线，主要处理途径包括省域归并、面积调整和增长分配。省域归并是指为了减少数据转换误差，将今北京市、天津市、河北省合并为京津冀地区，江苏省与上海市合并为沪苏地区，广东省与海南省合并为粤琼地区，福建省与台湾地区合并为闽台地区，四川省与重庆市合并为川渝地区，将甘肃省与宁夏回族自治区合并为甘宁地区，将黑龙江省、吉林省和辽宁省合并为东北三省地区。然而，清以来部分省境变化较大，如今内蒙古地区、京津冀地区和川渝地区，因此主要采用面积调整法和增长分配法对其省境进行修正，具体方法如下。

1）内蒙古地区

清时期内蒙古地区并未设省，而以盟旗为单位进行管理，主要包括六盟、套西二旗，此外部分地区属山西省、东北三省和直隶省管辖。清山西辖境包括今内蒙古部分区域，即归绥六厅全部、朔平府和大同府北半部，归绥六厅耕地未统计在册[①]，故将其他二府耕地面积的20%~40%从山西省扣除[②]（谭其骧，1982），并调整至内蒙古自治区。清代东北三省地区辖境包括今内蒙古东北部，其中奉天省内属于今内蒙古的面积比例为16.6%，黑龙江省内属今内蒙古的面积比例为48.6%，吉林省内无属今内蒙古的地区。

民国时期该区域涉及宁夏省、绥远省、察哈尔省、热河省和东北三省地区。民国时期宁夏省辖境包括今内蒙古阿拉善盟，考虑到该地区耕地数量较少，于整体影响不大，故不予修正。民国时期绥远省辖境处于今内蒙古自治区内。民国时期察哈尔省辖境包括今内蒙古锡林郭勒盟大部和乌兰察布市部分、河北张家口市和北京延庆区，面积比例分别为86.3%和13.7%。民国时期热河省辖境涉及今内蒙古自治区、河北省和辽宁省，面积比例分别为71.2%、18.3%和10.4%。由于本

---

① 《山西通志》中并未见归绥六厅数据，且将其他府州数据加总约等于记录在册的数字，因此估计归绥六厅数据并未统计在册。

② 根据谭其骧《中国历史地图集》，山西大同府和朔平府中蒙地面积约占50%，但位于长城北部，因此耕地数量应低于长城内部地区，设置清代山西这两府中内蒙古耕地占20%，随着清后期的开垦上升为40%。

书中民国时期东北三省数据来自于《日满年鉴》，因此此时期数据仍根据清代省界统计，故采用与清代相同的修正方法。

2）京津冀地区

清直隶省辖境大致相当于今河北省大部，北京市、天津市全部，河南省东北部四县、山东省西北部三县、辽宁省西部和内蒙古自治区南部。清直隶省大名府包含今河南省四县，占该府面积的比例约为 68.0%。因清山东省辖境内包括今河北省部分地区，大致可两相抵消，故不进行耕地数量调整。清直隶省承德府和口北三厅两府中蒙地面积比例为 61.2%，辽西地区比例为 17.3%，但清前期蒙地还未大范围开垦，1724 年此两府耕地主要分布于今河北省境内；随着耕地开垦界线向北、东推进，新增耕地主要来源于内蒙古自治区南部和辽西地区，分别设置为 70%和 20%，剩余 10%来自河北省。

民国时期河北省辖区包括今京津冀大部，河南省东北部四县、山东省西北部三县，大致可两相抵消，故不进行耕地数量调整。民国时期察哈尔省和热河省中的今河北省耕地比例按上文对内蒙古地区的处理进行。

3）川渝地区

清四川省辖境包括今四川省、重庆市全境，以及西藏、青海的部分地区，考虑到这些地区的耕地较少，故不予修正。民国时期新置西康省，辖区约为现今的四川省西部和西藏自治区东部，面积比例约为 45%和 55%，采用该比例进行耕地数量修正。今云南省辖区占清代（民国）云南省土地面积的 92.8%，也采用该比例进行修正。

4）其他地区

除上述省境变动较大的地区外，其余省界变动幅度较小，一般表现为以下三种情况：一是历史辖境不包含今部分县市，但包含相邻省份部分县市，两相抵消；二是省界变动幅度较小，清代、民国时期辖境与今相近，相差部分的耕地数量在一定误差范围内；三是所包含邻近省份地区耕地数量较少（如青海、西藏等地）。故这些地区不再进行耕地数量修正。

4.2.4　系数邻近修正法

由于清代的田赋资料基本以行政单位进行记录，因此在修正过程中也需以行政单位作为修正单元。然而不同地区资料多寡程度差别较大，农业、社会、经济发达地区史料资源丰富，相关研究亦较多，而其他地区资料相对较少，因此需采用邻近法以得到相关系数。本章将史料较多省份的历史时期耕地校验系数应用于邻近的史料较少省份，相关系数主要考虑与农业相关的种植制度、耕作水平等因素，故借用综合农业区划的研究成果。本章根据省级主要农业环境进行区分，将全国设为9个农业区,分别为东北区、内蒙古地区、黄淮海区、黄土高原区、长江中下游区、华南区、西南区、甘新区和西藏区。

4.3 近300年耕地数据重建结果与分析

4.3.1 耕地数量重建结果

采用上述修正方法,得到基于现代省界的近300年中国省份/地区耕地数据(表4-1)。

表4-1 近300年中国耕地数据　　（单位：$10^3 hm^2$）

省份/地区	1661年	1724年	1820年	1887年	1933年	1952年	1985年
安徽	2588	2894	5667	3385	4875	7580	6108
川渝地区	102	3179	5291	6845	10363	12241	11141
东北地区	429	633	2718	8102	11390	20638	21229
福建	731	957	1091	1116	1406	1852	1646
甘宁地区	1465	2905	3555	2518	3533	7887	5880
广西	833	2265	2500	2917	3588	4542	5430
贵州	978	1324	2519	2518	3646	4956	4906
河南	3970	6956	7630	7416	6567	9052	8955
湖北	3112	3748	4125	4592	4300	4916	4437
湖南	1168	1664	2817	3346	3347	5325	4988
沪苏地区	4316	5112	5448	5954	5686	6000	5871
江西	2730	2983	2905	2909	2889	3140	2761
京津冀地区	3449	5489	6421	6712	7730	10195	8662
内蒙古	—	746	1951	3112	6007	6924	6834
青海	—	—	—	—	781	1159	1325
山东	4733	6708	8545	8327	9772	9244	9137
山西	2841	3601	4683	4201	4859	3906	3425
陕西	2168	2543	3053	3007	3042	6503	5594
西藏	—	—	—	—	221	538	572
新疆	3	7	749	1323	994	2573	4063
粤琼地区	2458	3118	3564	3686	3723	6560	5493

续表

省份/地区	1661年	1724年	1820年	1887年	1933年	1952年	1985年
云南	1609	2229	2876	2878	3654	5419	5788
浙江	2764	2896	3600	3708	3381	3065	2618
合计	42447	61957	81708	88572	105754	144215	136863

4.3.2 与已有数据集的比较分析

当前，与本书时空范围相一致的研究包括 SAGE（Ramankutty and Foley，1999）、HYDE（Goldewijk，2001；Goldewijk et al.，2011）和 CHCD（葛全胜等，2003；何凡能等，2012）等。由于 CHCD 数据集是针对中国传统农区（内地18省）的研究成果，同时考虑到研究时段的衔接，选取中国传统农区（内地18省），1700~1985 年的 SAGE、HYDE、CHCD，以及在历史地理研究中较有影响的章有义、周荣的研究成果与本书结果进行综合比较（图4-4）。

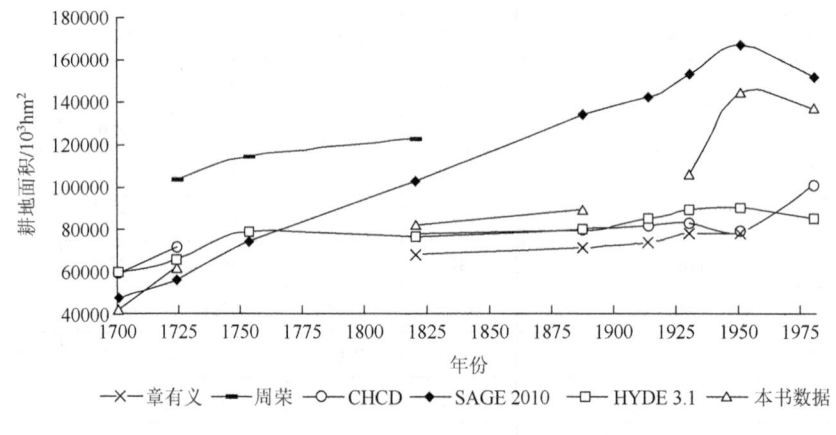

图 4-4 近 300 年中国传统农区耕地面积重建对比图

从总体趋势看，各数据集中近 300 年中国传统农区的耕地都呈现上升趋势。从具体数值来看，SAGE 和周荣的成果明显高于其他数据集，且 SAGE 数据集在清代表现出明显的线性增长趋势，正如 Romankutty 和 Foley（1999）所声明的，SAGE 数据集可反映出全球农用地变化的基本情况，但在区域尺度上仍存在一定的偏差。在耕地总量上，本书数据与 HYDE、CHCD 及章有义的成果差异较小，平均差异率<15%，相差较高的年份集中在清前期、民国初期和中华人民共和国成立初期，这可能由于这段时期的基础数据较少，修正方法亦有差异。

为进一步分析不同数据集间区域尺度的差异，以省/地区为单位，将本书研究结果与 SAGE、HYDE 和 CHCD 进行对比，见图 4-5。

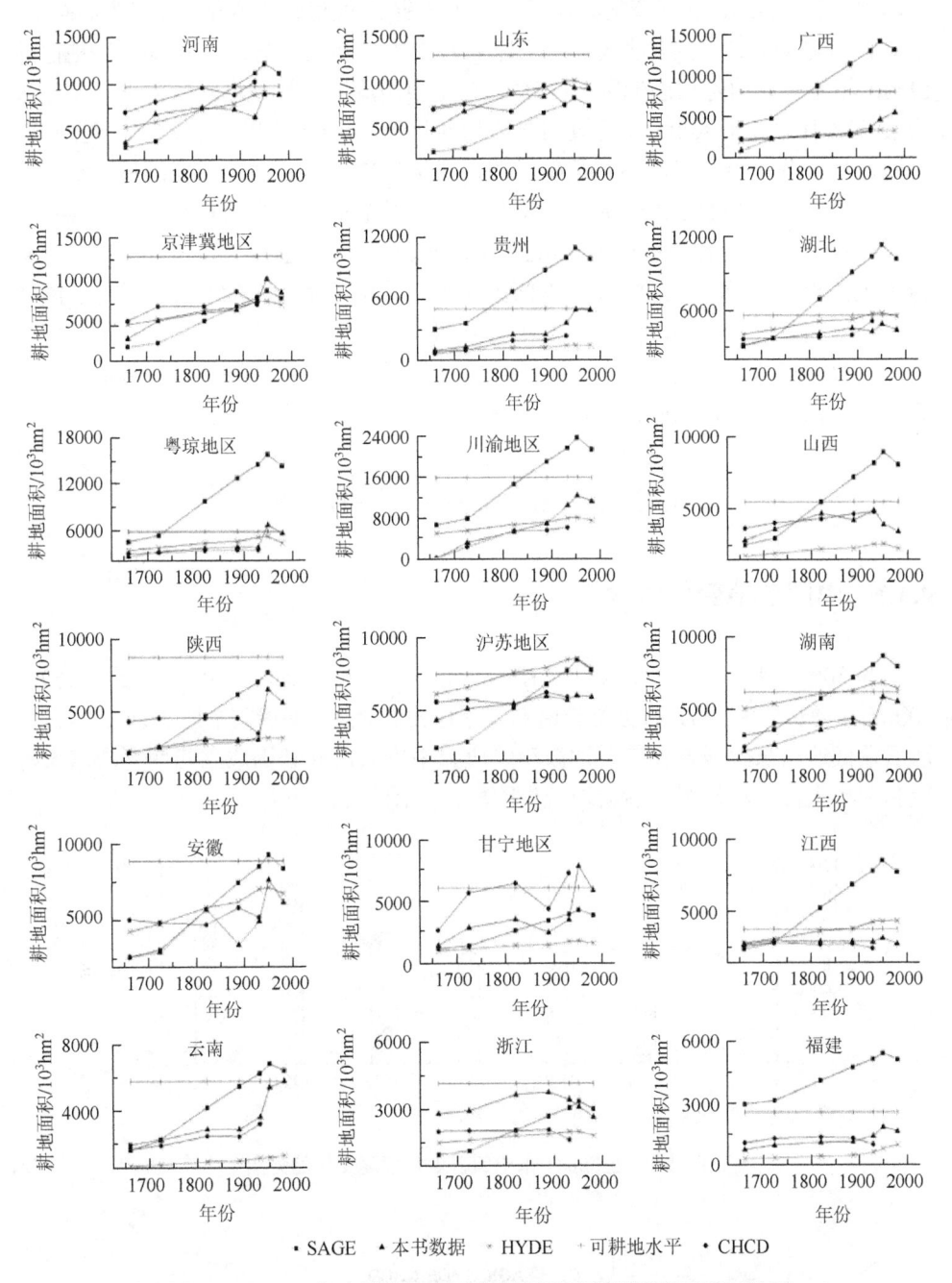

· SAGE　▲ 本书数据　＊ HYDE　┼ 可耕地水平　● CHCD

图 4-5　近 300 年中国传统农区省/地区尺度耕地面积重建对比图

在省/地区尺度上,本书成果与 SAGE 差异明显,各省/地区平均差异率[①]为 138%,相对差异率>30%的省/地区达 94%,其中,相差 3 倍以上的包括川渝地区、福建和广西,SAGE 数据清初时显著超出了该省/地区可耕地水平,存在明显高估;本书数据与 HYDE 各省/地区平均差异率为 77%,相对差异率>30%的省/地区达 61%,相差最大的是川渝地区,HYDE 数据中川渝地区耕地增长较为平稳,年平均增长率为 2%,而实际上,经过明末清初的战乱,川地已"民无遗类,地尽抛荒",耕地数量十分稀少,后经清代垦殖,四川耕地迅速增长,成为重要的粮食输出省份。由此可见,HYDE 数据集虽然吸收了区域研究成果(Goldewijk et al.,2011),但部分省/地区仍存在偏差。本章数据与 CHCD 相对接近,各省/地区平均差异率为 31%,相对差异率>30%的省/地区为 44%,其中差别较大的是甘宁地区、陕西和安徽,相差最大时间段为清初期和清末期,甘宁地区和陕西于清末发生回民起义,安徽、江苏等省受到"太平天国"运动的影响,社会经济动荡,耕地大片荒芜且耕地记载缺失,因此在这两个区域相差较大,相关研究仍需继续进行。

4.4 近 300 年耕地变化分析

4.4.1 中国耕地变化阶段

近 300 年来,中国耕地总量由清初的 $4.24\times10^7 hm^2$ 增加至 1985 年的 $1.369\times10^8 hm^2$,增长近 3.2 倍,根据增长速率可分为五个阶段,即清前中期快速增长阶段、清后期低速增长阶段、民国时期波动阶段、中华人民共和国成立初期剧烈增长阶段和中华人民共和国成立后耕地流失阶段,见图 4-6。

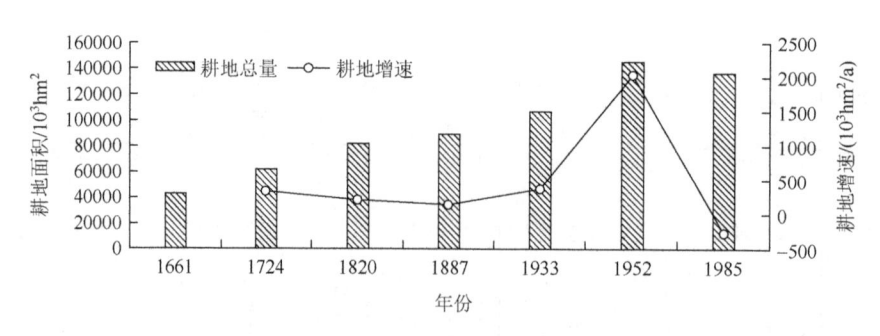

图 4-6 近 300 年来中国耕地与增速变化趋势图

① 平均差异率为 $\mathrm{aver}\left(\dfrac{\left|D_{x_i}-D_{本章}\right|}{D_{本章}}\right)$,$D_{X_i}$ = SAGE,HYDE,CHCD。

(1) 清前中期快速增长阶段（清初至 19 世纪初期）。平均增速约为 $2.2\times10^5 hm^2/a$。明末清初大范围的战乱和瘟疫，导致人口大量消亡，耕地大片荒芜，因此入关初期清政府主要致力于全国耕地的复垦，并制定了一系列措施鼓励人民垦荒，耕地快速增长（彭雨新，1990；全国农业区划委员会，1981）。其后乾隆朝制定的畸零田地免科和兴修农田水利等政策使得内地土地开垦进一步深化，推进了难于开垦地及低洼老荒地的深化垦殖（彭雨新，1990；程方，2010），促进了耕地的又一轮增长。

(2) 清后期低速增长阶段（19 世纪初期至 20 世纪初期）。平均增速约为 $1.08\times10^5 hm^2/a$，该期内增加的耕地主要来源于东北三省和内蒙古地区。同期，鸦片战争、太平天国运动、回民起义等战争及频繁发生的自然灾害等（陈高佣，1986；李文海等，1994；曹树基，2007），导致人口锐减，内地耕地不断减少，耕地总量表现为低速增长。

(3) 民国时期波动阶段（20 世纪初期至 20 世纪前中期）。该时段包括北洋政府时期、南京政府时期和重庆政府时期。此时国内社会动荡，战争频繁，先后经历了清王朝灭亡、抗日战争和解放战争（中国军事史编写组，2003）。虽在南京政府时期耕地出现短暂上升，但随着抗日战争爆发，伴随着严重的自然灾害，耕地数量出现减少。

(4) 中华人民共和国成立初期剧烈增长阶段（20 世纪中期），平均增速约为 $1.74\times10^6 hm^2/a$（封志明等，2005）。该时期百废待兴，农业生产处于崩溃边缘，粮食需求量巨大，加之政府施行土地改革后，农民的生产积极性空前高涨（李良玉，2004），其间耕地增长幅度巨大，达到历史制高点。

(5) 中华人民共和国成立后耕地流失阶段（1957 年以后）。该期又可进一步分为三个时期，一是 1957~1965 年，全国广泛开展经济建设，耕地数量猛跌（毕于运和郑振源，2000）；二是 1965~1978 年，由于边疆地区的荒地开发，耕地流失速度下降（封志明等，2005；元木靖等，1999）[①]；三是 1978 年以后，随着经济快速发展与城市化进程加快，耕地不断流失（史娟等，2008；姚远等，2012）。

4.4.2 省际耕地变化差异分析

近 300 年，中国耕地总量呈增长趋势，但各省域耕地变动的特点并不相同，在增幅和增速等方面呈现出不同趋势（图 4-7）。

清初，中国耕地主要集中于长江中下游平原、黄淮海平原、关中盆地及银川

---

① 多数学者认为该段时间内耕地是流失的，但封志明等（2005）估计该段时间内耕地总量是增长的，因此，本章认为该段时间内耕地数量流失速度下降是一定的。

平原等地，此区域的耕地约占全国耕地总量的83%。此后，传统农区耕地数量稳定增加，该区又可细分为南方稻作区和北方旱作区，浙江、沪苏地区、江西和粤琼地区是清前期的主要粮食产区，湖南、湖北和安徽是清中后期重要的稻米供应地。北方旱作区主要分布于黄淮海平原和黄土高原地区，耕地总量多，但受地理条件和后备耕地资源的限制，耕地增长幅度有限。清后期，随着北方农牧交错带不断北进，耕地开垦扩展至内蒙古河套地区和东北地区，耕地增长迅速（周清澍，1964；云和义，1999）。民国时期传统农区范围内的耕地呈下降趋势，而东北、内蒙古和川渝地区的耕地继续保持增长。中华人民共和国成立后，全国掀起了耕地开发热潮，各省份的耕地数量均有所提高。20世纪50年代后，长江三角洲和华南地区因经济快速发展而导致耕地下降，东北、内蒙古和西北内陆成为新增耕地

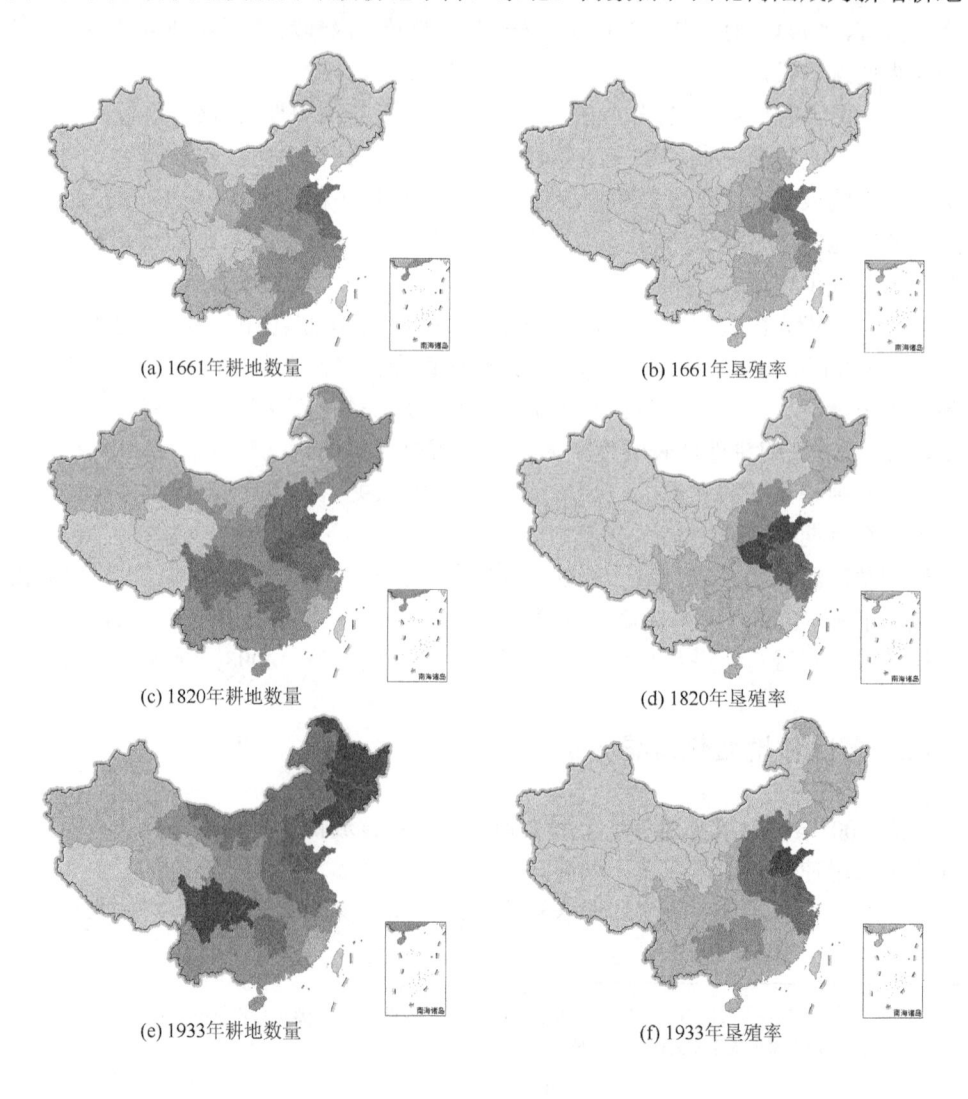

(a) 1661年耕地数量

(b) 1661年垦殖率

(c) 1820年耕地数量

(d) 1820年垦殖率

(e) 1933年耕地数量

(f) 1933年垦殖率

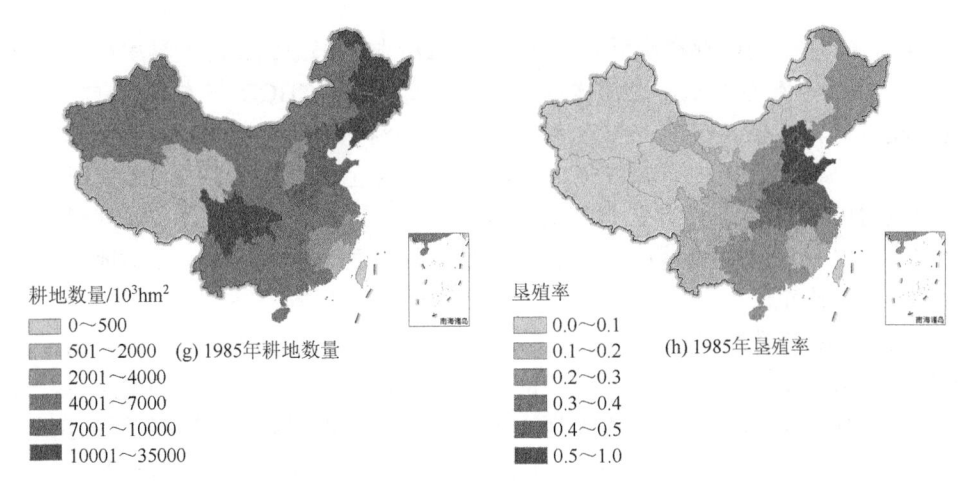

耕地数量/10³hm²
- 0~500
- 501~2000
- 2001~4000
- 4001~7000
- 7001~10000
- 10001~35000

(g) 1985年耕地数量

垦殖率
- 0.0~0.1
- 0.1~0.2
- 0.2~0.3
- 0.3~0.4
- 0.4~0.5
- 0.5~1.0

(h) 1985年垦殖率

图 4-7 近 300 年来中国各省份耕地数量与垦殖率变化图

的主要来源区。青藏高原地区受自然条件限制，宜耕土地数量有限，且当地居民以游牧为主，仅种植少量青稞等耐寒作物，耕地数量较为稀少。

从垦殖率角度看，清初垦殖率较高的是山东、河南和沪苏等农业发展历史悠久的省份，此后，以黄淮海平原为中心向外扩散（图 4-7），内地的垦殖活动不断增强。与此同时，外围农区如东北地区和长城口外地区，呈由南向北的趋势不断开荒。至民国时期，长江中下游平原、黄淮海平原和成都平原等地的垦殖率超过 20%，山东、河南和沪苏地区超过 50%。中华人民共和国成立后，内地农区垦殖进一步加强，平均垦殖率超过 25%，东北地区垦殖率明显上升，耕地开垦向西北和东北方向发展的趋势愈加明显。

4.5 本章小结

本章基于清代官方册载田亩数据，综合考虑多方面的影响因子，建立不同时期因素修正表，将册载税亩数字转换为实际耕地面积，得到初步修正的耕地数据。将修正数据代入校验体系进行人口要素检验和垦殖趋势订正，对不符合检验的数据点进行考证和订正，综合多方面的数据源，采用替换法、引用法、前后衔接对比法等进行修正，必要时进行了趋势估计，形成一套清代耕地重建数据。在此基础上，以近 300 年来中国耕地变化为研究对象，从全国和省/地区两个尺度进行了耕地数量讨论，并与当前主要数据集进行了对比。研究结果表明：

（1）从总体趋势看，SAGE 和周荣的成果明显高于其他数据集，本章数据与HYDE、CHCD 及章有义的成果差异较小，平均差异率小于 15%。在省/地区尺度上，SAGE 与本书数据表现出明显的差异，相对差异率在 30%以上的省/地区比例达 94%，部分省/地区存在明显高估情况。HYDE 与本书数据相对差异率在 30%以上的省/地区比例为 61%，在川渝地区存在一定偏差。CHCD 与本书数据相对接近，相对差异率在 30%以上的省/地区比例为 44%。综合分析，相对于全球性数据集，本书数据与国内研究成果更为接近，更接近于历史时期的实际情况。然而与 HCHD 相比，部分省/地区仍存在显著差别，这可能由于二者在研究尺度上的差异，本书更关注省/地区层面上对耕地产生重要影响的因素，以省/地区为单位进行逐一修正。

（2）伴随清时期的人口快速增长，近 300 年中国耕地增长近 3.2 倍，由清朝初年的 $4.24\times10^7\text{hm}^2$ 增加至 1985 年的 $1.369\times10^8\text{hm}^2$。从增长速率角度来看，耕地变化具有差异性，清前中期主要是对战争抛荒土地的复垦及传统耕作区的拓垦，清后期是对外围农区，包括东北和内蒙古地区的拓垦；民国时期国家动荡导致土地旋荒旋垦；中华人民共和国成立后在国家政策和经济发展双重影响下，出现土地拓垦与退耕并存。因此，可将过去 300 年中国耕地变化分为五个阶段，即清前中期快速增长阶段、清后期低速增长阶段、民国时期波动阶段、中华人民共和国成立初期剧烈增长阶段和中华人民共和国成立后耕地流失阶段，国家政策、灾害战乱和经济发展等因素是耕地变化的主要原因。

（3）虽然近 300 年中国耕地呈整体增长态势，但各省区间耕地变动具有不同特点。清初，耕地主要分布于长江中下游平原、黄淮海平原、关中盆地及银川平原等地，约占耕地总量的 83.1%。此后，川渝地区、内蒙古地区和东北地区的耕地大幅增长，其耕地数量占到民国时期耕地总量的 1/4。20 世纪 50 年代后，长江三角洲和华南地区耕地呈下降趋势，东北、内蒙古和西北内陆成为主要新增耕地来源区。

由于历史研究的特殊性，本章近 300 年耕地数据仅能代表某一时段的平均水平。此外，近 300 年来中国行政区划变化剧烈，因此在引用历史耕地数据集时应注意其所采用的行政区划。后期的历史土地利用变化研究也应注意以下方面的提升，一是提升现有数据集的精度，一个可行办法是进一步细化数据集的研究尺度，即将现有的分省数据集提升细化至府级，但该项研究工作量巨大且面临大量资料缺失；二是提升耕地图集精度，当前学术界已在历史耕地空间重建研究中取得积极进展，但大范围的耕地空间格局重建成果仍以垦殖率为主，空间分辨率较低，这与深入分析全球变化陆地表面过程研究对土地利用与土地覆盖变化基础数据的要求仍有一定差距，并且也面临空间重建结果不确定性分析和精度验证等多方面的考验。

第 5 章　历史城市建成区数据集重建与城市用地变化分析

城市是由人类活动引起的地球表面极为显著的现象之一，自工业革命以来，人类生产力显著提高，导致了人口扩张和城市化进程的加速（Mumford，1968；Sanchez-Rodriguez et al.，2005）。城市建成区的快速扩张通过改变下垫面特征，同时加剧化石燃料燃烧等人类活动，对区域和全球变化产生严重影响（Seto et al.，2012；Rodriguez et al.，2018）。城市规模和空间分布的演变伴随全球环境变化发生复杂的相互作用，是当前全球变化研究的重要组成部分（Solecki et al.，2013；Seto and Ramankutty，2016；Goldewijk et al.，2017；Bai et al.，2018；Kuang et al.，2021）。历史时期城市化格局和趋势的长期数据，有助于了解当前城市化发展背景，预测城市化进程的未来方向。

中国拥有数千年的城市建设史，是当今世界城市化进程较快的国家之一（Gong et al.，2019；Liu et al.，2020）。由于中国的工业化和大规模城市化进程起步较晚，因此传统农耕社会晚期的城市分布为现代中国城市的格局奠定了基础（Skinner，1977）。鉴于此，本章基于历史文献、古旧地图、遥感影像等多源数据，采用历史城市形态复原法，对处于传统农耕社会晚期的明清时期（1368~1911年）中国城市的建成区进行空间重建，并对其用地变化进行分析。

5.1　历史城市建成区重建原理

5.1.1　已有历史时期城市化评估方法简要回顾

评价城市化水平的方法和指标很多，但历史研究必须优先考虑数据来源的可靠性、可获取性和完整性。对于工业革命之前城市化的研究，当前广泛使用的两大指标是城市人口数量和城市建成区面积（Doxiadis，1970）。其中，城市人口数量显然是评价城市化水平的理想指标，它含义明确、便于对比，已在历史城市化的研究中被广泛采用（Chandler，1987；Reba et al.，2016；Leyk et al.，2020）。然而，人口数据并不十分适合中国明清时期的城市研究。尽管明清时期中国存在若干年份较为可靠的官方人口统计数据，但这些数据几乎全部以府、州、县等行政区为单位进行统计，不区分城市人口和农村人口，极少能找到专门对城市人口进行统计的可靠数据，更遑论系统的城市人口统计数据（Ho，1959；Perkins，1969；曹树基，2001）。因此，凡是采用人口数量作为中国古代城市化水平主要指标的研究，一般都需要对数据进行一定程度的还原、类比和估计。

例如，Skinner（1977）在他著名的《中华帝国晚期的城市》（*The city in late imperial China*）一书中，即采用人口数量作为衡量19世纪中国城市化水平的关键指标。然而，由于中国直到1953年才拥有科学可靠的全国尺度的城市人口统计数据，施坚雅（Skinner）不得不采用倒溯法，以1953年数据为基准建立连贯的时间表，进而推断19世纪的城市人口。施坚雅选择1893年为时间断面，建立了由2500多张卡片组成的、覆盖所有中国城市的综合性资料汇编。卡片包含的统计指标有150多种，但最主要的指标是城市的行政等级、城墙周长、邮政级别、估计的人口数量、贸易数据、交通数据等。其中，对城市人口的估计，除最大的城市外，只确定了人口数量的大致范围而不是具体的数字。为了便于计算，他对级差作了这样的规定："每一级的上限是下限的两倍，并且为了避免级之间界限同人口统计中经常碰到的像10000、20000、25000、50000、100000等万位整数一致，本书用了1000、2000、4000、8000、16000、32000等数字"。在此基础上，施坚雅对19世纪中国的城市化水平进行了估计。施坚雅的研究方法也被中国学者所效仿（李伯重，2007）。不过，用20世纪中期的数据来回溯研究19世纪晚期的城市化或许是可以接受的，但对于更长时段的研究，采用回溯法的主观性将会显著增加，而研究结果可信度和可操作性则会大打折扣。这导致众多研究者在对明清时期中国城市人口进行估算时，结果往往莫衷一是，聚讼纷纭（曹树基，2002，2005）。

另一种探索历史时期城市化进程的方法是复原城市的范围，或称之为城市建成区（何凡能等，2002；Hedefalk et al.，2017；Uhl et al.，2021）。然而，在19世纪后期西方的科学制图学普及之前，中国古代的地图主要采用"山水画"式的形象画法绘制（Yee et al.，1994；成一农，2019），普遍缺乏测绘基础，难以作为复原城市建成区的依据。中国也缺乏相关的城市面积统计数据。因此，研究者一般会选择某种替代指标以指示古代城市的范围或建成区面积，这些替代指标中，最常用的是环绕城市修筑的城墙。

5.1.2 历史城市建成区代用指标

为什么城墙可以指示中国古代城市的规模？这里需要简单回顾一下中国古代修筑城墙的历史（成一农，2009）。城墙一般被认为是中国古代城市的基本标志之一（Chang，1986），但具体而言，并不是任何时代的所有中国古代的城市都修筑了城墙。此外，城墙的修筑还具有一定的时代特征。魏晋南北朝至唐代早期（公元3~10世纪），一般的小城镇如县城，大多是不修筑城墙的；大中城市如郡城、州城，往往只修筑小规模的城墙，即子城。子城以内主要布置衙署、军营、官员住宅等重要的军政机构，普通居民的住宅区、市场、寺庙等建筑则大多位于子城以外。只有少数特别重要的城市（如都城）修筑了将主要建成区都包括在内的城墙，这种大型城墙称作罗城。唐晚期至宋代（10~13世纪），兴建罗城的城市增多，但一般仍局限在比较重要的州城、府城，数量众多的县城往往仍不修建城墙。元代前中期（13~14世纪），蒙古统治者施行毁城政策，在各地故意拆除大量的城墙，或是不加修缮，任其堕坏。只有到了元末特别是明清时期（14~19世纪），中国的城市才开始大规模、普遍地修筑将主要建成区包裹在内的城墙。现有研究表明，明清时期修筑的城墙，通常略大于城市的建成区；此外，人们还经常随着郊区的城市化建造规模更大的城墙。因此，明清时期中国城市的城墙可近似看作城市的边界，反映了城市的规模。通过对城墙范围的复原，将有助于这一时期中国城市建成区的重建。

明清时期留存的大量史料，全面而详细地记载了中国县级以上各类城市的城墙周长和修建、改建时间，为城墙时空范围的复原提供了扎实的数据基础。已有学者利用城墙周长数据对清代中国的城市化水平、建成区面积、城市等级等问题进行了研究（Skinner，1977；何凡能等，2002；成一农，2007）。然而，由于城墙的形状或方、或圆、或不规则，没有确定的制度，建造年代也不尽相同，单纯利用城墙周长换算城市面积的做法，难以避免造成较大的误差。目前尚缺乏具有较高分辨率和明确时空边界的明清时期城市范围的研究成果。

鉴于此，本章在收集整理中国明清时期城墙多种类数据的基础上，制作了中国城市城墙范围数据集（China city wall areas dataset，CCWAD）和中国城市建成区数据集（China urban extent dataset，CUED）。首先，基于历史城市形态学理论（Conzen，1969），复原明朝（1368~1643年）和清朝（1644~1911年）所有县级以上行政治所城市的城墙范围和建造时间，制作CCWAD。然后，分析城墙建设年份和地点，截取1400年、1537年、1648年、1708年、1787年和1866年6个可反映这一时期中国城市建成区总体水平的代表性年份，制作CUED。通过本章研究，以期为历史时期中国城市建成区的扩展过程、特征分析和城市体系格局演变研究提供数据基础。图5-1为本章研究的技术路线图。

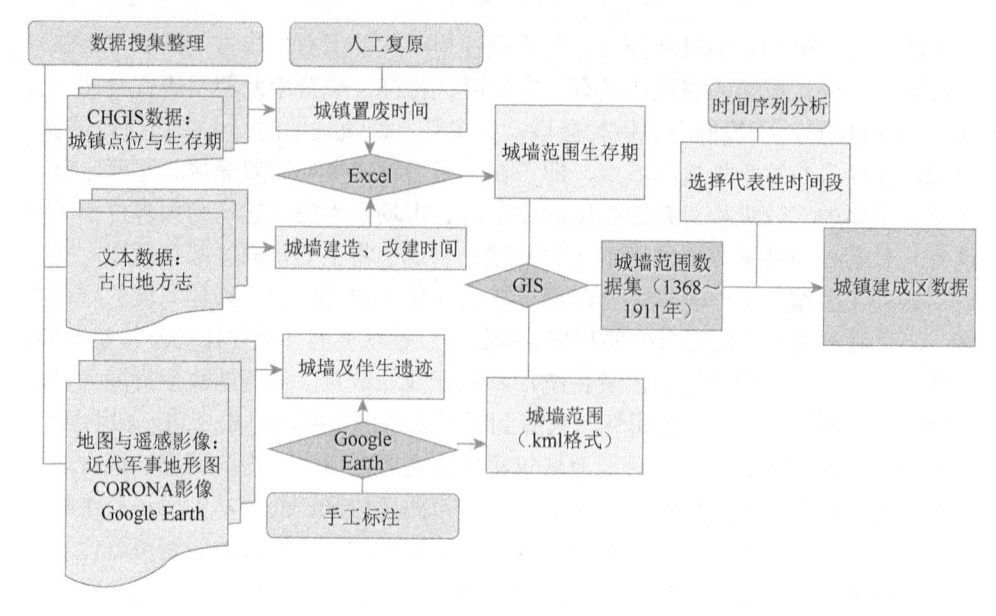

图 5-1 城市建成区复原技术路线图

5.2 历史城市分类、分区与多源数据融合

5.2.1 历史城市类型与分区

本章研究的对象是中国明清时期的城市，城市的定义与对中国古代城市的大多数研究相同，即行政治所，具体包括县城、州城、府城、厅城等；此外，还包括明代建立、延续至清初的卫所城市，以及清代的八旗驻防城等军事城市。

研究期横跨明清两个朝代，两代疆域存在一定差异。为便于分析城市建成区变化的时空特征，根据地形特征、当地社会经济特征和民族分布概况将研究区划分为以下五大区域（图5-2）。

（1）东北地区，即大兴安岭以东、明长城以北的地区。明代至清中期，东北地区人口稀少；随着18~19世纪人口的大量移入，至19世纪末20世纪初，东北地区建立了很多新兴城市。

（2）内蒙古地区，该区位于明长城以北，明清时期主要是游牧民族生产生活的区域，城市数量较少。

（3）传统农区，该区人口稠密，城市众多且历史悠久。

（4）新疆地区，该区深居内陆，降水较少，人口和城市主要集中在绿洲地区，18世纪中期以后，成为中央王朝直接控制的地区。

（5）青藏高原，该区为世界海拔最高的高原，终年气候寒冷，高原边缘分布着一些历史悠久的城市，但高原内部的行政治所城市建立时间较晚。

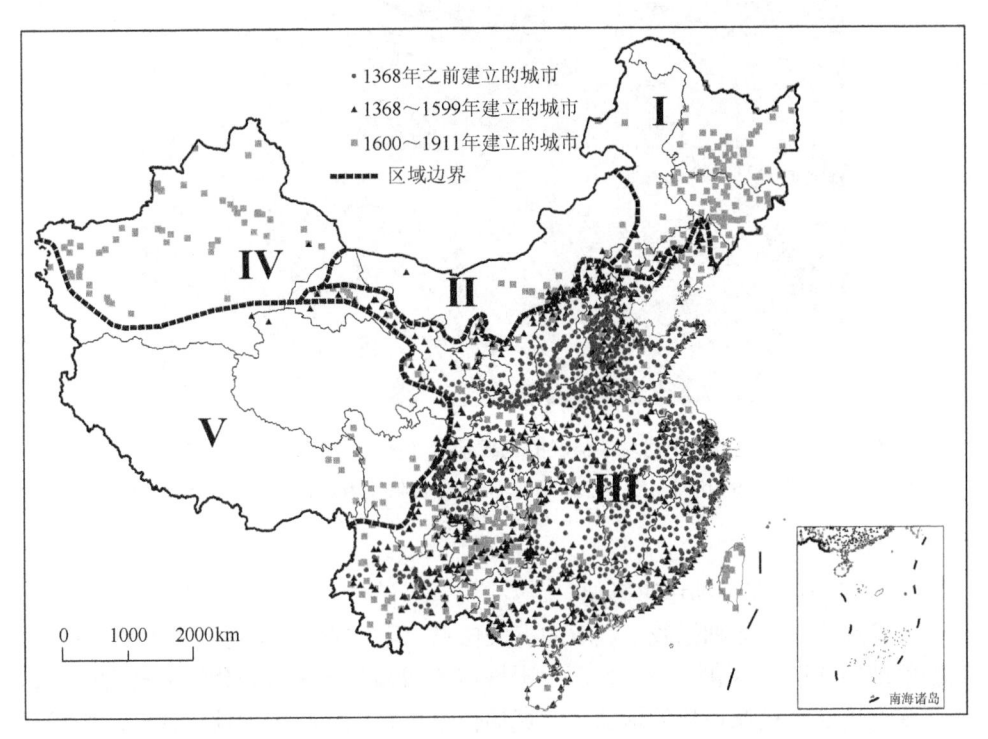

图 5-2　明清时期（1368～1911 年）中国城市分布和分区

5.2.2　多源数据收集与融合

1）历史文献

明清时期留存了大量详细而系统记载城墙修筑情况的历史文献，如各地的地方志、《古今图书集成·职方典》、《大清一统志》等。中国古代有编制地方志的传统，明清时期统治者更是将编写地方志制度化，成为各地方官重要的职责和政绩。据统计，现存全国各地 1949 年编纂的地方志达 3000 余种。在古代地方志中，城墙被视为当地的重要建筑设施，城墙的修筑更是被视为地方上的大事件和官员的重要政绩被大书特书，因而留存了关于城墙建造、改造、规模、形式等丰富的历史文献资源（图 5-3）。《古今图书集成·职方典》《大清一统志》等文献的相关章节，对全国各地关于城墙的记录进行了汇总整理，便于查考使用。今日的历史学者也对这些文献进行了系统的整理和研究，编纂出版了一系列城墙资料汇编（成一农，2016）。本章研究采用的历史文献数据即来自这些整理后的资料汇编。

图 5-3　古代地方志中对城墙情况的记载示意（摘自《康熙常熟县志》卷三）

a 为城市名称：常熟县；b 为章节名称：城池，意即城墙与护城河；c 为城墙建造年份：（元代）至正十六年（1356 年）；d 为城墙周长：九里三十步

2）古旧地图和早期遥感影像

尽管地方志中详细记载了城墙的有关信息，但一方面由于地方志中缺乏科学、完整的地图或图像示意，另一方面中国城市的城墙大多在近现代以后被拆除，这使得我们无法直接在现代的地图上对城墙信息进行空间化。因此，我们还需尽量搜集与城墙有关的具有空间指示意义的数据。

首先，是晚清民国时期绘制的各种具有测绘基础的城市地图。其中最重要的是民国时期国民政府组织测绘的 1∶25000 和 1∶50000 的军事地形图。这些军事地形图上准确绘制了当时仍然存在的城墙位置，便于我们开展城墙的空间化复原工作［图 5-4（a）］。目前这批地图的主要公布机构位于日本和中国台湾地区（江伟涛，2014），中国台湾地区目前还开发并上线了相关的整合查询系统（http://map.rchss.sinica.edu.tw/），便于用户的检索和使用。此外，由李孝聪和钟翀于 2020 年组织编写的《外国所绘近代中国城市地图总目提要》系统搜集了近代外国人在中国绘制的古旧城市地图，也是本章重要的数据来源。

其次，由于 20 世纪 80 年代之前中国的城市化发展还十分有限，当时的城市格局中尚且保留了大量古代遗存的痕迹，因此早期的遥感影像数据也是本章研究的辅助数据来源。其中比较重要的是美国的 CORONA 影像数据。CORONA 是美国于 1958 年部署的间谍卫星，该卫星在 1960～1972 年拍摄了覆盖全球的遥感影像，影像质量上乘［图 5-4（b）］。从 CORONA 上有关中国的遥感影像上可以清楚地辨认出古代城市的遗迹，已有学者进行了相关的古代城市形态复原研究（郝园林和森古一树，2017；张蕾和何捷，2020）。目前，CORONA 影像数据已经解密，可以从美国地质调查局（USGS）网站上进行下载（https://earthexplorer.usgs.gov/）。本章所用的现代遥感影像则来自 Google Earth。

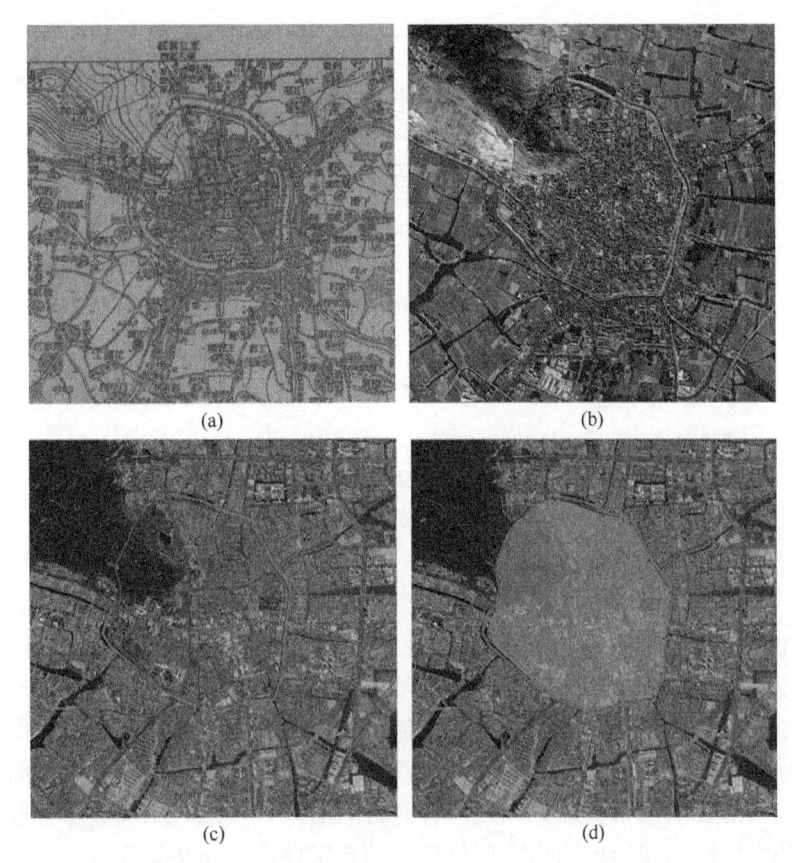

图 5-4　明清时期常熟县（今江苏省常熟市）城墙位置及伴生遗迹的地图与遥感影像

（a）1∶50000 军事地形图，1928 年绘制。图上锯齿线代表城墙，双线代表河流；（b）CORONA 影像，20 世纪 60 年代末；（c）现代残余的城墙遗迹（旧城西北部）和护城河遗迹（旧城东南部）；（d）根据历史文本、古旧地图和遥感影像在 Google Earth 平台上人工绘制的城墙范围

3）城市点位与历史城市"生存期"

研究期间研究区城市的数量、位置、建立和废弃时间数据，来自中国历史地理信息系统（CHGIS，第 6 版，获取自 https://dataverse.harvard.edu/dataverse/chgis_v6/）。如上所述，本章对城市的定义是各级地方政府治所的所在聚落，因此如果一个聚落被选为地方政府治所所在地，即视为一个新城市的建立；如果该城市不再作为任何一级地方政府的治所，则视为该城市的废弃；城市建立之年和废弃之年之间的时间，即视为该城市的生存期（图 5-5）。此外，CHGIS 中存在少量

史实或技术性错误，我们根据《中国历史地图集》（谭其骧）和《中国行政区划通史》（周振鹤）进行了一些修正，最终获取了明清时期中国 2376 个城市点的 2560 条生存期记录，为下一步制作 CCWAD 和 CUED 提供基础时空框架。

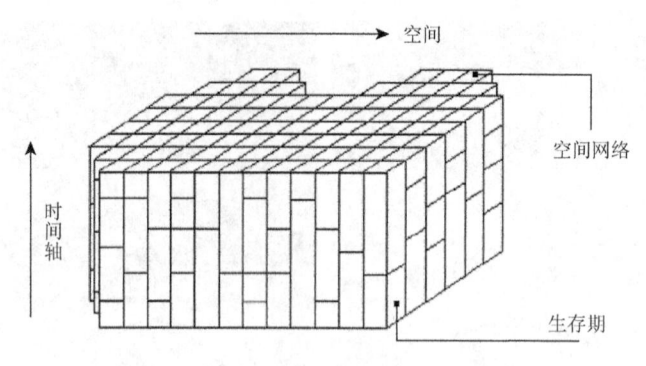

图 5-5　CHGIS 时空数据概念模型（满志敏，2008）

5.3　历史城市建成区空间重建方法

5.3.1　历史城市形态学复原方法

20 世纪 60 年代，英国建筑学家迈克尔·康泽恩（Michael Conzen，或译为康臣）提出了历史城市形态学理论，强调从形态学的角度研究城市平面形态的重要意义。康泽恩认为，城市的平面格局是城市形态空间发展的复杂记录，保留了其发展过程的各个阶段的参与特征。因此，基于演化的视角，从现有的平面模式中研究和揭示潜在的城市变迁史，是一种有价值的分析方法。城市形态学理论以地籍记录和大比例尺城市地图为主要材料，结合实地调研和文献分析，从发生学的角度分析城市平面格局，将其解析为三大要素的复合体：街道及其在街道系统中的布局、地块（burgage）及其在街区的集聚，以及建筑基底平面（block-plan of a building）。在历史城市形态学理论中，城墙一般被认为是一种重要的"固结线"（fixation line），具有界定城市静态边缘的作用（Conzen，1969）。

康泽恩提出的一系列城市形态学理论和平面演变规律，对中国历史城市形态研究具有重要意义。由于中国古代缺乏系统的地籍记录和大比例尺测绘地图，因此具体的研究实践通常结合历史文献、近代地图和实地调查开展。众研究者从中国的具体情况出发，在进行历史城市形态复原时，比较注重对街道、水系、桥梁、城墙、护城河、衙署和寺庙的分析，取得了很多古代中国城市形态复原的个案成果（李孝聪和武弘麟，1992；钟翀，2015）。本章研究侧重于对城墙位置的考证和复原，不涉及更为复杂的街道和建筑物的研究，因此实际上降低了研究难度和对历史资料丰富性的要求，便于批量复原工作的开展。借助历史城市形态学理论，结合历史文献资料、古旧地图和遥感影像，不难对明清时期中国城市的城墙位置进行还原，进而为历史城市建成区的复原提供基础。

5.3.2 中国城市城墙范围数据集制作方法

由于历史文献中有关城墙的记录通常篇幅较长、内容复杂，需要首先进行记录整理、提取关键信息，并通过 Excel 软件进行结构化处理。需要特别指出的是，历史文献中关于城墙周长的记录往往是不准确的，甚至与实际情况相去甚远，只能作为一般性的参考（来亚文，2018）。因此，文本提取的关键在于获取城墙建造、改建时间的信息，以生成各城市城墙范围的生存期数据。其余的文本记录仅作为判读遥感影像的辅助信息，列入参考。

文本结构化处理之后，我们对已数字化的近代军事地形图和 CORONA 影像进行地理配准。地理配准过程需要在现代网页电子地图和遥感影像上识别出与近代军事地形图和 CORONA 影像共有的标志点，如城门、城墙、护城河、寺庙、钟鼓楼、路口等。寻找到这些标志点后，即可对近代军事地形图和 CORONA 影像进行定位，进而结合文本参考信息，在 Google Earth 上寻找城墙遗址或其他伴生遗迹的位置。然后，根据史料记载，判断文本描述与遗迹的对应关系，从而确定 Google Earth 影像上遗迹的年代。

中华人民共和国成立后，特别是改革开放以来，虽然中国城市的大部分城墙被拆除，但与城墙相关的各种伴生遗迹却往往会不经意地留存下来。例如，与城墙平行的护城河，常常因为具有实际的排水或景观功能而得到保留。又如，一些城市在拆除城墙后，往往在原址修筑环城马路。此外，旧城区边缘多条道路的交会路口，通常表明城门曾经的位置。最后，一些特殊的古建筑（或古建筑旧址），如文庙、衙署、钟鼓楼等，绝大多数位于城墙之内，它们的存在暗示了古代城区的大致位置。这些城墙的伴生遗迹很容易从 20 世纪 60~70 年代的 CORONA 影像上找到，甚至在现代遥感影像中也不难发现。图 5-6 和图 5-7 展示了明清时期几个主要城市的城墙范围复原结果，图上实线表示城墙的位置。图 5-6 所示的八座城市在研究期间城墙范围没有发生变化，图 5-7 所示的六座城市的城墙则有不同程度的改变。在这些城市中，图 5-6 中的南京和图 5-7 中的西安保存了相对完整的城墙，即使在现代遥感影像上仍很容易识别判读。图 5-6 中的成都、苏州、杭州的城墙几乎全部被拆除，但它的护城河保存完好，因此根据护城河的走向，也能比较容易地在护城河内岸复原出城墙的位置。图 5-6 中的上海和昆明，以及图 5-7 中的北京、沈阳、天津（1369~1860 年）和乌鲁木齐的城墙和护城

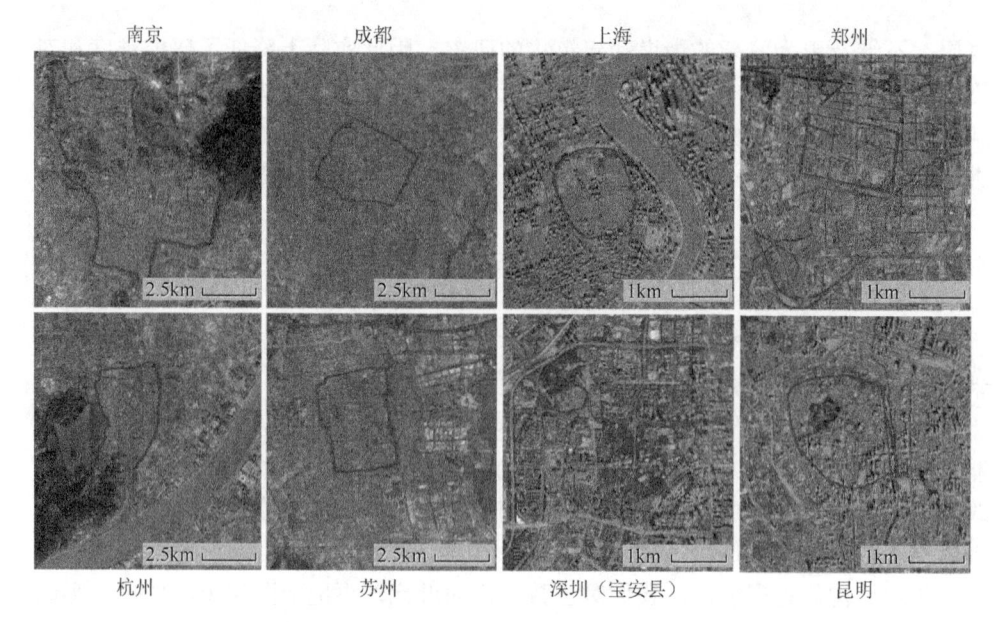

图 5-6　明清时期若干城市的城墙范围复原结果（无变化）

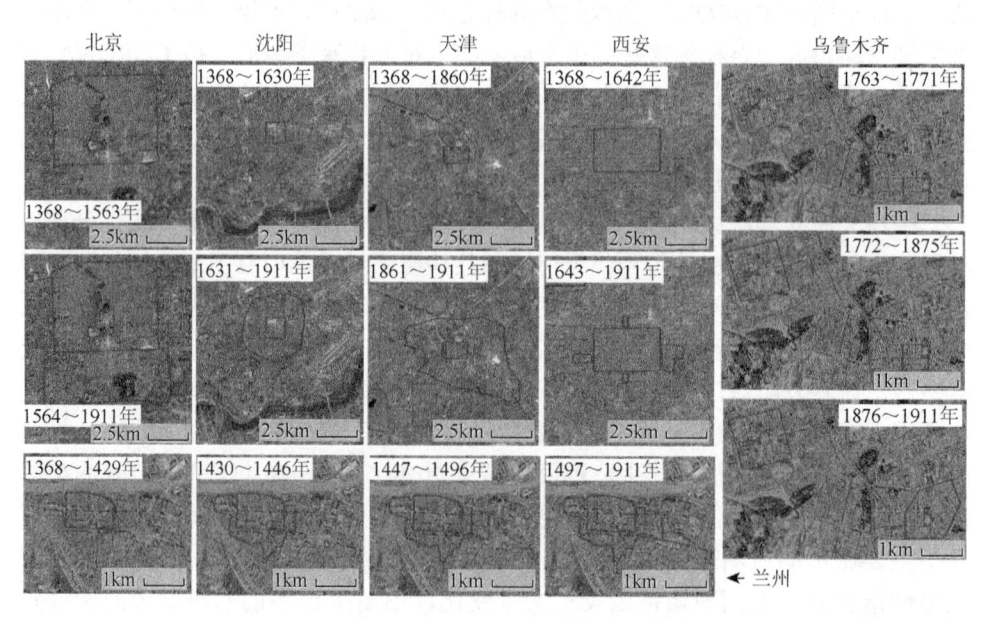

图 5-7　明清时期若干城市的城墙范围复原结果（有变化）

河都没有保存下来，但在原址修筑了环城马路，如北京的二环路和上海的人民路，因此城墙的位置与环城马路重叠。其他城市的城墙范围则结合各种地面遗迹位置和地方志描述进行定位。在城墙发生变化的城市中，大多数新建的城墙位于旧城墙的城门外（如西安、兰州）或环绕旧城（如沈阳、天津）。还有一些城市的新城墙修建在远离旧城的地方（如乌鲁木齐）。

在 Google Earth 平台上对城墙范围进行复原，并生成.kml 格式图层数据。然后利用 ArcMap 10.3 软件将.kml 格式图层数据转化为.shp 格式图层数据。将.shp 数据与此前结构化的城墙生存期 Excel 表格关联，从而生成具有时空属性的城市城墙范围的.shp 图层。通过属性字段的设置和添加，生成中国城市城墙范围数据集，数据集的结构如表 5-1 所示。该数据集提供了明清时期所有县级以上城市所有年份的城墙范围数据，用户可以通过 GIS 软件的查询功能，获取研究区内任意城市任意年份的城墙范围。

表 5-1 中国城市城墙范围数据集数据结构

字段名	字段含义
FID	数据标识符
NAME	该城市生存期中使用时间最长的名称
BEG_YEAR	城市生存期开始的年份。最小值为 1368 年，1368 年之前建立的城市也以此年份为准；最大值为 1911 年
END_YEAR	城市生存期结束的年份。它表示城市建成区的状态在这一年发生了某种变化，如建成区扩展、缩小、变形，或城市被废弃。取值范围为 1368~1911 年
TYPE	BEG_YEAR 当年的城市行政等级，分为首都、省城、府城、直隶州、散州、县城、厅城、卫城、所城、八旗驻防城 10 类
RELIABILIT	数据的可靠性等级，由 3 个精度等级 A、B、C 和 2 个特殊情况标记 D、BW 组成
REFERENCES	数据制作主要参考的资料
AREA_sq_km	城墙内的面积（单位：km^2）

5.3.3 中国城市建成区数据集制作方法

中国城市建成区数据集是从中国城市城墙范围数据集中提取出的。中国古代的城墙是造价昂贵的功能性建筑，只有在城市的军事和经济安全遭受严重威胁时才会建造。因此，城墙的范围必须与当时城市建成区的物理边界保持一致。然而，城市建成区的范围不会永远保持不变，而是会随着城市居民的增减而发生相应的变化；相比之下，城墙建成之后，其范围一般不会随着建成区的面积而变化。在和平而经济繁荣的时代，城市溢出的人口会在城墙之外建造新的居住区，而在这些时候，城墙的范围与城市的土地利用现状显然是不一致的。此外，城墙建造之前，城市的建成区范围实际上很难确定。最后，有一些特殊的城市，如清末在东北建立的城市，以及19世纪末、20世纪初外国人建立的城市租界（如上海租界），往往不修建城墙；对于这些城市，也就无法通过城墙范围来探知城市建成区的范围。

在对城墙范围与城市建成区的关系进行分析之后，可以认为，至少在城墙发挥其功能性作用的时期，城墙可以被视为城市的边界；越接近城墙建造的时间，城墙范围与城市建成区的范围就越吻合。因此，只要对研究的时段进行适当的选择，在选出的代表性时段内，城墙的范围就可以非常近似地被视为城市建成区的范围。代表性研究时段的选择，应使城市边界与城墙建造的高峰期相接近，而这需要对城墙修建时间、城墙范围的面积、城墙的数量，以及筑城城市占城市总数的比例进行统计和时间序列分析。

虽然CCWAD可以满足区域或个案研究的需求，但历史城市研究也非常需要长时段和大范围的城市建成区数据。由于城墙在一定时期内可被视为城市建成区的有效指标，因此可以从CCWAD中提取若干合适的代表性年份，制成在精度和分辨率上可接受的全国尺度城市建成区数据集，此即CUED。

为获得CUED，需从CCWAD中提取合适的代表性年份，使大部分城市处在与城墙修建时间比较接近的年份，这需要对历年筑城数量［图5-8（b）］、有墙城市总数［图5-8（e）］及其占城市总量的百分比［图5-8（c）］以及城市总数［图5-8（d）］进行统计和分析。从图5-8（b）可以看出，筑城数量与城墙范围的面积之间存在一定的相关性，筑城次数较多的时期城墙范围面积往往增加较快，筑城次数较少的时期城墙范围面积通常下降或不变。1368年，中国有1375座城市，其中851座筑有城墙，仅占总数的62%；然而到了1393年，已有70%的城市筑有城墙；1469年达到80%，1540年达到90%，1576年达到95%。此后，尽管城市总数的波动较为剧烈，但筑城城市数量占城市总数的比例长期保持在95%~97%［图5-8（c）~（e）］。在1868年后，这一比例开始下降，1900年后急剧下降。

根据上述变化特征，从6个时间段（即1368~1404年、1405~1564年、1565~1662年、1663~1727年、1728~1860年和1861~1911年）中各选择一个城墙范围面积最接近城市建成区的六个代表性年份，从CCWAD中提取数据制成CUED。代表性年份的选择标准如下：首先，有城墙的城市占城市总数的比例应当在本时间段内较高。其次，由于城墙建成之后，城墙范围一般不会随建成区的面积变化，因此代表性时段应尽可能接近城墙修筑的高峰时段。再次，代表性时段内城墙范围面积的变化应较为平稳。最后，代表性时段应避开影响城市建设的重大政治军事事件、重大自然灾害等历史事件。

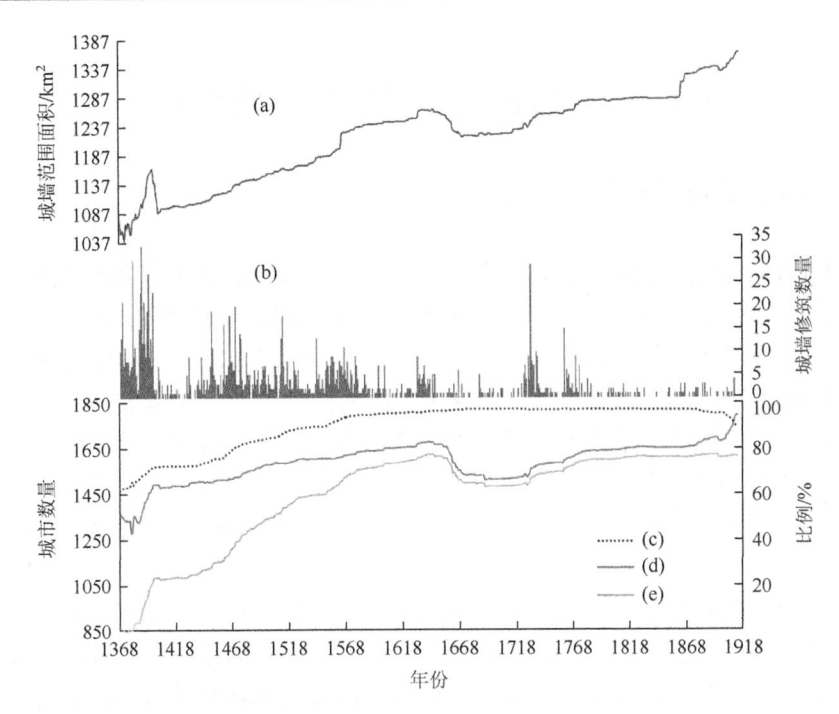

第 5 章　历史城市建成区数据集重建与城市用地变化分析 · 67 ·

图 5-8　明清时期城市及城墙修筑时间序列

（a）城墙范围面积；（b）历年城墙修筑数量；（c）有墙城市占城市总量的百分比；（d）城市总数；（e）有墙城市总数

因此，最终从 CCWAD 中选择 1400 年、1537 年、1648 年、1708 年、1787 年和 1866 年作为制作 CUED 的代表性年份。在这些年份中，全国尺度的城墙范围与城市建成区范围相对接近。CUED 提供了较长时段、全国范围的城市建成区数据集。数据集的结构如表 5-2 所示。

表 5-2　中国城市建成区数据集数据结构

字段名	字段含义
FID	数据标识符
REP_YEAR	代表性年份（1400 年、1537 年、1648 年、1708 年、1787 年、1866 年）
NAME	REP_YEAR 相应的城市名称
TYPE	REP_YEAR 相应的城市等级，分为首都、省城、府城、直隶州、散州、县城、厅城、卫城、所城、八旗驻防城 10 类
RELIABILIT	数据的可靠性等级，由 3 个精度等级 A、B、C 和 2 个特殊情况标记 D、BW 组成
REFERENCES	数据制作主要参考的资料
AREA_sq_km	城市建成区面积（单位：km^2）

5.4 历史城市建成区重建结果与分析

5.4.1 历史城市建成区重建结果

基于 CCWAD 绘制城墙范围面积变化时间序列,以 1368 年的城墙范围面积(1087.06km^2)为初始值。图 5-8（a）反映了中国明清时期城市城墙范围面积的变化情况,可以看出,这一期间城墙面积增长缓慢。城墙范围最小面积（1040.98km^2）出现在 1373 年,最大面积（1367.22 km^2）出现在 1911 年。根据图 5-8（a）斜率的变化,可将城墙范围面积的变化分为六个时期。1368~1404 年是明朝初期,此时期由于多年战争,许多城市遭到废弃,导致城墙面积持续下降;但是城市重建速度较快,同时期修建了大量卫所等军事城市,使得城墙范围面积很快超过 1368 年水平;15 世纪初,明朝放弃了长城以北地区,该地城市因而遭到废弃。此后,在 1405~1564 年,城墙范围面积缓慢增长。1565~1662 年,北部和东南沿海地区局势紧张,许多城市因此修筑了新的城墙,加速了城墙范围面积的增长。1663~1727 年,城墙范围缩小,部分原因是明末清初的战争,同时也因为清政府在这一时段废除了很多明代卫所城市。1728~1860 年,城墙范围面积的增长非常缓慢。19 世纪中叶,清政府开放向东北边境移民,城墙范围开始迅速增长。

图 5-9 基于 CUED 显示各代表性年份的城市建成区面积。结合表 5-3 可以看出,首都北京所在的京津冀地区拥有最大的城市建成区,地处经济发达地区的江苏、上海地区排名第二,人口大省河南排名第三。山东、山西、浙江等地也有较大的城市建成区。明清时期,上述大部分省份的城市建成区面积缓慢增加,但浙江的城市建成区在 1648~1708 年略有下降,这是因为当时清朝颁布迁海令,拆除了一些浙江沿海的卫所城市。安徽、广西、湖北、湖南、江西、四川和重庆的土地开发历史悠久,城市范围在明清时期保持稳定。福建、广东和海南的城市建成区面积在 1648~1708 年因与浙江相同的原因而略有下降。云南和贵州在明初快速发展,建设了一大批城市。明代中后期,由于面临游牧民族频繁南下的压力,陕西、辽宁、甘肃、宁夏等地的城市建成区迅速扩大。台湾地区直到 18 世纪才开始大规模开发,主要在西海岸建立了一批中小城镇。

吉林和黑龙江地区在明代没有建立行政治所城市,18 世纪中期以后,随着大量移民的涌入,当地许多城市得以建立。内蒙古地区在元朝（1271~1368 年）和明朝初期有一定数量的城市,但到明代中期,这些城市逐渐被遗弃;此后直到 18 世纪末,随着移民的涌入,内蒙古重建了一些城市。新疆地区在明代不受中央政府直接控制，至 18 世纪末清朝完全收复新疆后，建立了一批行政治所。青藏高原地区的城市主要位于青海省的黄河和湟水谷地。

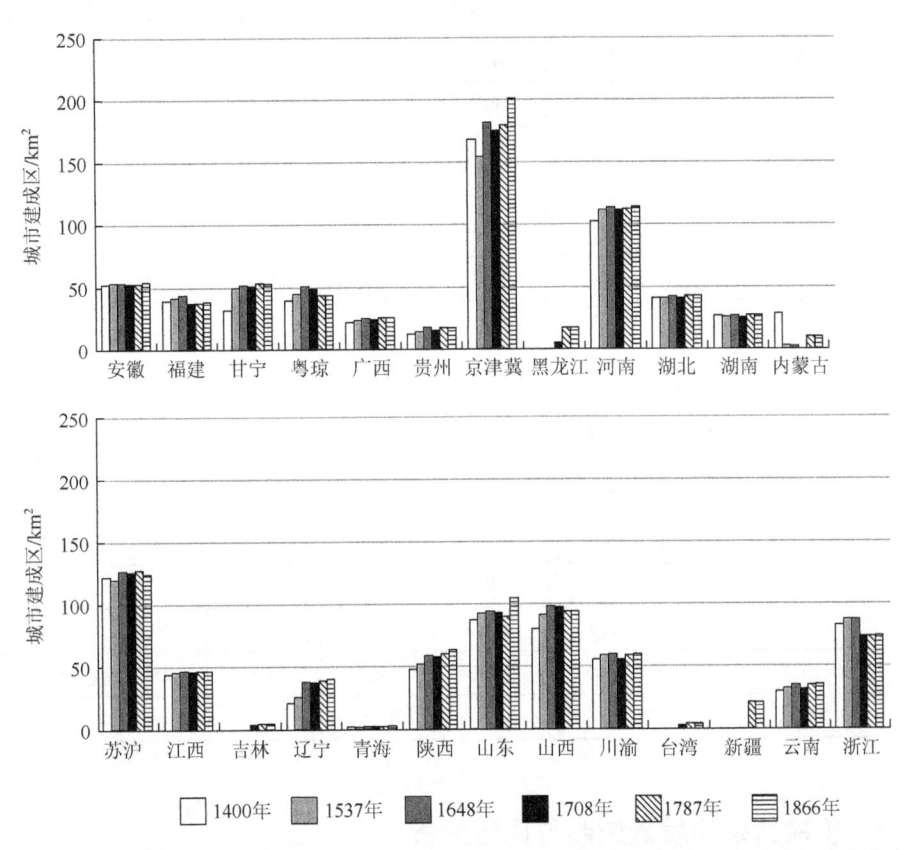

图 5-9　1400 年、1537 年、1648 年、1708 年、1787 年和 1866 年城市建成区省/地区分布

表 5-3　明清时期各省/地区城市建成区　　（单位：km²）

省份/地区	1400 年	1537 年	1648 年	1708 年	1787 年	1866 年
安徽	52.68	53.54	53.64	53.39	53.19	54.55
福建	40.33	42.04	43.77	37.88	38.55	38.71
甘肃、宁夏	32.76	49.71	52.29	51.64	53.47	53.41
广东、海南	40.26	44.92	51.32	49.47	44.05	44.30
广西	22.34	23.95	25.46	24.83	26.24	26.24
贵州	13.08	14.72	18.34	15.89	18.18	18.00
京津冀	168.88	154.87	182.13	175.69	180.04	201.36
黑龙江	0	0	0.29	5.81	17.53	18.30

续表

省份/地区	1400年	1537年	1648年	1708年	1787年	1866年
河南	102.62	112.01	113.74	111.26	112.58	114.32
湖北	41.05	41.80	42.28	42.10	42.73	42.73
湖南	26.85	26.27	27.70	26.59	27.26	27.77
内蒙古	28.59	3.16	2.90	0.79	10.60	10.60
江苏、上海	122.06	120.26	127.08	126.27	127.39	124.55
江西	44.74	45.38	46.97	46.68	47.08	47.08
吉林	0	0.18	0.18	4.22	4.68	5.51
辽宁	21.34	26.02	37.73	37.71	38.93	39.69
青海	2.23	2.21	2.66	2.66	3.03	3.28
陕西	47.82	51.63	58.74	57.96	60.04	63.80
山东	87.22	92.51	94.80	93.38	90.56	104.98
山西	79.68	91.50	98.37	97.65	94.13	93.65
四川、重庆	55.24	58.71	59.59	55.30	58.91	59.72
台湾	0	0	0	3.31	4.03	4.64
新疆	0.33	0.15	0.15	0.15	20.79	20.96
云南	29.28	32.50	35.05	31.54	35.10	35.21
浙江	82.62	87.44	87.92	73.91	74.18	74.41

5.4.2 重建结果的质量控制与比较分析

1）CCWAD 和 CUED 的质量分级系统

由于各城市资料的丰富度和现有遗存完整程度的差异，城市范围的准确性也会有所不同。为了对结果的质量和可信度加以控制，便于开展后续研究时明确数据的准确性，我们建立了针对各个数据的质量分级系统。数据的质量分级系统基于重建结果的可靠性制定，由三个精度等级 A、B、C 和两个特殊情况标记 D、BW 组成。数据质量呈 A 级，表明作者认为重建结果相当可信；B 表示部分重建结果是推测性的；C 表示数据重建缺乏必要的依据，基本建立在假设的基础上。精度等级的排名主要取决于城市历史文献的丰富程度和地面遗存的完整性，但具体来源于作者的主观决定。此外，D 表示该城市从未修建过城墙，因此其建成区也完全是推测的。BW 表示该城市在当前的生存期内尚未修建城墙，它表达了基于之后的城墙范围对此前情况的推测。C、D、BW 的推测，是基于这些城市有限的历史文献和实物遗存、行政等级、附近同等级城市规模等因素重建形成的。所有数据的质量分级皆由作者共同讨论后确定。

综上所述，精度等级 A 和 B 的数据可信度更高，它们占 CUED 数据的 90%，占 CCWAD 数据的 69%。精度等级较低的 C 和 D 占 CUED 的 5%和 CCWAD 的 17%。受客观条件限制，部分城市的建成区难以重建，数据质量分级系统可以使研究人员在开展后续研究时自主决定是否采用某种精度等级的数据。

2）与已有结果的比较分析

为验证 CCWAD 和 CUED 的重建结果，与何凡能等（2002）重建的清代分省城市用地面积估算结果（ULUD）进行对比。ULUD 根据清代文献中有关城垣周长里数及政区设置的记载资料，探求估算清代城市用地面积的可行性、估算方法、资料处理与转换方法以及偏差校正方法，取得了一套反映清嘉庆年间（1820 年）内地十八行省的城市用地面积估算数据。

通过从 CCWAD 中提取 1820 年数据，并选择 CHGIS 提供的 1820 年行政区划数据（https://dataverse.harvard.edu/dataverse/chgis_v6_1820）统计各省城墙范围的面积，与 ULUD 重建结果进行对比（图 5-10）。可以发现，1820 年 CCWAD 数据结果与 ULUD 的一致性良好（$R^2 = 0.8966$），但 CCWAD 各省城墙范围面积仅为 ULUD 的 60%。ULUD 以城墙长度估算城市面积，并假设城墙的形状都是正方形或正圆形；然而中国历史文献记载的城墙长度常常被夸大，不规则形态的城墙数量也较多，因此 ULUD 的城墙面积可能存在普遍高估的情况。

3）城市建成区面积与城市人口的关系

城市人口的增加是城市用地扩张的主要驱动因素之一（Paclone，2001），因此可通过将 CUED 的城市面积与清代城市人口数据（UPD）进行对比（曹树基，2001），从侧面验证 CUED 重建的可靠性。UPD 提供了清代 1776 年和 1893 年 18 个省份的城市人口，从 CUED 中抽取与其年份接近的 1787 年和 1866 年的数据进行比较（图 5-11）。需要指出的是，UPD 数据包括县以下的小城镇人口，因此其城市统计范围略大于 CUED。城市人口和城市建成区之间的散点图表明，城市面积总体随着城市人口的增加而增加，但它们不存在线性关系。18 世纪后期，大多数省份的建成区面积和城市人口显著相关。然而，直隶、山西、山东和河南的建成区面积序列高于其城市人口序列，这或许是因为这些省份靠近都城和长城沿线，因此出于政治和军事因素考虑，城墙规模普遍较大。江苏、浙江的建成区面积序列低于其城市人口序列，表明这些省份的城市人口密度较高，县级以下的小城镇较多[图 5-11(a)]。19 世纪后期，随着对外贸易的增加，广东、浙江、江苏等东南沿海地区及中西部的四川、湖北地区城市人口密度显著增加［图 5-11（b）］。CUED 准确描述了城市建成区与城市人口之间的长期变化特征，证明 CUED 重建结果具有合理性。

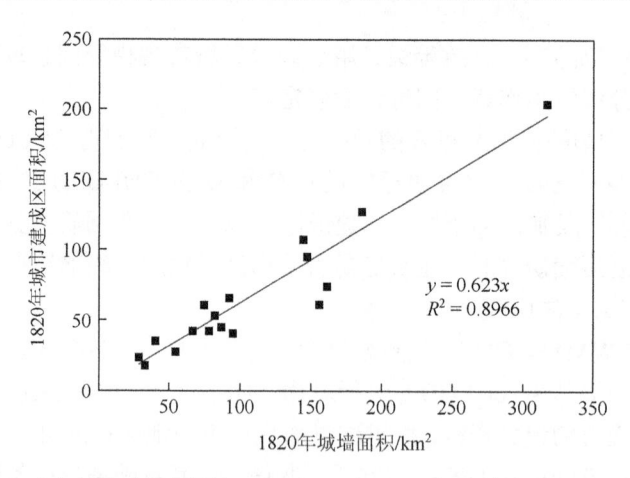

图 5-10　1820 年城市建成区面积（CUED）与 1820 年城墙面积对比（CCWAD）

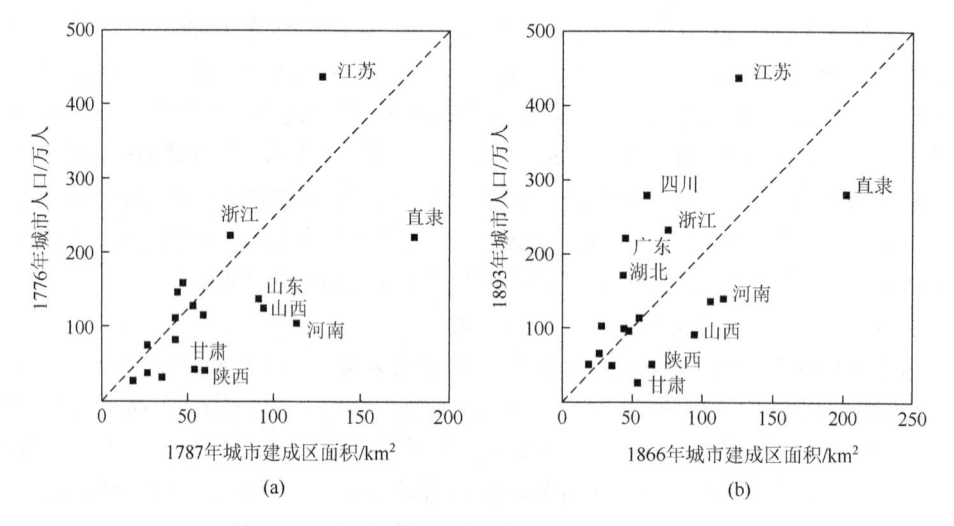

图 5-11　1776 年和 1893 年城市人口（UPD）和城市建成区面积（CUED）对比

5.5　本章小结

本章采用历史城市形态学复原方法，综合利用多重历史文献和数据，重建了明清时期 CCWAD 和 CUED，并对数据集结果进行质量控制和比较验证。本章研究为长时段大尺度城市体系变迁研究提供数据基础。总体而言，CCWAD 和 CUED 具有以下主要特征。

（1）CUED 是 CCWAD 的衍生数据。严格而言，城墙的范围不能完全等同于城市建成区范围，CUED 只是设法截取了两者在全国尺度上可能更为接近的年份。

如果截取年份与城墙修筑年份相距太远，实际的城市建成区范围可能与城墙范围有较大差异，例如，在城墙修建之前，实际上无法得知城市建成区的实际面积，只能依据后世城墙的范围加以推测；此外，城墙建成后，随着时间的推移，远离城门和城市中心的城区大多逐渐荒芜，甚至成为耕地、园地，接近城门的城外区域往往发展成新的建成区。因此，在进行区域研究时，应当依据区域城市数量、筑城数量、城墙范围面积的实际情况，重新截取适宜的代表性年份。

（2）在一般情况下，城墙范围面积的增减代表着城市建成区的增减，但它们在时间上并不完全同步。中国古代的城墙主要是防御性的军事建筑。在和平时期，城墙失去其军事防御作用，成为阻碍建成区蔓延的建筑，因此和平时期城外郊区不断扩大，城墙的维护往往遭到忽视，甚至被有意拆毁。然而在战争期间，城墙成为保卫城市的必要设施，因此往往修筑新的城墙保护城外的新城区。因此这里出现了一种看似矛盾的情况：城市的发展通常需要和平的社会环境，但城墙面积的扩大往往发生在战争时期；从这个意义上说，城墙可以被视为战前城市发展的标志和确认。应当特别强调的是，不是战争导致了城市建成区的扩大，而是城墙的扩大反映了战争爆发前城市经济的发展和城市人口的增加情况。

（3）从总体的可靠性等级来看，CCWAD 和 CUED 的可靠性是可接受的。但是在进行区域研究时，CCWAD 和 CUED 可能出现可靠性等级下降的情况。明清时期，一些地区的城市通常不修筑城墙，在 CCWAD 和 CUED 中，采用准确度排名 D 来表示这些无墙城市；在 CCWAD 中，有 436 个此类城市，占总数的 13%；在 CUED 中，1400 年有 83 个无墙城市，1537 年有 48 个，1648 年有 43 个，1708 年有 31 个，1787 年有 37 个，1866 年有 42 个，比例在 2%~5%。没有城墙的城市大致可分为两类，一类是位于内陆地区不太重要的城市；另一类是 19 世纪末建立的城市，当时，随着攻城武器的进步，城墙的防御意义大大降低。在研究这些区域时，应特别注意可靠性等级。

第6章 历史城市建成区扩展过程与城市体系演变

城市发展并不是独立的,区域内不同等级不同功能的城市依靠江河、铁路等交通方式,通过人口迁移、商品流动等产生联系并且相互影响,形成一定的空间结构体系,既受城市人口、经济发展与土地利用的影响,同时也推动城市用地扩展、引导区域土地利用变化(葛全胜等,2005,2008a;刘纪远等,2003,2009,2014)。明代以来的近600年是世界城市发展变化最快且最剧烈的阶段,中国也经历了人口增长加快、社会生产力大幅提高,以及传统城市向现代城市转型、城市现代化发展逐渐走向成熟等过程,由此引起城市体系格局发生重大变化(何一民,2012)。区域城市发展具有较强的历史延续性,研究典型区域城市空间扩张及城市体系空间演变对深刻理解其发展过程的阶段性和地方性,提升中国城市化历史特色认知具有重要意义。

6.1 已有历史城市扩展与体系演变研究简要回顾

20世纪20年代国外相关学者就已开展对城市体系的相关研究(鲍超和陈小杰,2014),在历史城市的研究中,Bures和Kanapaux(2011)对美国南卡罗来纳地区历史城市体系演变与影响因子做了相应的研究;Osada(2003)基于城市人口的增长,分析了日本1970~1990年城市体系的发展;Gabaix(1999)运用现代方法说明,不同经济结构和历史的国家和地区的城市都存在Zipf定律;Matsumoto(2004)采用引力模型,通过亚洲、欧洲和美洲城市之间的飞机客流量与货运量数据,分析了1982~1998年国际城市体系的空间联系关系。

对中国城市体系研究始于20世纪中后期,不少学者(顾朝林,1992;周一星,1995;隗瀛涛,1998;Skinner,1977;斯波义信,2013)对中国历史时期城市的发展和演变开展了较为系统的研究,Fang等(2017)和Zhou等(2013)根据Zipf定律分析研究了1949年以来中国城市体系在不同时期政府城市发展政策下的城市规模分布;吴宏岐(2011)通过翔实的史料,采用多学科理论与方法,分析总结明清时期珠江三角洲地区城市发展与区域生态环境互动演变的特点与规律;邹逸麟(2013)对明清以来长江三角洲地区历史城市的发展与区域地理环境变化及其规律进行了一定的探讨。在历史数据处理与获取方法上,成一农(2011)归纳介绍了基于传统文献、古代地图与长期积累的经验,在现代城市中复原中国古代城市外部形态的方法；陈刚（2014）对现代历史地理学新资料、新方法与新技术应用进行了梳理，分析了历史地理信息化研究进展，强调了 GIS 技术在历史地理研究中的重要应用；谭瑛等（2016）通过分析历史地图中隐含的空间要素与内涵信息，详细阐述了历史地图解译的方法技术，解译并分析了潍坊白浪河中心区域的历史空间格局；龚泽仪等（2014）集合地学信息图谱、现代地图学与 GIS 工具，对明清及民国地图进行矢量化并构建数据库，分析了明代以来中国中心城市空间格局演化；李建和董卫（2008）通过对杭州古代城市地图与城市历史地图的转译，分析了南宋以来的杭州城市格局；严巍和董卫（2015）通过构建历史时空信息梯度网络，通过历史地图转译叠加，总结了洛阳城历史文化空间变迁过程及特点；林忆南等（2015）通过构建建设用地重建方法，恢复与重建了清代中期江苏省建设用地数据。在定性研究方面，冯文勇等（2014）以城址周长、城市官职设置等指标分析了鄂尔多斯地区自汉代以来城市等级体系的基本状况；金勇强（2015）通过史料分析，研究了河湟地区唐至北宋时期城市体系的特征及变化情况；张芳（2012）结合历史资料，将现代城市体系与区域历史地理理论相结合，分析了明清时期辽东半岛城市体系演变情况。在定量研究方面，沈惊宏等（2016）通过构建场扩散模型，结合扩散理论与 GIS 空间分析技术，分析 1978 年以来泛长江三角洲地区城市场空间结构演化格局；管驰明和崔功豪（2004）综合城市人口密度、非农人口规模、城市密度变化率和城市规模结构，分析了百年尺度下中国城市空间分布格局演化特点及其影响因素；方修琦等（2005）综合历史文献，从城市密度空间变化过程分析了 1700 年以来东北三省城市体系演变与土地开发利用之间的关系；王茂军等（2007，2010）利用 1932 年民国时期山东省进口洋货流通数据及 1979 年大宗商品的流向计划数据，分析了民国时期山东省城市体系的空间结构及其影响因子，以及 1932～1979 年城市体系与地域结构变动情况。

6.2 长江三角洲地区历史城市体系演变背景

6.2.1 历史时期长江三角洲地区城市化发展概况

长江三角洲位于中国东部，地处长江流域下游长江入海口冲积平原；气候温和，雨量适中，四季气候分明，属于温带向亚热带的过渡性气候；地形以平原为主，东临黄海、东海，地跨长江，京杭大运河从中穿过，带来江河及海上交通的便利。

长江流域在距今 4000～6000 年前就已出现早期城市（何一民，2012），长江三角洲在经历六朝至宋元时期由微而盛逐步崛起的过程之后，区域城市格局基本形成,逐渐发展成为中国城市密度最高、城市发展最快的区域(张尚武,1999),并在 21 世纪初成为世界六大城市群之一。在中国历史上,长江三角洲开发后,在六朝、南宋与民国时期成为中国的政治中心,其他时期也都处于经济中心的地位(陈建新和邓泽辉,2005)。自隋唐以来,凭借自然地理条件优势,长江三角洲地区农业经济不断发展,成为中国主要的产粮地区。随着漕运开通,宋朝时期长江三角洲地区已呈现"苏湖熟,天下足"的景象,明代江南地区水稻产量更达到全国的 70%(杜石然等,2012)。随着农业经济的发展,长江三角洲地区人口快速增加,江浙地区人口在宋元时期已占全国的 26%,人口密度达到 114 人/km²,至清末,人口密度更达到 400 人/km²(张尚武,1999)。至明朝运河全线开通后,运河两岸城市发展加快,沿岸著名工商业城市(如苏州、无锡、常州、杭州、嘉兴、湖州等)的商业、手工业取得了长足的发展。1843 年上海开埠后,随着帝国主义的经济入侵和内外贸易的扩大,上海港迅速取代广州港,成为全国外贸进出口的最主要港口,逐步发展成为全国乃至亚太地区最大的经济、金融和贸易中心。

长江三角洲地区在中国经济发展中发挥着重要作用。自唐朝中晚期时,就出现"扬(扬州)一益(成都)二"的说法,南宋时期范成大在《吴郡志》中"上有天堂,下有苏杭"的描述,更体现出江南的繁荣与富庶。明清时期,南京、扬州、苏州等已发展成为具有相当规模的工商业城市,为当时中国资本主义经济发展程度之最;而上海地区的棉布当时已畅销全国,有"木棉、文绫,衣被天下"之称。京杭运河的开通,直接影响了区域的城市格局,明代仅杭州至镇江段运河沿岸的主要城市已达 9 个(张尚武,1999)。同时,长江三角洲地区也是中国古代文明的发源地之一,是吴越文化的发源地和核心区,并兼具中原、江淮、金陵等多元文化特征。

长江三角洲地区是吴越文化的发源地,拥有深厚的文化基础和深刻的历史渊源,南京、杭州、扬州、苏州、镇江等主要城市在隋唐及之前就已建立,留存大量的历史文献资料,为研究该区域城市发展历史过程提供了数据支撑。现有研究多结合资料对区域内单个城市的历史变化过程进行较为深入的分析或通过现代数据解析当代区域城市体系格局,但历史时期区域整体性研究仍较为缺乏,而利用多数据源,全面分析历史时期城市形态,并对数百年时间尺度下区域城市体系格局的分析尚属空白。

6.2.2 历史城市的类型与研究对象选择

长江三角洲地区在不同历史时期,其"经济区域"的内涵和外延都有所不同。传统意义上多指江南地区,就明清而言,江南地区包括苏州、松江、常州、镇江、江宁、杭州、嘉兴、湖州八府及由苏州府划出的太仓州(李伯重,1991);近代江南主要包括太湖平原、杭嘉湖平原、宁绍平原和上海地区（徐占春，2009）。随着传统文化的传播与相互影响、城市间的联系不断加强，特别是明中叶后，长江三角洲地区的商品市场率先发展并日渐成熟，许多徽商在苏浙沪地区活动频繁，推动了社会经济的发展，由此长江三角洲的范围也不断扩大，广义上已包括上海市、江苏省、浙江省和安徽省东部；在现代经济圈范围上，长江三角洲核心区则包括了上海市、江苏省和浙江省的 16 座城市（陈雯等，2015）。综合考虑明清以来长江三角洲地区城市发展联系、城市经济水平及传统文化特征，参考国家发展改革委《长江三角洲城市群发展规划》①，研究范围包括（图 6-1）：①上海市；②江苏省的南京、无锡、常州、苏州、南通、盐城、扬州、镇江、泰州；③浙江省的杭州、宁波、嘉兴、湖州、绍兴、金华、舟山、台州；④安徽省的合肥、芜湖、马鞍山、铜陵、安庆、滁州、池州、宣城，共 26 座城市。

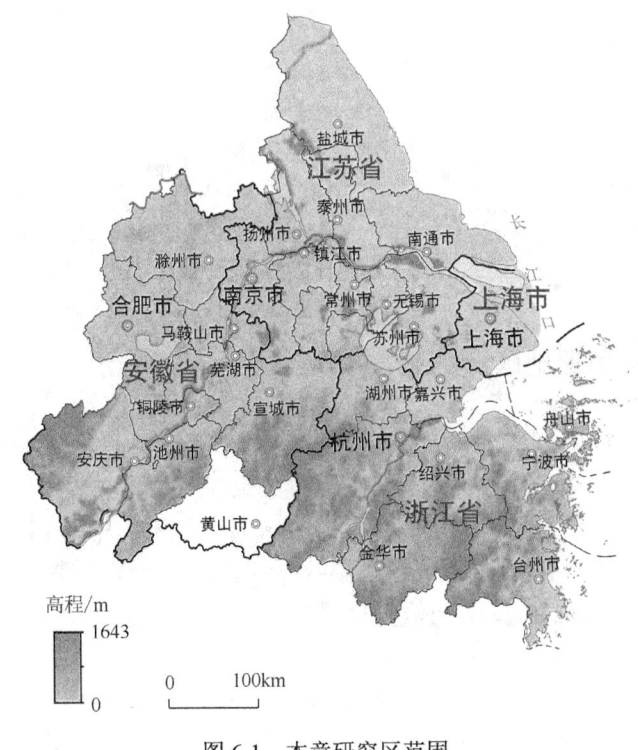

图 6-1 本章研究区范围

本章研究选取长江三角洲地区自明朝以来具有连续记载的 113 座城市作为研

---

① 中华人民共和国国家发展和改革委员会.《长江三角洲城市群发展规划》. http://www.ndrc.gov.cn/zcfb/zcfbtz/201606/t20160603_806388.html[2016-6-1].

究对象（表 6-1）。考虑到城市连续变化过程及后期融合发展情况（后期逐步发展为 109 座独立城市），故将部分现市辖区视为独立研究单元，具体处理情况如下：①南京包括主城区（江宁）、高淳、溧水、浦口、六合；②常州包括主城区（武进）、金坛；③苏州包括主城区（苏城）、吴江；④杭州包括主城区（杭城）、余杭、萧山；⑤宁波包括主城区（甬城）、镇海；⑥台州黄岩区（台州）；⑦上海包括主城区（申城）、崇明、宝山、嘉定、金山、奉贤、青浦、松江、南汇、川沙，随着城市的不断扩张，萧山发展成为杭城的一部分，宝山、南汇、川沙逐渐发展成为申城的一部分。

表 6-1 本章研究城市统计（共 113 座）

区域	复原城市
上海地区（10 座）	申城、松江、奉贤、宝山、金山、嘉定、崇明、南汇、川沙、青浦
江苏地区（33 座）	江宁、高淳、溧水、六合、浦口、无锡、江阴、宜兴、武进、溧阳、金坛、苏城、常熟、昆山、太仓、吴江、南通、海门、如皋、盐城、东台、阜宁、扬州、宝应、高邮、仪征、镇江、丹阳、句容、泰州、泰兴、兴化、靖江
浙江地区（39 座）	杭城、富阳、临安、桐庐、萧山、余杭、甬城、奉化、宁海、象山、余姚、镇海、嘉兴、海宁、海盐、嘉善、平湖、桐乡、湖州、安吉、德清、长兴、绍兴、上虞、嵊州、新昌、诸暨、金华、东阳、兰溪、浦江、武义、义乌、永康、台州、临海、天台、仙居、温岭
安徽地区（31 座）	合肥、巢湖、庐江、芜湖、南陵、繁昌、无为、当涂、含山、和县、铜陵、安庆、潜山、太湖、桐城、望江、宿松、滁州、定远、凤阳、来安、全椒、天长、池州、青阳、宣城、广德、绩溪、泾县、旌德、郎溪

6.2.3 长江三角洲地区历史城市数据来源与处理方法

本章研究时间跨度长，其间共经历明、清、民国、中华人民共和国四个历史阶段，所涉及的历史资料多样，数据处理方法也存在差异。

（1）明清时代。采用本书第 5 章重建的城市建成区数据。

（2）民国时期。利用国家图书馆收藏的 20 世纪 30 年代民国军用地形地图（比例尺为 1∶5 万或 1∶10 万），进行扫描和拼接修复后，选取标志性地物（如城门、湖泊、寺庙等）进行配准并数字化。

（3）现代。20 世纪 70 年代数据采用 Landsat2-MSS 遥感影像（分辨率为 57m×57m）（http://glovis.usgs.gov/），在 ENVI 5.0 软件中进行图像裁剪，并进行目视解译和数字化。1980 年数据采用 Landsat TM 遥感影像（分辨率为 30m×30m），并进行目视解译和数字化。2000 年和 2010 年数据来源于国家地球系统科学数据中心共享服务平台（http://www.geodata.cn）。

（4）其他基础数据。除历史城市复原数据外，本书还收集了城市人口数据及近现代城市社会经济数据，主要来自：《中国历代户口、田地、田赋统计》（梁方仲，2008）、中国人口地理信息系统等研究成果、《中国人口史》（葛剑雄，2001）、《中国人口统计年鉴》（中华人民共和国国家统计局，2001）、《中国城市统计年鉴》（国家统计局城市社会经济调查司，1985，2001，2011）、《中国县域统计年鉴》（国家统计局农村社会经济调查司，2001，2011）、《中华人民共和国人口统计资料汇编》（国家统计局人口统计司和公安部三局，1988）及历次人口普查资料等；《江苏省及64县市志略》（朱沛莲，1987）、《中国近代化的区域研究：江苏卷（1860—1916）》（王树槐，1984）、《江苏五十年：1949—1999》（江苏五十年编辑委员会，1999）、《江苏统计年鉴》（江苏省统计局，1985，2001，2011）及各市县统计数据等；《光辉的六十载：上海历史统计资料汇编 1949—2009》（上海市统计局和国家统计局上海调查总队，2009）、《上海市国民经济和社会发展历史统计资料》（上海市统计局，2001）、《上海统计年鉴》（上海市统计局和国家统计局上海调查总队，1981，2001，2011）及各县区统计数据等；《安徽60年》（安徽省人民政府，2009）、《安徽统计年鉴》（安徽省统计局和国家统计局安徽调查总队，1989，2001，2011）及各县市统计数据等；《浙江统计年鉴》（浙江省统计局和国家统计局浙江调查总队，1984，2001，2011）、《浙江省财政税务志》（浙江省财政税务志编纂委员会，2002）、《浙江60年统计资料汇编》（浙江省统计局和国家统计局浙江调查总队，2009）及各县市统计数据等。

6.3 历史城市建成区扩张与城市体系演变分析方法

6.3.1 城市建成区扩张过程演变分析

为分析城市扩张时空变化特征，引入城市的扩张速率和扩张效率，研究一定时期内城市建成区面积变化状况，以及城市面积变化与人口变化的关系，计算方法如下（孙雁等，2011；贾雁岭，2017）：

$$V = (S_{it_2} - S_{it_1}) / (t_2 - t_1) \tag{6-1}$$

$$K = \left[(S_{it_2} - S_{it_1}) / S_{it_1} \right] / \left[(P_{it_2} - P_{it_1}) / P_{it_1} \right] \tag{6-2}$$

式中，V 和 K 分别为城市 i 在一定时期的扩张速率和扩张效率；i 为城市；t 为时间；t_1 与 t_2 分别为研究时段期初与期末时间；S_{it_2} 和 P_{it_2} 分别为城市 i 在期末 t_2 时间下的城市建成区面积和城市人口；S_{it_1} 和 P_{it_1} 分别为城市 i 在期初 t_1 时间的城市建成区面积和城市人口。

据贾雁岭（2017）、王家庭和张俊韬（2010），理想状态下 $K=1.12$，表明城市规模与人口发展较为协调；当 $K>1.12$ 时，表明城市扩张较快而扩张效率低；当 $K<1.12$ 时，表明城市扩张较慢且扩张效率低。

6.3.2 城市体系等级规模演变分析

为研究长江三角洲地区城市体系等级规模演变格局，综合城市建成区面积、城市人口、人均国内生产总值和第二产业总产值计算城市规模，采用首位度指数、位序-规模法则，分析近 600 年来研究区城市体系等级规模演变格局。

（1）城市规模。早期研究中，城市规模多采用人口规模或经济发展水平（GDP）表征（肖磊等，2011；毛广雄等，2009；顾朝林和庞海峰，2008）；当前的研究更倾向将人口/GDP 与更多社会经济指标复合后进行分析（朱道才等，2011；李陈和靳相木，2016）。基于历史数据的可得性，明清及民国时期综合城市建成区面积与总人口计算城市规模，1949 年后综合城市建成区面积、总人口、人均国内生产总值和第二产业总产值，采用几何平均法计算城市规模，计算公式为

$$G_{it} = \sqrt[2]{P_{it} \times S_{it}} \tag{6-3}$$

$$G_{it} = \sqrt[4]{P_{it} \times S_{it} \times E_{it} \times M_{it}} \tag{6-4}$$

式中，i 为城市；t 为时间；G_{it} 为城市 i 在 t 时期下的规模。P_{it}、S_{it}、E_{it} 和 M_{it} 分别为城市 i 在 t 时期下的人口、城市面积、第二产业总产值和人均国内生产总值。本书根据城市规模，采用 K-均值聚类方法，将不同时期城市划分为一级城市、二级城市、三级城市、四级城市、五级城市和六级城市 6 个等级（规模依次递减）。

（2）首位度指数。首位度最早由杰斐逊（Jefferson）提出，通过人口聚集程度研究城市规模分布规律，即首位城市的人口数与第二位城市的比值。随后有学者进一步提出四城市指数和十一城市指数等（周一星，1995；贾雁岭，2017）。本书利用首位度指数，分析研究区内城市规模的聚集程度，计算公式为

$$W_2 = G_1/G_2 \tag{6-5}$$

$$W_4 = G_1/(G_2 + G_3 + G_4) \tag{6-6}$$

$$W_{11} = 2 \times G_1/(G_2 + G_3 + \cdots + G_{11}) \tag{6-7}$$

式中，W_2、W_4 和 W_{11} 分别为首位度二城市指数、四城市指数和十一城市指数；G_1，G_2，$\cdots$，G_{11} 表示降序排列的城市规模。根据奥尔巴赫（F. Auerbach）的位序-规模原理，理想状态下，首位度二城市指数为 2，四城市和十一城市指数为 1，表示各个城市分布均匀。

（3）位序-规模法则。位序-规模法则从城市规模与城市位序之间的关系来考察区域内城市体系的规模分布（顾朝林，1992；周一星，1995）。本书利用该方法分析区域内城市规模和城市体系规模位序关系的演变状况，计算方法见下式（贾雁岭，2017）：

$$\ln R_{it} = \ln A_t - \alpha \ln G_{it} \qquad (6\text{-}8)$$

式中，R_{it} 为城市 i 在 t 时期下的位序；G_{it} 为城市 i 在 t 时期下的规模；A_t 为 t 时期下的一级城市的规模；α 为帕累托指数。

一般而言（周一星，1995），当 $\alpha > 1$ 时，城市体系内的规模较小的城市占优势，城市首位度低，各城市等级呈位次分布；当 $\alpha < 1$ 时，区域内规模较大城市占优势，城市首位度高，各城市呈首位型分布；当 $\alpha = 1$ 时，称为 Zipf 定律，各等级城市的规模为首位城市规模自然序列倒数的倍数。

6.4 历史城市扩张空间格局演化与等级规模演变

6.4.1 城市建成区扩张空间格局演化

基于历史文献资料收集整理，选取 1461 年（明天顺五年）、1820 年（清嘉庆二十五年）、1930 年（民国中期），以及中华人民共和国成立后的 1970 年、1980 年、2000 年与 2010 年作为 7 个时间断面，以长江三角洲地区具有完整建城资料的 113 座城市作为研究单元，分析近 600 年区内城市建成区变化过程。

研究期内，长江三角洲地区的城市都经历了快速发展，城市建设用地显著扩张。近 600 年来，所研究的城市，在面积上共扩大了 31.27 倍，其中变化最大的是上海地区（含郊县），共扩大了 63.41 倍。而就申城（历史时期仅考虑上海县）而言，则扩大了 415.64 倍。研究区内地级以上城市（24 座）建成区范围的变化过程见图 6-2。

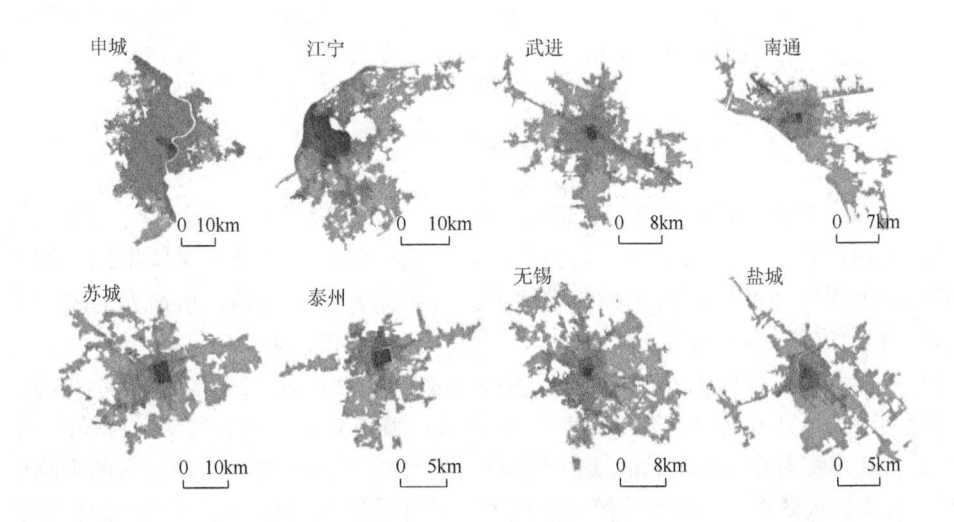

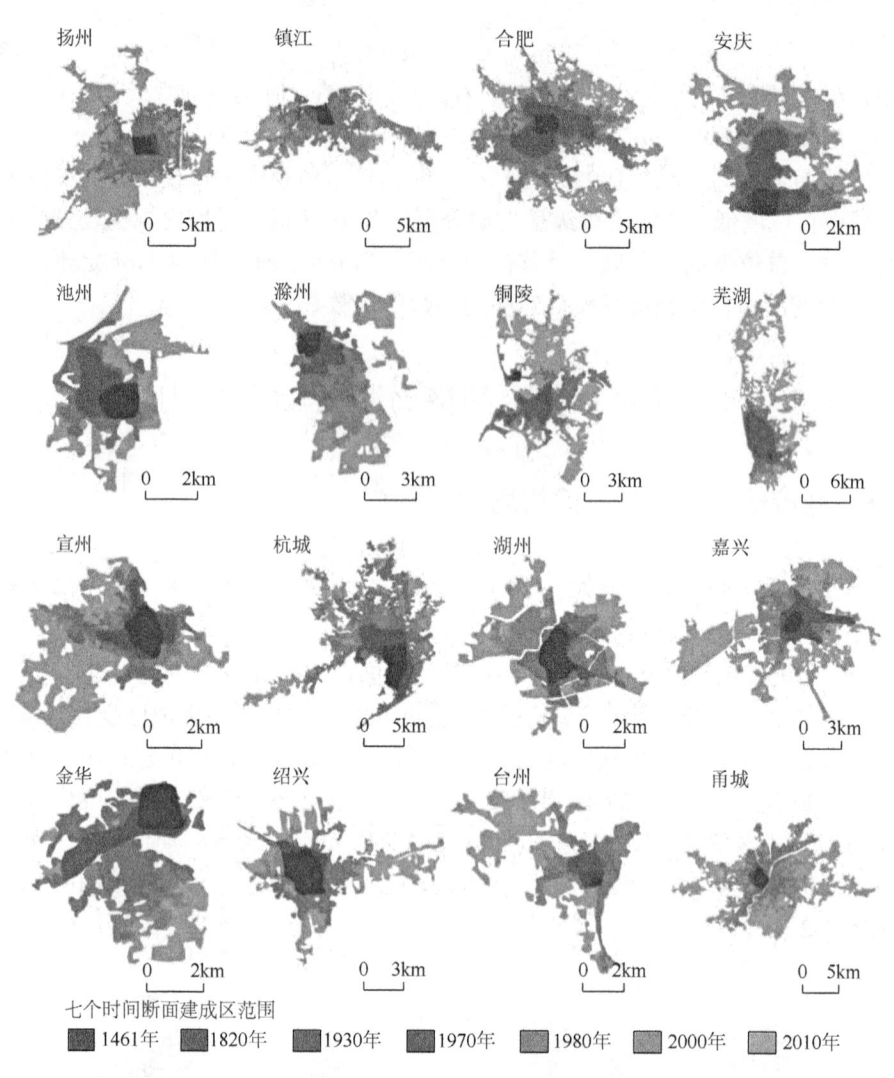

图 6-2 近 600 年来长江三角洲地区地级以上城市建成区范围变化过程

近 600 年来，研究区内各城市面积不断扩大，扩张速率不断加快，表现出明显的阶段性特征，大致可以分为四个阶段：第一阶段为明清至民国中期，城市扩张较为缓慢，研究区内大部分城市未向外扩张修筑新城墙，所研究的城市总面积由 205.98km² 增加到 281.46km²，平均扩张速率仅为 0.16km²/a。这一阶段内仅有 7 座城市扩张效率大于 1.12，表明城市扩张缓慢且效率较低。第二阶段为民国中期至改革开放前夕，至 20 世纪 70 年代，城市总面积增加到 498.31km²，平均扩张速率提升至 5.42km²/a，这一时期中国天灾、人祸不绝，对研究区的影响更甚，总体扩张效率依然较低。第三阶段为改革开放后至 2000 年，城市总面积增加到 2717.49km², 平均扩张速率达到 73.97km²/a, 大多数城市扩张效率大于 1.12, 城市扩张速度加快但扩张效率依然较低。第四个阶段为 2000～2010 年, 城市建设用地扩张速率进一步提升, 城市总面积增加到 6442.19km², 平均扩张速率为 372.47km²/a。总体而言, 研究区城市扩张经历了萌芽阶段、起步阶段、成长阶段和加速阶段; 明清至改革开放前, 研究区城市扩张速率缓慢且扩张效率较低; 改革开放后, 城市扩张进入快速发展时代, 城市面积显著增加, 但城市扩张效率依然较低, 城市建设用地扩张与城市人口增加不甚协调。在区域特征上, 沿海沿江城市的扩张速率高于其他城市, 平原地区高于丘陵地区(图 6-3)。快速扩张的城市主要集中在上海、苏锡常都市圈、南京都市圈、杭州都市圈和宁波地区。其中, 位于上海地区与苏锡常都市圈(太湖流域)的城市, 凭借其区位和资源优势, 城市扩张最快。同时, 不同规模城市的扩张状况存在较大差距, 规模较大的城市在扩张速率上明显高于规模较小的城市, 且城市规模的相对差距不断加大。

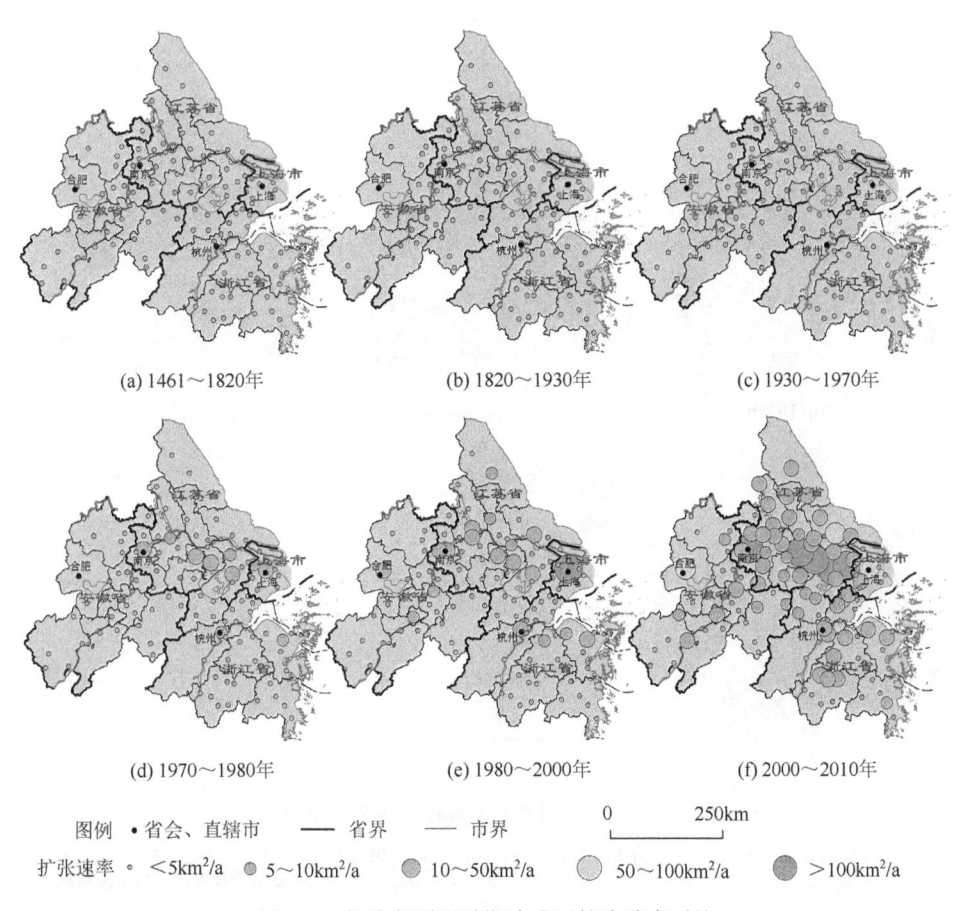

图 6-3 各城市不同时期建成区扩张速率对比

6.4.2 城市体系等级规模变化

将各时段下城市等级投影到地图上（图 6-4），可以反映出近 600 年内研究区城市体系等级规模的空间分布情况。主要特征如下。

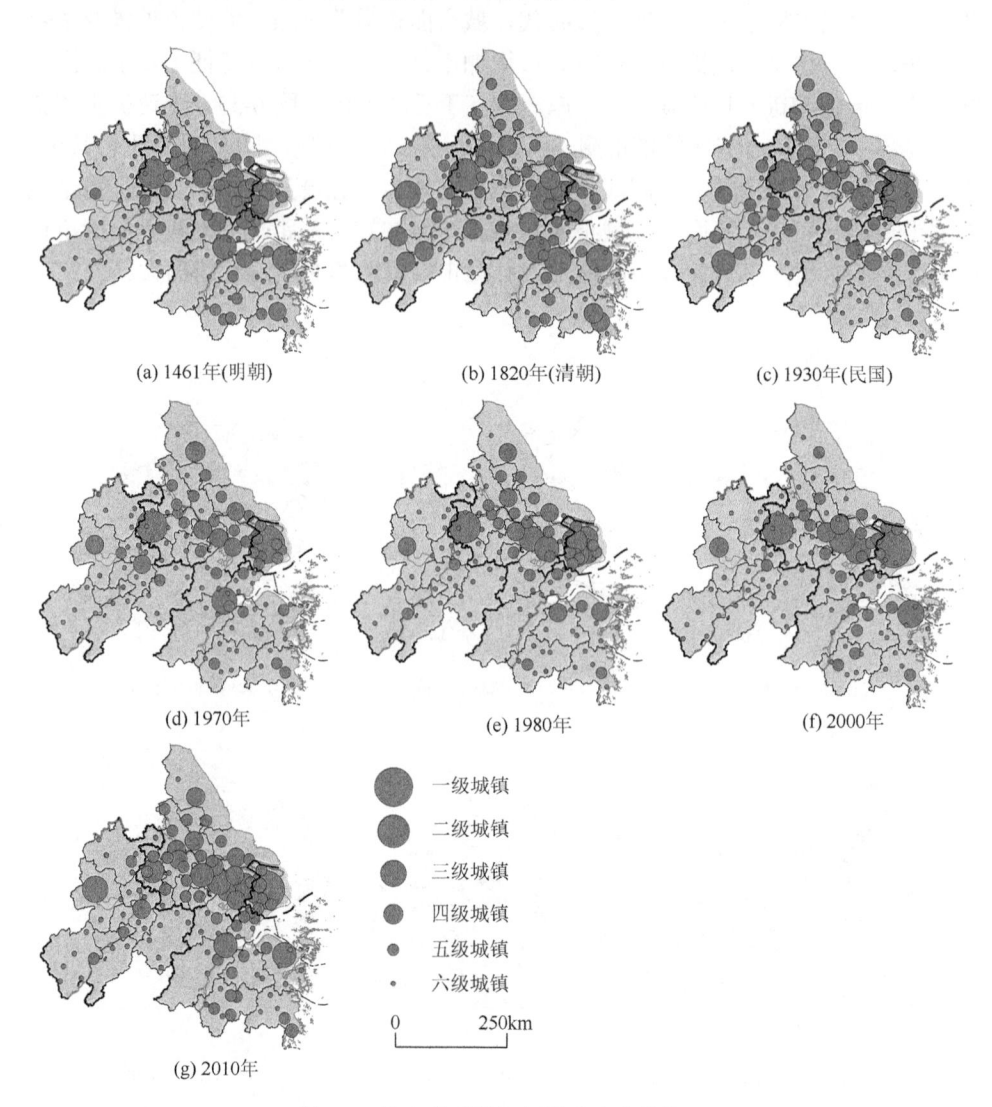

(a) 1461年(明朝)　　(b) 1820年(清朝)　　(c) 1930年(民国)

(d) 1970年　　(e) 1980年　　(f) 2000年

(g) 2010年

● 一级城镇
● 二级城镇
● 三级城镇
● 四级城镇
● 五级城镇
· 六级城镇

0　250km

图 6-4　城市体系等级规模分布变化格局

①1461 年（明朝）行政界线来自《中国历史地图集》（谭其骧，1982）；②1820 年与 1930 年行政界线分别来自 CHGIS（http://yugong.fudan.edu.cn/index.php）中 1820 年与 1911 年府界数据；③其余年份行政界线来自中国基础地理数据

(1) 明初。为缓和社会矛盾，提高社会生产力，明朝统治者采取了如普查户口、解放驱口、开垦荒地、兴修水利等措施，鼓励农民生产。农业的发展促进了手工业和商业的发展，同时开展多项移民、招揽商户、恢复海上贸易等活动，开拓了国内外市场，全国农业与手工业发展基本达到了中国封建社会的最高水平。社会生产力的发展推动了明代城市的发展，这一时期，全国城市数量较宋元时期有所增加，城市人口增加，同时兴起了一大批工商业市镇，出现了全国性的筑城高潮。除经济繁荣对城市发展的推动外，明朝政治对城市发展推动作用也十分巨大。明王朝的专制主义中央集权制度较过去进一步强化，因此这时的都城和府城发展很快。明代陆上交通较前朝更发达，加上运河水系的发展刺激，各地城市间联系更加紧密。当时，全国重要的工商业城市基本都集中于运河沿岸和太湖流域。应天（今南京）虽为都城，但其城市规模尚不如苏州。同时，三级以上城市多集中在太湖流域和运河沿岸，而安徽地区多为五级、六级城市。

(2) 清代。康熙加强了黄河与运河治理，并积极推动江南经济发展。一方面清时期政治、军事力量对城市发展影响依然很大，另一方面随着商品经济的发展，其逐渐成为许多大中城市兴起和发展的重要推动因素。至乾隆朝，长江三角洲地区的农业、手工业和商业发展水平已超越明朝鼎盛时期。苏州依然是清代工商业极发达的城市之一，其规模仅次于北京；扬州作为漕运的枢纽和南北货物的集散地也得到了快速发展；南京作为两江总督衙署，因交通便利，成为物阜民丰的工商业大都会；杭州作为清代中国的三大丝织业中心之一，为全国著名的工商业大城市。同时，清政府不断开辟商路，推动商品流通。清代水路交通较明朝有较大发展，特别是水路运输发展较快，陆上运输在铁路兴起前处于辅助地位。此时，南京作为该区域的中心城市，是唯一的一级城市，三级以上城市依然主要集中在太湖流域和运河沿岸，长江沿岸部分城市的等级有所提升。

(3) 清末。随着一系列不平等条约的签订，上海、南通等通商口岸陆续开放，外国资本主义侵入开埠城市，在某种程度上对中国城市早期现代化起到了催化作用，如1848~1915年，上海租界面积扩大了12倍。在内忧外患的局面下，洋务运动等一系列"新政"改革实施且大多是在省一级中心城市和通商口岸城市，一批民族工业兴起，对此时城市的发展推动作用十分明显，进一步带动了上海、南通、无锡等城市的发展。民国抗战前夕，中国经济得到一定程度的恢复，特别是1927年南京国民政府建立后，国内政治、经济环境发生重大变化，此后的十年是国民经济建设的黄金时期。这一时期运河运输作用减弱，随着轮船航运业的发展，长江干流沿岸城市得到较大发展；陆上交通运输功能显现，铁路与公路在中国东部地区普遍修建，据20世纪30年代初统计，江南地区铁路修筑比例占全国22%，铁路兴起后，因其强大的运输能力，带动沿线城市增加和发展。这一时期，沿海沿江一带的城市规模显著扩大。1937年抗战前夕，上海一定规模以上的企业达

1279家，占全国总数的32.5%。此时，上海凭借内河航运和海上运输的便利，加上多条铁路的修筑，其逐渐发展成为区域一级城市，同时，其中心城市地位逐渐显现，以南京或苏州为中心的城市格局逐渐被打破，而六级城市主要分布在安徽和浙江地区。

（4）1949年中华人民共和国成立后。中国经济逐渐恢复并快步走向繁荣，城市发展速度也随之加快。改革开放后，长江三角洲地区凭借优越的区位优势和稳健的工商业基础，城市现代化进程不断加快，城市综合发展水平始终位居全国前列。与此同时，国家政府在不同时段制定的城市发展战略对区域城市规模分布有着一定程度的影响。1978年前反城市化战略，演变到1978~1999年的反大城市开发战略，再到2000~2012年的协调城市化，这一时期，长江三角洲地区城市规模分布趋于稳定，2000年后城市等级规模分布趋于协调，四、五级城市数量增加，上海的中心城市地位更加稳定，沪苏合杭甬发展带、苏锡常都市圈、南京都市圈等逐步形成并取得一定发展，浙、皖地区分布着较多六级城市。

6.4.3 城市体系等级规模空间结构演化

基于对各时期城市规模的计算，得到相应的城市首位度（二城市、四城市和十一城市）指数，采用位序-规模法则，对城市规模进行回归分析，得到各时段下城市规模与城市位序双对数回归曲线，见图6-5。

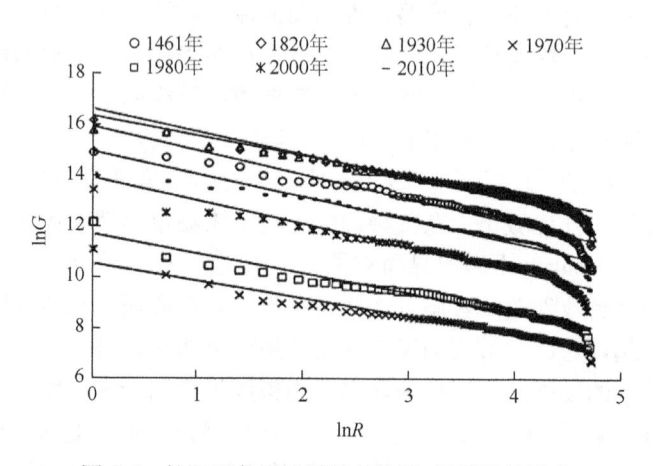

图6-5 长江三角洲地区城市位序-规模线性拟合

研究显示，首位度二城市指数均值为2.08，四城市指数均值为0.88，十一城市指数均值为0.80，位序-规模法则回归拟合的相关性（R^2）均在0.86以上，且α值的估计结果均通过1%水平的显著性检验，表明拟合效果较好。α值均小于1，说明区内城市规模差异较大，大城市的规模发展速度总体上强于中小城镇，呈现出首位型分布。研究期内首位度指数与 α 值的变化也呈现出以下较明显的阶段性特征。

（1）明清至1970年，经历了明朝、清朝、民国和中华人民共和国成立，区域的首位城市也由明时的苏州，发展至清朝的南京，至民国逐渐转为上海。明清时期中央集权制度强化，都城和府城发展较快，长江、运河沿岸及太湖周边城市因水运交通优势发展较快，规模较大，α 值均值为0.93，首位度二城市指数为1.43，规模较大城市发展优势较大，五级与六级城市数量相对均衡，城市等级规模分布较为集中；民国时期至1970年，运河逐渐没落、海上航运和长江干流航运进一步发展，加上陆上铁路交通的兴起并逐渐发展，部分长江干流沿岸及铁路沿线城市发展加快，城市规模增加，上海凭借其得天独厚的优势，其一级城市的地位逐渐显现并稳定发展，而运河沿岸部分城市规模降低，此时 α 值均值为0.73，首位度二城市指数为1.9，城市等级规模差异增加，区域城市等级规模结构较明清时期不均衡，首位城市优势更加凸显。总体上看，这一时期，α 值逐渐减小，由最初的0.97减小到0.65，首位度二城市指数由1.20增加到2.71，这一时期城市规模等级体系不均衡程度逐渐增加，首位城市与二级城市差距逐渐凸显。

（2）1970~2010年，长江三角洲经济的快速发展与人口的增长，带动城市的扩张。这一时期，国家城市发展战略的实施对区域城市等级规模结构有一定程度的影响。1978~1999年反大城市开发战略的实施，α 值由1980年的0.76增加到2000年的0.90，首位度二城市指数也有一定程度的减小；2000~2012年实施协调式城市化战略，区域内四级城市数量存在较小程度增加，区域城市等级规模结构存在协调性发展趋势。总体上看，这一时期，α 值呈现明显的上升趋势，增加到2010年的0.90，1980年之后首位度二城市指数超过理想值2，说明位序靠前的城市用地规模扩张较快，城市之间的差距扩大；上海维持其核心首位城市的地位且对区域其他城市的影响力加强，城市首位度明显，核心城市地位愈加突出。

总体上看，明清至民国时期长江三角洲城市规模等级体系不均衡程度较低且逐渐增加，首位城市与二级城市差距逐渐凸显；改革开放后上海作为区域首位城市，其与区域内二级城市差距逐渐拉大，城市规模等级体系不均衡程度增强，2000年后区域城市等级规模协调性分布显现，但较大规模城市发展速度仍快于小规模城市。

6.5 本章小结

历史时期城市的发展及城市体系的演变是朝代更替、自然地理条件、行政演变、基础交通条件、城市社会经济发展、政策制度等综合作用的结果。长江三角洲的城市形成始于春秋战国时期，在六朝至宋元期间，经历了由微而盛逐步崛起的过程，城市分布的格局基本形成，明清时期封建社会经济走向成熟发展，鸦片战争之后开始了走向近现代的转型。改革开放后，长江三角洲地区凭借优越的区位优势和稳健的工商业基础，城市现代化进程不断加快，城市综合发展水平位居全国前列。

长江三角洲地区城市发展具有较强的历史延续性，为分析明清以来区内城市扩张与城市体系演变，本章基于历史重建数据及现代遥感数据等，复原（提取）了1461年、1820年、1930年、1970年、1980年、2000年和2010年7个时间断面113座城市的建成区范围，采用扩张速率、扩张效率、首位度指数和位序-规模法则，对近600年区内城市空间扩张及城市体系等级规模演变进行了探索，取得以下主要研究结论。

（1）近600年来，长江三角洲地区城市发展迅速，城市建设用地扩张显著。所研究的城市总规模扩大了31.27倍，其中江、沪地区的城市规模增长更为显著，而规模增加最大的是上海地区（含所属郊县），研究期内城市面积扩大了63.41倍。

（2）在城市扩张速率上，明清以来共经历了萌芽阶段、起步阶段、成长阶段和加速阶段4个阶段，但城市面积与城市人口发展难以匹配，不同规模的城市发展也不甚协调，城市扩张效率仍然较低。在空间分布上，区内城市发展不均衡，江、沪地区及太湖周边城市的扩张较快。

（3）在城市体系演变上，长江三角洲地区属于首位型分布，城市首位度较高，二级以上城市的地位及影响力较为突出。明清时期，南京与苏州由于政治优势及漕运之便，是区内规模最大的城市。民国后，上海凭借其海上交通便利，逐渐由五级城市发展成区域核心城市，并随着长江三角洲整体经济水平的提升，其核心地位与影响力愈加增强。同时，由于区内资源分布不均，区域城市发展较明清时期不均衡程度有所扩大，不同等级城市发展差距拉大，南京都市圈、苏锡常都市圈等逐渐形成并快速发展。

第 7 章　历史农村居民点用地数量估计与空间重建

农村居民点是农村土地利用的重要类型之一，其空间格局与变化特征是土地利用与土地覆盖变化研究的重要内容。历史上，我国农业文明发达（王成超和杨玉盛，2012），在中华人民共和国成立前，农户的主要生计来源为农业生产。历史农村居民点用地在人口数量增长、农业生产扩大、经济社会发展、区域联系增强等内外部因素的共同作用和影响下，表现出数量上的持续上升和空间上的不断扩展，同时影响并制约着社会、经济和农业的发展。

传统历史农村居民点用地中，传统民居具有重要的文化、社会、伦理意义，是居住文化与地域文化的重要载体（胡最等，2018）。居住文化是一个民族特定居住生活方式的整体表现，一定程度上代表着特定区域的历史、民族和艺术特征（刘沛林等，2010；杨立国等，2014；王兴中等，2014）。中国古代的居住文化，强调整体概念，阴阳平衡，天人合一，表现着中国人精神层次的审美情趣、居住观念、居住伦理和价值体系，以及建筑层次的居住制度、居住形态和居住建筑艺术（顾大男和周俊山，2010；中华人民共和国住房和城乡建设部，2014）。但是，与历史时期记述农业、林业、畜牧业等发展的文献相比，对农村居民点用地的记载极为有限，这导致对其进行时空格局重建存在一定难度。目前，虽有学者基于历史文献、历史地形图等多源数据，采用历史资料收集结合 GIS 与定量分析方法，对特定研究区进行了历史农村居民点用地空间重建（林忆南等，2017；曾早早等，2011；霍仁龙等，2016；张佰林等，2016a），但在较大区域范围，基于传统居住文化特点和历史文献资料整理进行较长时期农村居民点用地空间格局重建的研究，特别是针对包含住房用地、生产用地、公共基础设施用地等在内的、具有完整人居功能的农村居民点用地的研究仍较为有限（张佰林等，2016b）；重建多根据历史人口密度、现代土地利用格局、适宜性情况"自上而下"空间配置（葛全胜等，2003；何凡能等，2002，2011；李士成等，2015），目前，结合人类行为规则、人工智能算法的"自下而上"的空间演化模拟逐渐受到重视（白淑英和张树文，2004；白淑英等，2007；龙瀛等，2014；Jin et al.，2016），但考虑传统居住文化影响下具有"源-扩张"特征的历史农村居民点用地重建尚未得见。

本章以历史记载丰富、经济文化发达的苏皖地区（现江苏省和安徽省）为研究区，充分考虑传统居住文化对农村聚居形式和发展过程的影响，结合历史典籍记载、当代分析论著和实地调研，在对历史农村居民点用地的居住特色与区域差异分析及人居生产生活功能特征提取的基础上，提出重建思路，对近 200 年来 3 个不同政治时期的 5 个典型时间断面（清代中期 1820 年、清末民初 1911 年、民国中期 1936 年、抗日战争结束后 1946 年、中华人民共和国成立后 1964 年）下的农村居民点用地进行数量估算与空间网格化（100m×100m）重建，最后对重建结果多尺度验证。

7.1 苏皖地区居住文化与农村居民点演变背景

7.1.1 苏皖地区自然与社会环境概况

本章以现江苏省和安徽省所辖区域作为研究区，以下简称苏皖地区。研究区地处 114°54′E～127°57′E、29°41′N～35°20′N，位于我国东部沿海地区、江淮平原、长江三角洲地区，国土面积 24.66 万 km^2。研究区为温带向亚热带的过渡性气候，境内大部地势平坦（坡度<2°的平原占 77.82%），岗地、丘陵主要分布于苏西南、皖西和皖南，山地主要集中在皖南；境内水网密布（水域面积比例达 9.37%），江河交错，中国五大淡水湖中的太湖、洪泽湖、巢湖均位于此。

苏皖地区位于中国传统农区，经济文化繁荣。该区在明代初年因直属京师而统称直隶，下设应天府、苏州府、凤阳府等 14 府、直隶州。明永乐十八年（1420 年），朱棣迁都北京后，将原直隶地区改称南直隶。清顺治二年（1645 年），设江南承宣布政使司，将南直隶改为江南省。为进一步巩固中央集权，清顺治十八年（1661 年）将形制较大的江南省拆分为"江南右"（江苏省）与"江南左"（安徽省）。研究期内政区沿革见图 7-1。

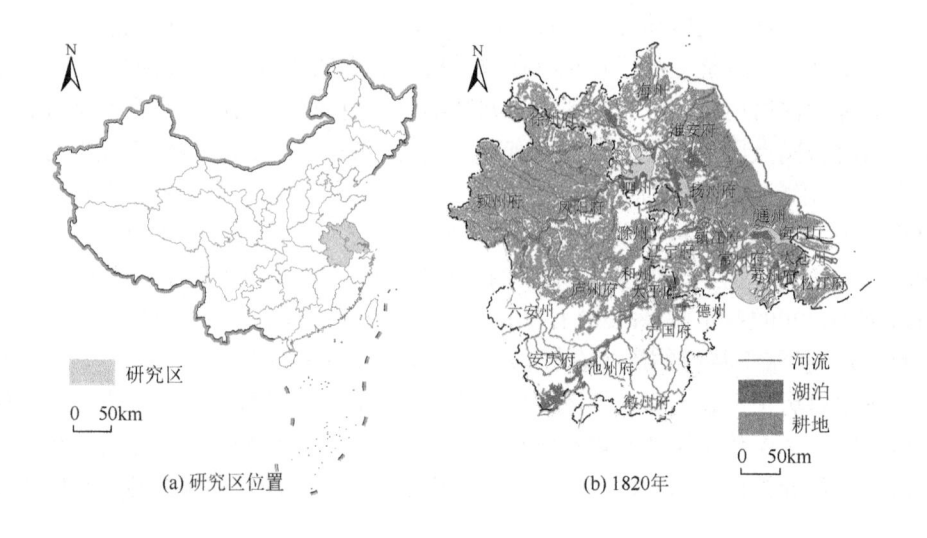

(a) 研究区位置　　　　　　　　(b) 1820 年

第 7 章 历史农村居民点用地数量估计与空间重建

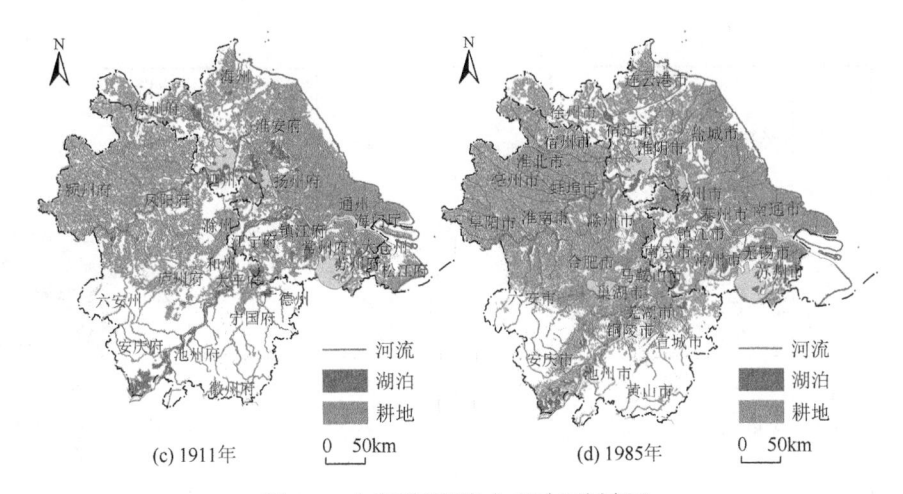

(c) 1911年 (d) 1985年

图 7-1 本章研究区位与行政区划变迁

耕地数据采用杨绪红等（2014）的研究成果；水域资源数据来自 CHGIS

7.1.2 苏皖地区农村居住文化

通过对历史文献典籍和当代研究论著的整理（顾大男和周俊山，2010；中华人民共和国住房和城乡建设部，2014；单德启，2009；王其钧，2007；雍振华，2009），结合实地走访踏查，本书认为：在宏观视角下，苏皖地区的农村居民点具有宗族观念强、亲水避害、结构得当等特征，经过长期发展和时代变迁，结合各地资源环境特点，在形制、建造、装饰等方面演化出不同的主题特色及微观个性元素。苏皖地区典型民居形式及其特征见表 7-1。

表 7-1 苏皖地区典型民居形式及其特征

民居形式	分布地区	区域农业生产特征	选址偏重	建筑材料	形制	层数	外院/晒场设置	户均生产生活用地面积/m²	示例
水乡民居	苏州、无锡、常州等	一年水旱两熟农作；代表作物：水稻、蚕桑、林果等	多沿水（靠河、临湖）而建，呈条带状分布	砖石、木	分为临水民居和临街民居，少数规模较大民居有院落，占地面积较小	1~2	少有	100	
江淮民居	南京、镇江、扬州等	一年水旱两熟农作；代表作物：水稻、油菜、玉米等	邻近主要路网、运河	砖石、木	以淮扬独院式住宅为代表，形式包括：一字、曲尺、三合、四合、独院等	1	有	220	

续表

民居形式	分布地区	区域农业生产特征	选址偏重	建筑材料	形制	层数	外院/晒场设置	户均生产生活用地面积/m²	示例
苏北民居	徐州、宿迁、盐城等	一年两熟或两年三熟旱作；代表作物：玉米、小麦等	少有错落，多平行布局	砖石、木、土坯、草	独院式瓦房分布较广，形制较为规整、封闭	1	有	260	
皖南民居	黄山、宣城、池州等	一年水旱两熟、三熟农作；代表作物：水稻、油菜、茶叶等	集中于地势平缓地带，偏重阳坡	砖石、木	多为矩形，一般有天井。形式包括：独院、三合、四合	1	有	120	
皖北民居	合肥、宿州、阜阳等	一年两熟或两年三熟旱作；代表作物：小麦、薯类、高粱等	受地形限制弱，多呈大规模、高密度、分布密集，建设分散	土坯、砖石	多高墙四起，院内宽大	1	有	230	

7.2 农村居民点重建思路与数据来源

7.2.1 农村居民点用地数量估计与重建思路

农村居民点用地指在城镇以外的非农业建设用地，其中包括农户住宅、庭院、晒场用地，以及部分公共基础设施用地（胡贤辉等，2007）。历史上，我国落后的区域农业生产水平始终限制着当地农村居民点用地规模的扩张；同时，耕地的产出能力受诸如自然条件、劳动力投入、耕作技术等因素多方面约束，这也限制了单位面积耕地可供养的农户数量，从而表现出人口、耕地和农村居民点用地在时空演进过程中的动态协调平衡（刘彦随等，2009；龙花楼和李婷婷，2012；王传胜等，2011）。

本章采用当前历史土地利用与土地覆盖时空格局重建中"数量重建到空间重建"的一般范式（朱枫等，2012；龙瀛等，2014；魏学琼等，2014；杨绪红等，2016），考虑到农村居民点用地历史记载有限，以及自然资源、社会经济、居住文化等因素的影响进行时空格局重建。在数量重建方面，根据居住文化差异将研究区划分为苏南、江淮、苏北、皖北、皖南5个亚区，以县级作为数量控制单元，基于历史人口数据推算各历史断面下的农村居住户数，结合典型民居形式下的户均生产生活用地规模确定各县农村居民点用地规模；在空间格局重建方面，在现有研究居住适宜性评价的基础上，结合农耕社会族系聚居传统和居住用地连续性分布原则，针对农村居民点用地"源-扩张"的变化特征，运用分区同步最小累计阻力模型，引入阻力值、用地密度等概念，识别单片区农村居民点用地扩张的源点，考虑现代土地利用格局（20世纪80年代）和历史农村居民点用地变化趋势，引入数量、边界和规则控制，重建各时间断面下的农村居民点用地空间格局。并将研究结果与相关研究成果和历史资料进行对比验证。技术路线见图7-2。

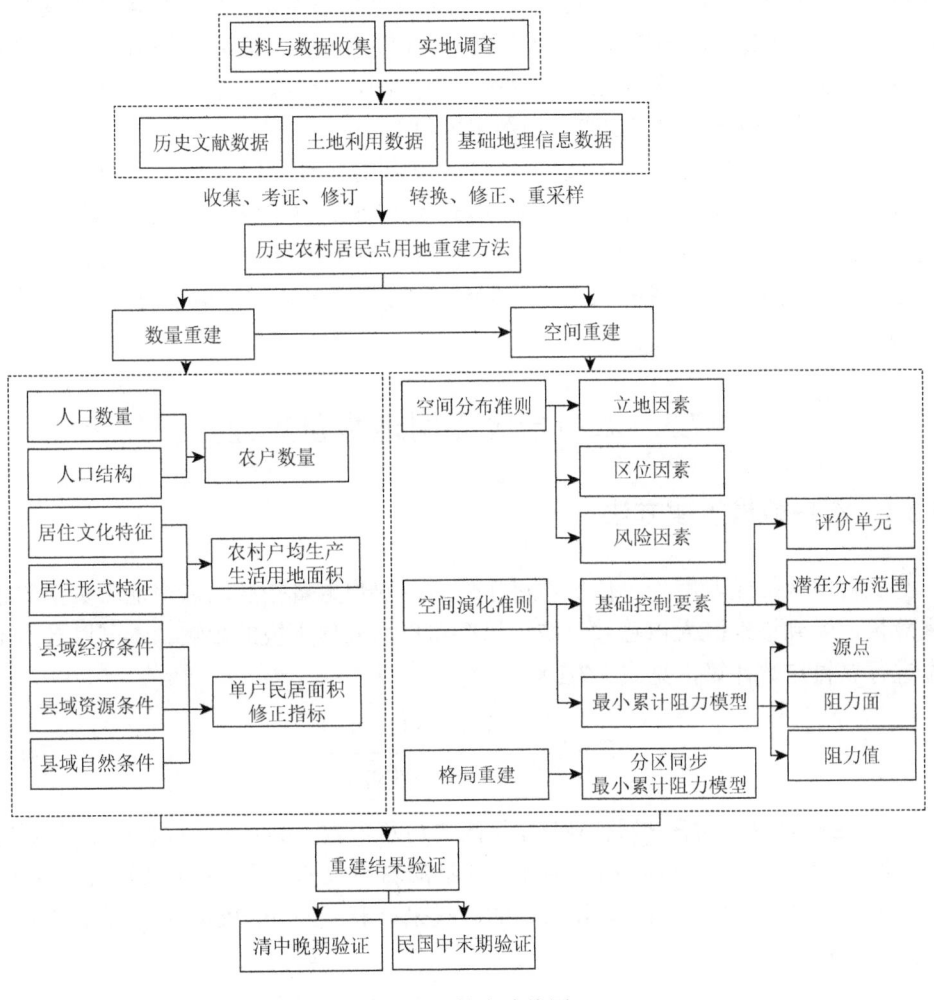

图 7-2 技术路线图

7.2.2 农村居民点重建数据来源

本章基础数据主要包括历史文献数据、土地利用数据、地理信息数据等。

(1) 历史文献数据。包括人口结构数据与人口数量数据,主要整理修正自历史文献、统计信息和已有文献研究成果。其中人口结构数据来源于《中国人口史》(赵文林和谢淑君,1988)、王树槐(1984)和谢国兴(1991)的研究成果;各历史断面的人口数量数据来自曹树基(2002)、复旦大学历史地理研究中心(2011)等研究成果。

(2) 土地利用数据。本章研究以 20 世纪 80 年代土地利用格局作为基期(t_0),通过数量和模型控制,逐期回溯。80 年代土地利用数据来自美国地球资源观测与科技中心(EROS);历史耕地采用龙瀛等(2014)、Jin 等(2016)、杨绪红等(2014)的重建成果;历史水域分布来自 CHGIS、《中华民国全国分省地图》(1933)、《江苏省地图集》(1978)和《安徽省地图集》(1972)。

(3) 地理信息数据。用于进行农村居民点用地数量估计与空间网格化重建的控制。其中,高程、坡度等基础地理数据来自中国科学院科学数据中心(http://www.csdb.cn/);历史时期的行政分区、治所点位信息来自 CHGIS;历史道路信息来自《江苏公路交通史》(1995)和《安徽公路史(第一册)》(周昌柏,1989)。

7.3　农村居民点用地数量重建

7.3.1　农户数量重建方法

农村地区按照家庭为单位日常耕作生活,农户数量指居民点用地所负担的家庭数量,受到该地区人口总数、城镇化率和户均人口规模的影响。本书以县为单位进行农村户数计算,见式(7-1)。

$$\text{Famliy}_{ji}^t = \frac{\text{POP}_{ji}^t \times (1 - a_{jt}^t)}{\text{FamilyPop}_{ji}} \quad (7\text{-}1)$$

式中,Famliy_{ji}^t 为 t 时段 j 居住亚区 i 县的农村总户数;POP_{ji}^t 为 t 时段 j 居住亚区 i 县的人口总数;a_{ji}^t 为 t 时段 j 居住亚区 i 县的城市化率,因为缺少农村人口统计,所以采用区域总人口中扣除城镇人口的方式来计算;FamilyPop_{ji} 为 j 居住亚区 i 县的农村户均人口数。

7.3.2　户均农村居民点用地规模估算

为确定户均农村居民点用地规模,假设研究期内农村居民点用地基本制式、结构相对稳定,仅存在规模变化。

考虑农户数、农村户均生产生活用地面积和传统居住亚区等因素的影响，基于农村居住单元用地结构和修正后的农村传统民居单元户均生产生活用地面积表示农村居住方式及用地需求，与户均人口规模、农户数量建立农村居民点用地计算模型，见式（7-2）。

$$\text{Landamount}_{ji}^t = \text{Homestead}_{(\text{per})ji}^t \times \text{Family}_{ji}^t \quad (7\text{-}2)$$

式中，Landamount_{ji}^t 为 t 时段 j 居住亚区 i 县的农村居民点用地面积总量；$\text{Homestead}_{(\text{per})ji}^t$ 为 t 时段 j 居住亚区 i 县的农村户均生产生活用地面积；Family_{ji}^t 为 t 时段 j 居住亚区 i 县的农村总户数。

根据苏皖地区民居形式特征中对户均生产生活用地面积的分析结果，考虑用地规模扩张影响因素，修正得到各县域农村户均生产生活用地面积。相应指标权重通过层次分析法取得，见表 7-2。对计算涉及的影响因子在居住亚区内采用极差归一法进行标准化处理（最适宜扩张为 1，最不适宜扩张为 0）。具体计算方法见式（7-3）。

$$\text{Homestead}_{(\text{per})ji}^t = \text{Homestead}_{(\text{per})j} \times \left(\alpha \times \text{Economic}_{ji}^t + \beta \times \text{Nature}_{ji} + \gamma \times \text{Resource}_{ji}^t \right)$$

$$(7\text{-}3)$$

式中，$\text{Homestead}_{(\text{per})ji}^t$ 为 t 时段 j 居住亚区 i 县的农村户均生产生活用地面积；$\text{Homestead}_{(\text{per})j}$ 为依据表 7-1 苏皖地区典型民居形式及其特征整理所得的 j 居住亚区农村户均生产生活用地面积；Economic_{ji}^t 为 t 时段 j 居住亚区 i 县的经济条件标准化值；Nature_{ji} 为 j 居住亚区 i 县的自然条件标准化值；Resource_{ji}^t 为 t 时段 j 居住亚区 i 县的资源条件标准化值；α、β、γ 分别为对应指标的权重值（表 7-2）。

表 7-2 苏皖地区单户民居面积修正指标参数表

因素	权重	因子	权重
县域经济条件	0.1958	人均耕地面积	0.1958
县域自然条件	0.4934	高程	0.0775
		坡度	0.2929
		起伏度	0.1230
县域资源条件	0.3108	水域覆盖率	0.2072
		人均道路占有量	0.1036

根据上述计算模型，5 个历史时间断面下，研究区内农村居民点用地的数量分别为 2617.14km²（1820 年）、3301.46km²（1911 年）、4108.61km²（1936 年）、4430.91km²（1946 年）和 4882.31km²（1964 年），计算结果见图 7-3。

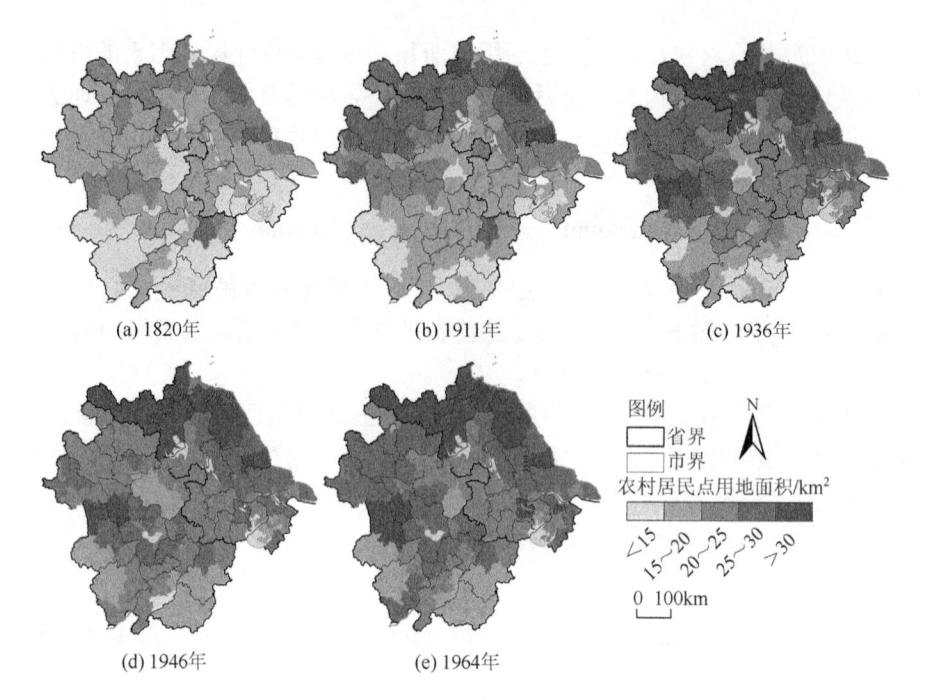

(a) 1820年　　(b) 1911年　　(c) 1936年

(d) 1946年　　(e) 1964年

图例
省界
市界
农村居民点用地面积/km²
<15　15~20　20~25　25~30　>30
0　100km

图 7-3　苏皖地区典型时段分县农村居民点用地数量

7.4　农村居民点用地空间重建

历史农村居民点用地通常呈现宗族式稳定发展，分布连片但少有特定边界，较城镇用地松散（王其钧，2007）。根据研究目标，本书提出以下基本假设：①与历史农村居民点用地布局相关的自然资源条件如气候、地形、地质等无重大变化；②研究期内个别村庄弃置的现象发生情况较少（池子华，2011；池子华等，2011），故不予考虑；③现代（t_0 = 1980）农村居民点用地适宜度较高的点位是由历史潜在居民点发展而来，即历史上，任一时期（t_i）的潜在居民点都分布在上一时期（t_{i-1}）的居民点范围之内；④历史农村居民点用地与耕地利用联系紧密，即居民点用地的分布受到地形、河流的影响；考虑居住安全、居民生活便利，居民点用地的分布受到距驿道、中心村镇、县城的距离的影响。

7.4.1　空间分布准则

结合目前研究成果，如谭雪兰等（2016）认为农村居民点用地空间演变过程主要受起伏度、高程、坡度等自然因素和经济条件、城镇化等社会因素影响；杨忍（2017）认为乡镇道路交通通达性对乡村农村居民点用地空间分布影响极大；

车明亮等（2010）将高程变化、坡度、交通和水资源作为山区农村居民点用地分布的主要影响因子。本书选取立地因素、区位因素和风险因素作为历史农村居民点用地空间配置准则。为了便于分析，标准化处理全部空间图层，处理方法及结果见表7-3。

表7-3 农村居民点用地布局影响因素标准化处理方法

空间配置准则	影响因素	标准化处理方法	处理结果
立地因素	高程	极差归一法	最大值设为0；最小值设为1
	坡度		
	起伏度		
	坡向	考虑传统居住文化和风水文化对坡向的选择倾向，定义： 正北为337.75°~22.25°； 西北为22.25°~67.25°； 正西为67.25°~112.25°； 西南为112.25°~157.25°； 正南为157.25°~202.25°； 东南为202.25°~247.25°； 正东为247.25°~292.25°； 东北为292.25°~337.75°	正北设为0；正南设为1；东南和西南设为0.75；正东和正西设为0.5；东北和西北设为0.25
区位因素	与驿道的距离	基于文献获取的清代、1911年、1936年、1946年驿道分布数据计算研究区内所有评价单元距最近驿道的欧氏距离，归一化处理	最大值设为0；最小值设为1
	与水域的距离	基于历史河流湖泊分布，计算研究区内所有评价单元与最近水域的欧氏距离，归一化处理	最大值设为0；最小值设为1
	与治所的距离	基于府衙治所分布格局，计算研究区内所有评价单元与最近治所的欧氏距离，归一化处理	最大值设为0；最小值设为1
风险因素	洪涝灾害风险	基于现代洪涝灾害风险等级分区，分等划定	灾害风险高发区设为0.25；灾害风险易发区设为0.5；不易发灾害区设为1
	地质灾害风险	基于现代地质灾害风险等级分区，分等划定	灾害风险高发区设为0.25；灾害风险易发区设为0.5；不易发灾害区设为1

7.4.2 控制性要素

1）评价单元

考虑历史人口增长趋势，将20世纪80年代的农村居民点用地设为历史居民点分布最大边界，选取100m×100m的栅格作为评价单元，研究区共包含评价单元185.4931万个。

2）历史潜在分布范围

采用"由今至古"的历史回溯建模（$t_0 = 1980$）。考虑到居民点演化发展的历史继承性，设定 t_i 期的农村居民点用地应分布于 t_{i-1} 的居民点用地和 t_i 期的耕地缓冲区范围内，计算公式见式（7-4）：

$$\text{Region}_{ji}^{t} = \text{Buffer}\left(\text{Crop}_{ji}^{t}, r\right) \times \text{Rural}_{ji}^{t-1} \tag{7-4}$$

式中，Region_{ji}^{t} 为 t 时段 j 县 i 评价单元是否为农村居民点用地的可能分布范围，分别取值 0（否）或 1（是）；$\text{Buffer}\left(\text{Crop}_{ji}^{t}, r\right)$ 为 t 时段 j 县的 i 评价单元是否分布在 t 时段 j 县耕地以 r 为半径所做的缓冲区内，分别取值 0（否）或 1（是），根据历史农耕资料，考虑农民步行速度及步行到达农耕作业区所消耗的时间长短，r 设为 3km（曾山山等，2011；董秀茹等，2011；朱彬和马晓冬，2011）；Rural_{ji}^{t-1} 为 $t-1$ 时段 j 县 i 评价单元是否为农村居民点用地，分别取值 0（否）或 1（是），循环迭代初始期 t_0 用 1980 年的农村居民点用地替代。

3）历史农村居民点用地密度

考虑农村公共基础设施集中的特点，居民倾向于集中居住，密度较高的农村居民点用地周围更容易形成新的农村居民点用地，计算公式见式（7-5）：

$$P\_\text{Rural}_{ij}^{t} = \sum_{i=1}^{m \times m - 1} \text{Rural}_{ij}^{t-1} / (m \times m - 1) \tag{7-5}$$

式中，$P\_\text{Rural}_{ij}^{t}$ 表征 t 时段 j 县的 i 评价单元周边 $m \times m$ 邻域内农村居民点用地网格单元的密度；邻域采用扩展的 Moore 邻域（$m \times m$），考虑日常徒步范围，此处取 $m = 5$。

4）阻力面

阻力面指非农村居民点用地转换为农村居民点用地时面临的障碍或困难，本书从社会经济基础、自然资源环境和风险灾异影响 3 个方面，分时段构建分区阻力面指标体系，权重通过层次分析法取得，见表 7-4。

表 7-4 苏皖地区历史农村居民点用地空间重建阻力面指标体系

因素	权重	因子	权重
社会经济因素	0.4434	与驿道的距离	0.1587
		与水域的距离	0.1550
		高程	0.1297
自然资源环境	0.1692	起伏度	0.0262
		坡度	0.0370
		坡向	0.0365
风险灾异影响	0.3874	洪涝灾害风险	0.2231
		地质灾害风险	0.1643

5）阻力值

阻力值表示受阻力面影响，从一种利用方式（或土地等级）向另外一种利用方式（或土地等级）转变的难易程度，阻力值越大表明土地转化为居民点用地的难度越大，阻力值越小则表明土地转化为居民点用地的难度越小，计算方法见式（7-6）。

$$R_{ij} = \sum a_l \times X_l \tag{7-6}$$

式中，R_{ij} 为 j 县内 i 评价单元的阻力值，采用多因子线性加权叠加求取 X_l 为制约 i 评价单元转化为居民点用地的阻力面，l 为阻力面数量；a_l 为各个阻力面的权重值（表 7-4）。

6）源点

源点是农村居民点用地扩散或者维持原状的起点，具有内部同质性、向四周扩张或向"源"本身汇集的能力，并具有导向性和代表性。重建过程中，历史农村居民点用地的"源"是农村居民点用地中地势平坦、交通便利、邻近各级行政中心且周边农村居民点用地高度集中的区域，采用式（7-7）量化提取各个农村居民点用地片区的源点。

$$\text{Point}_{ij}^t = \max{}_h(R_{ij} + P\_\text{Rural}_{ij}^t) \times \text{Rural}_{ij}^{t-1} \tag{7-7}$$

式中，Point_{ij}^t 为 t 时段 j 县中 h 片区的源点，采用 h 片区已有农村居民点用地 Point_{ij}^{t-1} 内阻力值 R_{ij} 和农村居民点用地密度 $P\_\text{Rural}_{ij}^t$ 合计值最大的 i 评价单元表示。

7）最小累积阻力值

选取前述的源点形成的源面图层，依据各期评价单元阻力值空间分布图层，利用 ArcGIS 空间分析模块中费用-距离工具（cost-distance）生成各期农村居民点用地最小累计阻力值图层，计算方法见式（7-8）。

$$\text{Mcr}_{ij}^t = \min\left(\sum_{ik,h} D_{ik,j} \times R_{ik,j}\right) \tag{7-8}$$

式中，Mcr_{ij}^t 为 t 时段 j 县中 i 评价单元的最小累积阻力值；$D_{ik,j}$ 为 j 县 h 片区内 i 评价单元距源点 k [Point_{ij}^t，同（式 7-7）] 的距离；$R_{ik,j}$ 为 j 县内 i 评价单元距源点 k 的累积阻力值。

7.4.3 空间演化准则

根据重建思路，历史农村居民点用地空间格局是在农村居民点用地可能分布范围内，依据最小累积阻力值和农村居民点用地密度的合计值的高低，将对应时期的农村居民点用地面积空间化到各个网格内。参考相关研究，采用离散选择模型将历史农村居民点用地重建的决策规则表达为式（7-9）和式（7-10）：

$$P_{ij}^t = \exp\left[\pi\left(\frac{Q_{ij}^t}{Q_{gmaxj}^t} - 1\right)\right] \tag{7-9}$$

$$\text{Stead}_{ij}^{t+1} = \begin{cases} 1, \text{ if } p_{ij}^t > \text{Threshold}_{ij}^t \text{ and Stead}_{ij}^t = 1 \\ 0, \text{ else} \end{cases} \tag{7-10}$$

式中，P_{ij}^t 为 t 时段 j 县 i 评价单元转化或保持为农村居民点用地的最终概率，随着其值的增大，i 评价单元保持农村居民点用地的可能性增加；Q_{ij}^t 表征为 t 时段 j 县 i 评价单元受自然环境、社会经济和不确定性因素综合作用下转化为非农村居民点用地的潜在概率，其计算方法见式（7-1）；Q_{gmaxj}^t 为 t 时段 j 县域参与运算的地块单元所组成的集合中潜在概率的最大值；π 为离散参数，取值为 1~10；Stead_{ij}^{t+1} 为 t 时段 j 县参与运算的 i 评价单元在 $t+1$ 时段的状态，1 和 0 分别表征为农村居民点用地和非农村居民点用地；Threshold_{ij}^t 为 j 县评价单元的状态转化阈值，为充分考虑到历史时期农村居民点用地扩张的非线性变化情况，在循环迭代过程中逐渐增大其值，计算方法见式（7-12）。

$$Q_{ij}^t = \text{Region}_{ij}^t \times \text{Mcr}_{ij}^t \times P\_\text{Rural}_{ij}^t \times \text{Rand}_{ij}^t() \tag{7-11}$$

$$\text{Threshold}_j^t = \text{Threshold}_j^{t-1} + \theta \tag{7-12}$$

式中，Region_{ij}^t、Mcr_{ij}^t 和 $P\_\text{Rural}_{ij}^t$ 含义如前所述；$\text{Rand}_{ij}^t()$ 为空间随机变量函数，表征 t 时段 j 县 i 评价单元受难以量化的人文和自然因子影响而转化为非农村居民点用地的概率；Threshold_j^{t-1} 为 j 县 $t-1$ 时段的状态转化初始阈值；θ 为阈值的增加常量。

7.5 农村居民点格局重建和结果验证

7.5.1 农村居民点格局重建结果

基于所建立的空间演化规则，利用分区同步最小累计阻力模型对 155 个县级单元进行空间格局重建（图 7-4）。具体步骤如下：①将数量重建过程得到的县级农村居民点用地面积作为数量控制；②设定相应的环境变量、空间变量及相应系数；③利用最小累计阻力模型计算各时期各评价单元转化的概率；④根据模拟的目标时间，确定循环次数，经过多次迭代完成模拟过程。

为便于显示，将计算得到的布尔型数据（该栅格是否为农村居民点用地）（100m×100m）转化为比例型数据（栅格内农村居民点用地面积比例）（2km×2km）（图 7-5）。

第7章 历史农村居民点用地数量估计与空间重建

$$P_{ij}^t = \exp\left[\pi\left(\frac{Q_{ij}^t}{Q_{g\,max\,j}^t}\right) - 1\right]$$

$$Stead_{ij}^{t+1} = \begin{cases} 1, \text{if } p_{ij}^t > Threshold_{ij}^t \text{ and } Stead_{ij}^t = 1 \\ 0, \text{else} \end{cases}$$

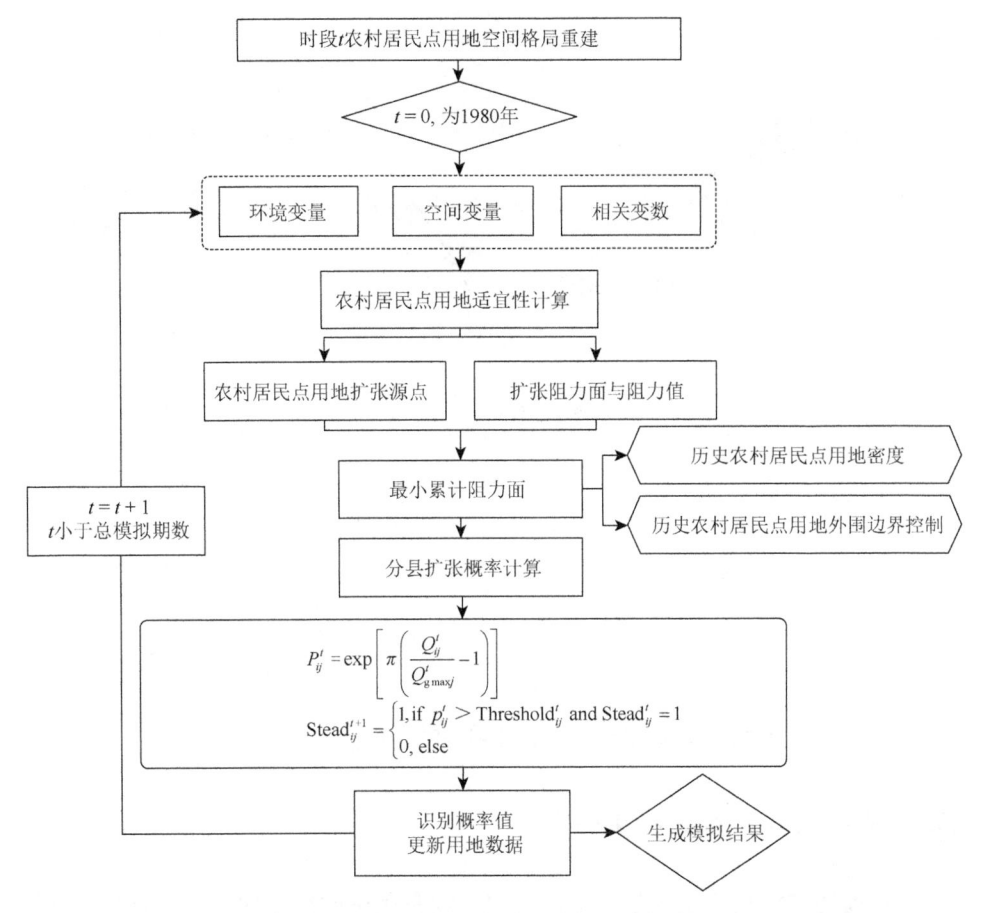

图 7-4 分区同步最小累计阻力模型模拟流程图

由图 7-5 可见，研究期内苏皖地区农村居民点用地呈显著增长态势，不同区域、时段的增长差异明显，总体而言，亲水、路网，呈极化与扩散形式扩张。清中期，为满足耕地灌溉需求，农村居民点用地多沿水域分布。长江以南至太湖及周边众多小湖泊范围内的镇江府、常州府、苏州府中北部最密；苏中高邮湖附近扬州府中部及西南部，长江以北的庐州府、和州，苏北黄河下游淮安府西北部次之。至 1911 年清末民初，研究区南部苏南、皖南地区受战争影响，农村居民点用地总量增长缓慢；中部各府及北部徐州府、海州、颍州府居民点用地总量缓增。至 1936 年民国中期，受道路修建、耕地面积增长的影响，农村居民点用地总量和密度向长江沿岸江宁府、镇江府，西南部和州、太平府及洪泽湖周边淮安府西南部集聚。至中华人民共和国成立前期（1946 年）及初期（1964 年），农村居民点用地稳步增长，其中以长江沿岸、沿海地区及江苏北部地区用地随人口和耕地增长表现较为突出。

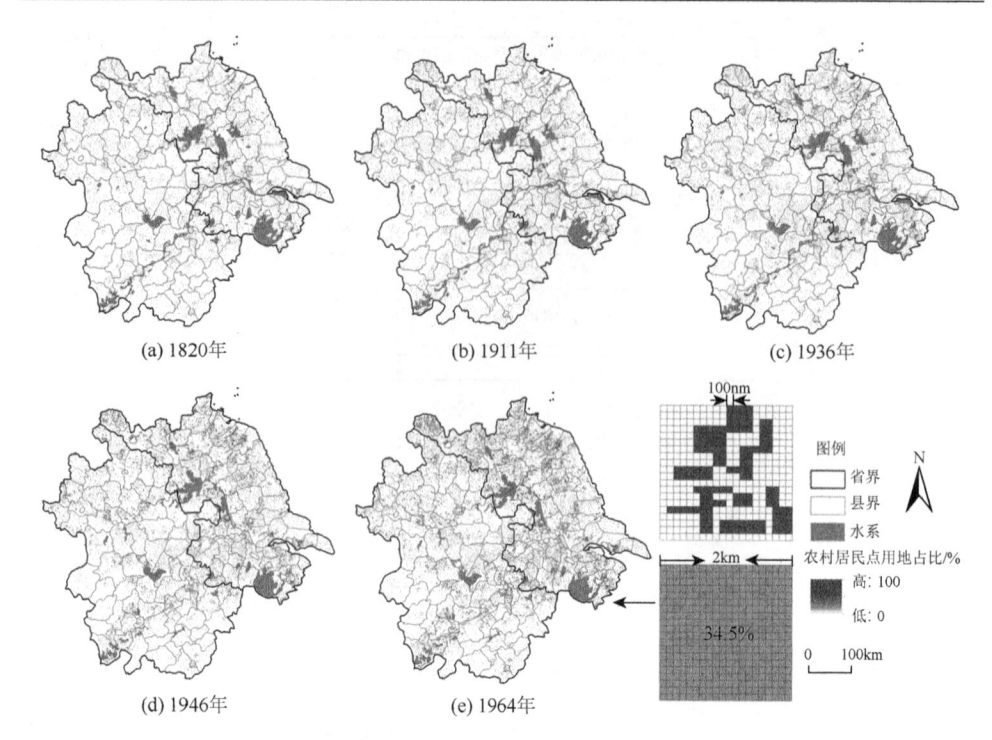

图 7-5　苏皖地区典型时段农村居民点用地分布格局变化

7.5.2　农村居民点重建结果验证

在目前历史资料不足的情况下，历史土地利用空间重建的研究结果往往难以直接获得验证。为了解释重建结果的合理性，目前学术界主要采用定性验证、定量验证，以及根据统计指标和历史事件进行对比验证的方法（李蓓蓓等，2010）。定性验证包括农户调查验证（白淑英等，2007）、历史文献对比验证（李柯等，2011）、结果一致性验证（汪桂生等，2013）等；定量验证包括册载值比较验证（林珊珊等，2008）和现代遥感影像对比验证（Hall et al., 1995）。

从历史数据的可得性出发，本书利用历史文献数据和近代测绘数据，采用格局验证法，将 1820 年和 1911 年的重建结果与 CHGIS 对应时期数据进行对比验证；采用定量验证法，将 1936 年和 1946 年的重建结果分别与 20 世纪 30 年代及 50 年代的测绘地图（美国陆军制图局，http://legacy.lib.utexas.edu/maps/ams/china/）进行对比验证。

1）清中晚期验证

利用 CHGIS 中 1820 年苏皖地区的 861 个历史古村镇点和 1911 年苏皖地区的 2101 个历史古村镇点，对比农村居民点用地的重建结果，进行格局验证，验证结果见图 7-6。结果显示，61.44%的历史村镇点位于重建的 1820 年期历史农村居民点用地 1km 缓冲区范围内；69.63%的历史村镇点位于重建的 1911 年期历史农村居民点用地 1km 缓冲区范围内。整体而言，重建精度较为理想。

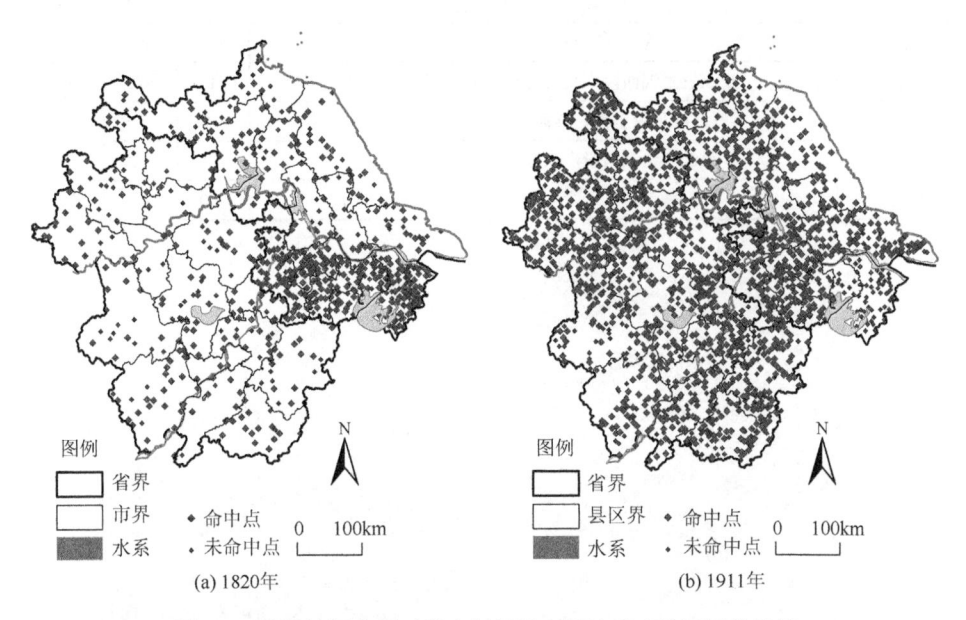

图 7-6 苏皖地区典型时段农村居民点用地重建验证评估结果

2）民国中末期验证

将重建结果与 20 世纪 30 年代和 50 年代的测绘地图进行直接对比，选择通过两者覆盖率指标评估重建精度，评估方法见式（7-13）：

$$R = c/m \times 100\% \tag{7-13}$$

式中，R 为重建农村居民点用地 1km 缓冲区内的历史地图集中农村居民点的覆盖率；m 为历史地图集中农村居民点数量；c 为重建农村居民点用地 1km 缓冲区范围内的历史地图集中农村居民点、城镇点数量。从 20 世纪 30 年代测绘地图中选取宣城、阜阳、沭阳和扬中地区，从 50 年代测绘地图中选取淮安和合肥作为验证区。以测绘地图作为验证底图与空间配准和投影转化后的历史地图进行对比，对重建结果验证评价，见表 7-5 和图 7-7。全部 6 个验证区的重建覆盖率平均值为 70.83%，重建精度较为理想。其中，30 年代，扬中的验证精度最高（76.78%），其次为阜阳（73.57%）和宣城（73.22%），沭阳最低（70.22%）；50 年代，淮安与合肥的重建精度相当，分别为 65.28%和 65.93%。

表 7-5　典型区重建结果精度评估

验证区	区位特征	c	m	R/%
宣城	古宣州地区，苏皖西部腰线	629	859	73.22
阜阳	皖西北华北平原南端	245	333	73.57
沭阳	鲁南丘陵与江淮平原过渡带	488	695	70.22
扬中	长江三角洲西段，长江与京杭大运河交汇地带	711	926	76.78
淮安	江淮平原东部，淮河与京杭大运河交点	1645	2520	65.28
合肥	长江三角洲西段，江淮之间，安徽省中部	784	1189	65.93
平均值		750	1087	70.83

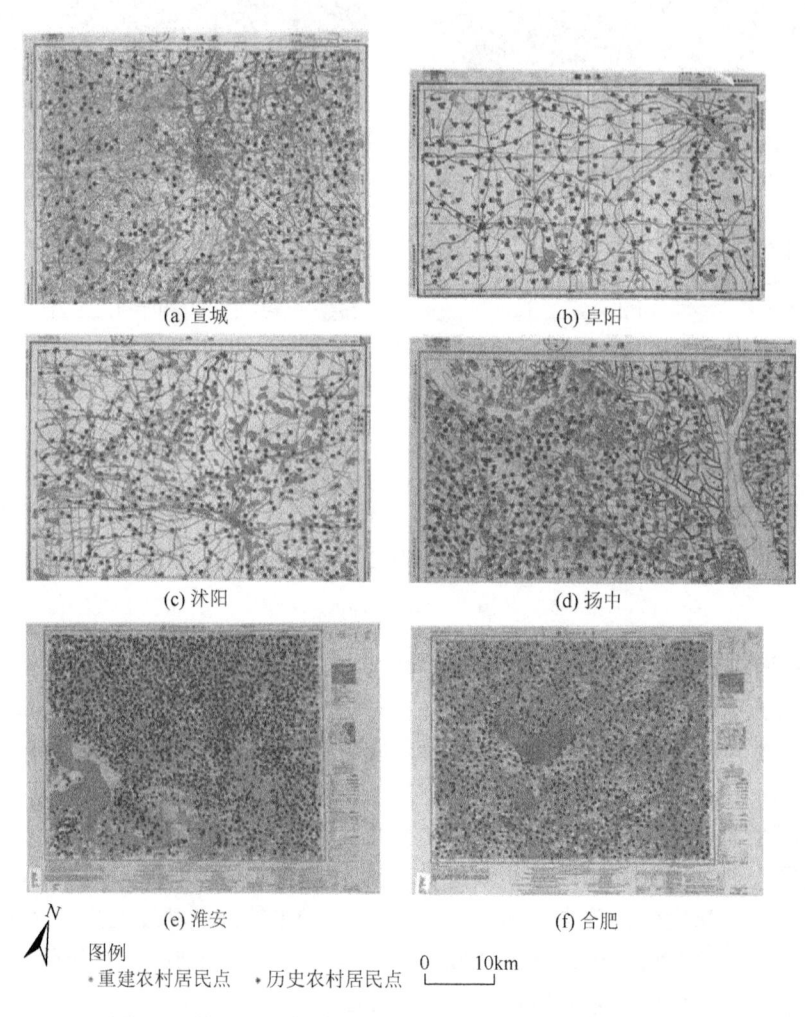

(a) 宣城　　(b) 阜阳

(c) 沭阳　　(d) 扬中

(e) 淮安　　(f) 合肥

图例　·重建农村居民点　·历史农村居民点　0　10km

图 7-7　苏皖地区典型区历史地图与重建结果验证评估结果

(a)、(b)、(c)、(d) 底图为 20 世纪 30 年代测绘地图，(e)、(f) 底图为 20 世纪 50 年代测绘地图

7.6 本章小结

农村居民点为农业生产和农户居住生活提供支撑和保障，其数量上升和空间扩展一方面受到人口数量、农业生产、经济发展、社会制度、区域调控等因素的作用与影响，另一方面也从侧面反映了农业生产与社会经济的发展变迁。本书综合多种数据来源，在解析传统居住文化和发展模式的基础上，采用"由数量重建到空间重建"的一般范式，结合数量控制和空间配置准则，选取1820~1964年5个时间断面，通过家庭户数和户均用地面积确定农村居民点用地数，针对农村居民点用地变化"源-扩张"特征，运用分区同步最小累计阻力模型，引入数量、边界和规则控制，重建了100m×100m空间网格下的农村居民点用地空间格局。

从数量上看，伴随着苏皖地区耕地与人口数量的快速增长，1964年苏皖地区农村居民点用地面积较1820年增长86.55%，由清中期（1820年）的2617.14km^2，增长到1964年的4882.31km^2。从增长速率看，农村居民点用地面积变化具有差异性，清中晚期拓展速率较慢且拓展区域主要集中在传统农业发达区域，年平均增长率为0.29%；民国以来，尽管时局动荡，但政府多次颁布政策法令鼓励垦殖，农村居民点用地随人口、耕地增长而保持一定速率增长，1911~1936年增长24.45%；1949年后在国家政策和经济发展的共同作用下，农民生产积极性高涨，农业生产迅速得到恢复，农村居民点用地进入快速扩张阶段，年增长率达0.67%，是清中晚期的2.34倍。空间上，虽整体呈增长态势，但各县区间变动具有不同特点。清中晚期农村居民点用地因农耕灌溉等需要，多沿河湖分布，长江以南至太湖周边的镇江、常州、苏州中北部最为密集，并在高邮湖、黄河下游入海口及中部平原形成聚集。此后，受道路修建、耕地面积增长等影响，农村居民点用地总量和密度向长江沿岸江宁、镇江，以及西南部和州、太平府及洪泽湖周边集聚。中华人民共和国成立以后，随着农业生产发展和人口膨胀，苏皖地区农村居民点用地面积出现全域性增长并以长江沿岸、沿海地区及江苏北部地区最为突出。

由于历史事件不可亲验、不可逆，缺乏充足空间数据资料支持，以及影响农村居民点用地空间分布格局的因素复杂多变，受人文因素影响严重等条件限制，本书基于一定基本假设进行历史推演。因此，各典型时间断面的重建结果仅代表对应时段平均水平，重建结果仅代表理论分析可能之历史情景。但本书的重建思路能够适应拓展时空尺度下的农村居民点用地重建，并为多（全）地类重建提供方法借鉴。后期可继续扩展研究范围，丰富重建时段，进一步收集历史资料，填补历史农村居民点用地数据空白。

第 8 章 历史城乡建设用地数量估算与空间重建

本章根据历史背景的典型性和基础数据的可获取性,选取近 200 年间处于中国 3 个不同政体时期的 5 个时段(清中期 1820 年、清末民初 1911 年、民国中期 1936 年、中华人民共和国成立初期 1952 年、改革开放初期 1985 年),以建设用地[城镇用地(含城市及市镇)和农村聚落用地]为研究对象,以现代江苏省域为研究区,考虑城镇发展过程和人地关系协调,利用历史文献资料和现代资源环境数据,提出历史建设用地重建思路,实现时空格局重建,并对重建结果进行验证。以期为更大空间范围和更长时间尺度下的建设用地重建或多地类重建提供方法借鉴和数据支持。

8.1 建设用地变化特征与重建思路

8.1.1 建设用地变化特征

现有建设用地多是由聚落演化而来的。聚落最初仅是人类为了满足基本居住需求,而后为了进一步寻求经济发展、政治演进、宗教宣传、文化培育、防御需要或生活协助而出现的大规模的集居。聚落空间格局的形成、演变一般由"点"到"轴"、由"轴"到"面"。一些"点"(节点)因聚集程度增强,逐步成长为区域中心。扩散效应使中心影响并带动周围地区发展。这一过程首先发生在交通沿线附近,形成沿交通线的重心区,即"轴"。轴的交叉与点的组合,产生了向"面"上更大的扩展效应,区域内形成更密集与更具现代化的交通网络和城镇结构。

城镇用地,在本章研究中包括城市和市镇。其中,城市用地是指县级及以上行政单位驻地范围内实现居住、祭祀、道路、市场、防御、仓储与管理等用途的土地;市镇用地是指县以下经济、人口较为聚集的集镇中居住、商贸、仓储、生产等用地。历史时期,中国城镇发展较为缓慢,一般规模较小,大多具有较为明确的边界(城墙、四栅[①])。城镇中心地带一般分布着手工业区、市场、居住区、官府衙署、庙宇等,城墙至城中心地带还留有一定数量的耕地和空地。随着城镇

---

① 四栅指市镇中手工作坊、商业行庄店肆等分布的范围,又称市街或街市。

人口不断增加，城镇用地首先进行填充式增长，直至城内人口饱和或原有城墙对城市发展产生严重束缚，用地将突破城墙范围；近代，资本主义的入侵加剧了各种要素在城镇空间的集聚，推动了城镇规模的扩张和新兴工业城镇的诞生，城镇化带动了城镇用地不断向外围扩张；现代，城镇用地伴随其产业和人口的迅速增长，进一步向四周郊区扩展。交通方式的改进和运输设施的完善使城镇扩展效率不断提升，城市边缘快速向远郊区延伸。城镇结构呈现网络化发展趋势，城镇用地也由点轴式扩张不断向点轴面式扩张转变（许学强等，2009）。

农村聚落用地是指在城镇范围外，进行非农业建设所使用的土地，既包括农户住房用地、庭院、晒场用地，也包括村内基础设施和公共设施用地等（胡贤辉等，2007）。历史上，大部分农村聚落的发展与变化过程较为缓慢，许多农村聚落中心长期保持稳定（金其铭，1988）；近代，农业技术落后，加之缺少有利的政策及发展环境，农村经济发展较为落后，农民新建房屋及更新速度较为缓慢，房屋大多沿着村庄的主要交通路线修建，农村聚落用地多呈现点轴式向外蔓延。随着中心聚落不断发展和扩大，周边规模较小、分散的聚落被逐渐吸引或迁移到大聚落中去，农村聚落逐步由分散向规模化、集中化的方向发展；现代（尤其是20世纪80年代后），随着农业生产条件的进步，农村经济迅速发展，农民生活条件大幅提高，新建房屋和改善现有住房条件成为热潮，农村聚落用地扩展以蔓延式扩展为主，多直接占用周边农地。

8.1.2 历史建设用地重建思路

现代建设用地的数量可以通过统计、遥感等方式获取。受土地管理制度影响，中国有关建设用地较为全面的统计始于20世纪90年代；而遥感技术于60年代兴起，其数据的大范围应用主要集中在最近30多年。受历史文献记载数据范围和完整性的制约及史料文献可获取性的影响，历史时期的建设用地一般采用以下方法进行估算：①根据历史文献或现代统计数据，辅以其他历史资料，依据原始记载数据的可信程度加以合理修正；②根据历史时期人口数量、人口结构、人均用地水平等间接指标，估算当时用地数量；③采用人口之外且与用地数量有关的代用因子（如城墙周长与形态）推算用地数量。

本章根据城镇用地和农村聚落用地在不同历史时期的扩张过程及表现特点，以现代（1985年）建设用地分布格局为基础，通过数量控制、边界控制、适宜性控制，兼顾用地连片性等实现对4个典型历史断面（1820年、1911年、1936年、1952年）建设用地空间格局的重建。研究技术路线如图8-1所示。

（1）数量估算主要通过挖掘史料，对相关文献数据进行搜集、整理和修正。
城镇用地：历史时期（1820年）主要基于城池形态、城市组合、市镇四栅等数据确定单个城镇的用地水平，结合城、镇数量推算城、镇用地数量；近现代（1911年、1936年、1952年）主要基于社会经济数据修正所设置的人均用地水平，结合人口总数、人口结构得到的城镇人口推算用地数量，并根据城镇人口内部结构，将城镇用地数量细分得到城市及市镇的用地数量。

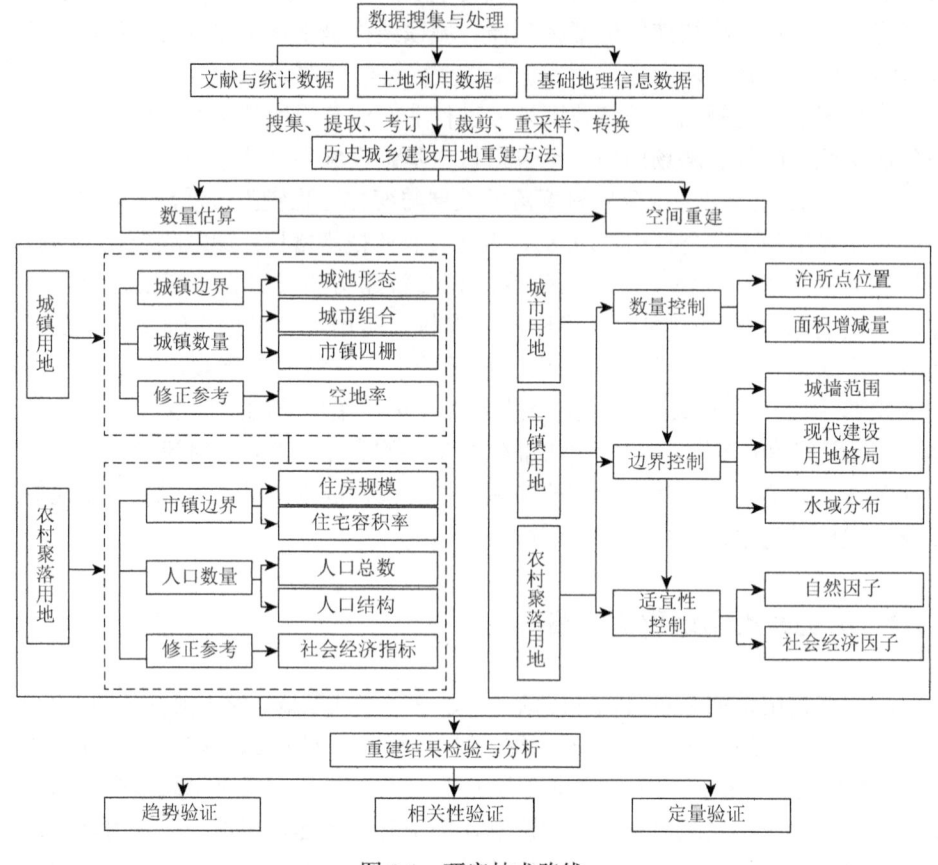

图 8-1　研究技术路线

农村聚落用地：各期均通过人均住房规模、住宅容积率推算人均用地水平，结合不同时段农村人口数量推算农村聚落用地数量。

（2）空间重建以历史土地利用（水体、耕地）、现代地理要素（地貌、聚落点）为基础，基于一定假设，通过各期用地数量控制、现代格局和历史地类限制的边界控制、建设用地适宜性控制，兼顾用地连片性，在 200m×200m 网格下实现江苏省历史建设用地空间格局重建。

（3）在数量估算及空间格局上分别对重建结果进行检验，分析重建结果的合理性。

8.2 江苏省历史沿革与基础数据

8.2.1 江苏省历史沿革

本章研究区为现代行政区划下的江苏省。江苏于清康熙六年（1667年）正式建省。以现行江苏省域为界，研究期内行政建制虽有所更迭，但从1820年至民国时期，乃至中华人民共和国成立前，府级区划变化不大。清中期（1820年）至清末民初（1911年）主要为7府4州1厅，即江宁府、苏州府、常州府、镇江府、扬州府、淮安府、徐州府、通州、海州、泗州、太仓州、海门厅；民国中期（1936年），实行行政督察区制度，江苏省被划分为若干行政督察区下辖各县；在现行江苏省范围内包括江宁专区、溧阳专区、无锡专区、南通专区、江都专区、盐城专区、淮阴专区、东海专区、铜山专区、泗县专区；中华人民共和国成立后，1983年，江苏省实行市管县体制，设南京市、无锡市、徐州市、常州市、苏州市、南通市、连云港市、淮阴市、盐城市、扬州市、镇江市11个市（图8-2）。

8.2.2 基础数据

本章基础数据主要包括三方面：一是文献与统计数据，主要用于用地数量估算的控制，包括城镇、农村聚落方面的代用数据与人口、社会经济方面的数据；二是土地利用数据，用于确定建设用地的空间范围，包括现代建设用地空间格局、历史耕地、水域等数据；三是基础地理信息数据，用于进行用地空间重建的控制，包括治所、地形等数据。

1）文献与统计数据

（1）城镇数据：1820年县级以上城镇建成区数据来自本书第3章重建结果；市镇规模资料来自《嘉庆重修一统志》；清代城市数量及行政建制数据来自《清史稿》《清代地理沿革表》（赵泉澄，1941）；中华人民共和国成立前后城镇人均用地数据来自《江苏城市历史地理》（南京师范学院地理系江苏地理研究室，1982）；明清市镇四栅数据来自樊树志（1990）研究成果。

（2）农村聚落数据：20世纪30年代农村人均住房规模数据采用卜凯（1941）的调查成果；农村住宅容积率数据来自宋伟等（2008）、林忆南等（2015）研究成果。

（3）人口数据：1820年、1911年、1936年、1952年分府（市）人（户）口数据来自曹树基（2002）、复旦大学历史地理研究中心（2011）等研究成果修正与《江苏五十年：1949—1999》（江苏五十年编辑委员会，1999）；人口结构数据来自王树槐（1984）研究成果、《江苏五十年：1949—1999》和《江苏农村经济 50 年》（江苏农村经济 50 年编委会，2000）。

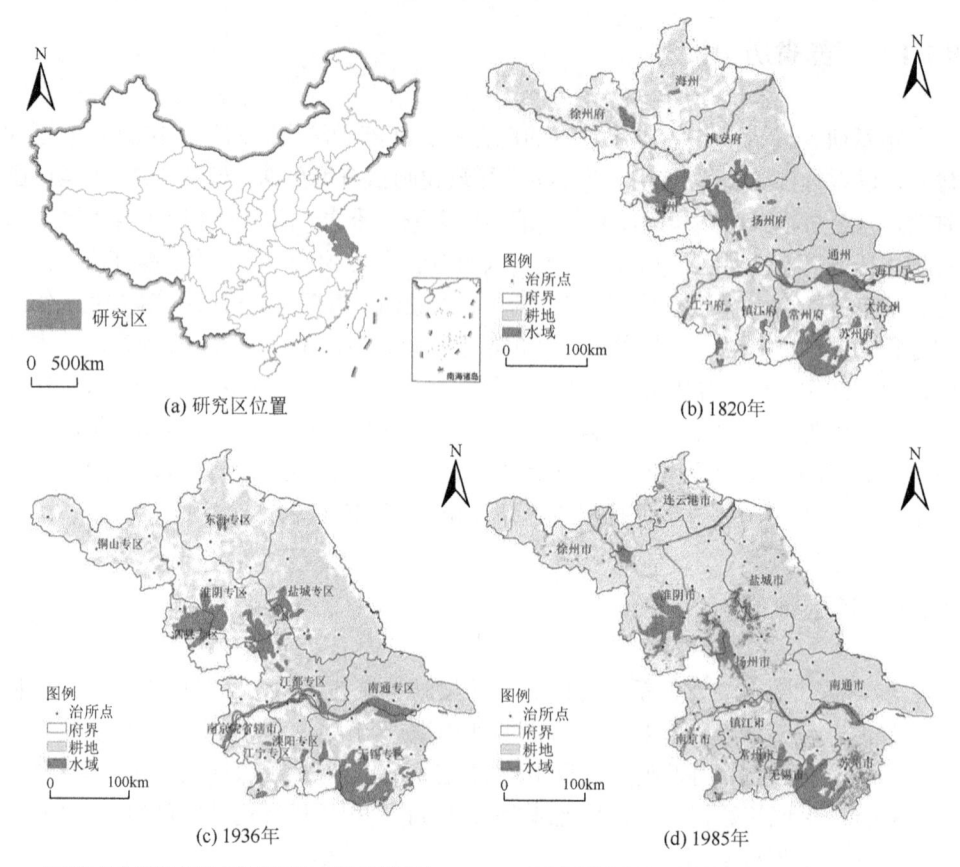

图 8-2　研究区典型时段行政沿革及土地利用变化

耕地数据采用 Yang 等（2015a）的研究成果；水域数据来自 CHGIS

（4）社会经济数据：清末民初城镇会馆商会数据来自王树槐（1984）研究成果；清末民初农村农业公司数据来自《中华民国史档案资料汇编（第 3 辑农商）》；20 世纪 30 年代城镇各业产品总值数据来自《中华民国史档案资料汇编（第 5 辑财政经济）》；30 年代农村互助社数据来自中国第二历史档案馆农业部及社会部档案卷宗、孙振兴（2009）研究成果修正；1952 年城镇二三产业增加值数据来自《江苏五十年：1949—1999》；1952 年农村工业劳动力数据来自《江苏农村经济 50 年》。

2）土地利用数据

历史时期耕地分布采用 Yang 等（2015a）研究成果；历史时期的水域分布来自 CHGIS、《中华民国全国分省地图》(1933)和《江苏省地图集》(1978)；现代(1985年)土地利用数据来自美国地质调查局地球资源观测和科学中心（http://glovis.usgs.gov/）；清代城市用地率（空地率）来自《中国古代地图集（清代）》(1997)、20世纪40年代侵华日军江苏省城市测绘图（http://map.rchss.sinica.edu.tw/）。

3）基础地理信息数据

（1）行政界线、历史时期治所点数据来自 CHGIS；

（2）高程、坡度数据来自国家地球系统科学数据中心（http://www.geodata.cn/）；

（3）道路数据来自《中华民国全国分省地图》《江苏公路交通史》(1995)。

8.3 研究方法与时空格局重建

8.3.1 典型时段建设用地数据估算

1）城镇用地数量估算

城镇是人口、资源、环境和社会经济要素高度密集的综合体。城镇用地随各要素的发展向四周扩展的过程，具有时间上的顺序性、阶段性、不可逆性与空间上的特殊性，体现了区域城镇某一发展阶段上空间格局的变化。历史阶段（1820~1911年），中国的城镇化水平（城镇人口比例）基本稳定维持在10%左右（李蓓蓓和徐峰，2008）。多数城市是官府设立的政治中心且筑有城墙。一方面，在一段时间内，城内人口不断变化，但城墙内用地则保持稳定，因此，城镇人均用地面积在一段时间内出现较大波动，历史城镇用地的数量估算就不能过分依赖城镇人口及人均用地水平；另一方面，正是由于城墙的存在，城镇与乡村截然分离，景观、功能、土地利用方式等泾渭分明，城墙的样态即是城镇的形态，城墙所圈占的面积即为城镇占地面积。

本章中1820年的城镇用地数量采用本书第3章重建的1820年城墙范围指代。市镇四栅数据通过代替转化进行估算，引入空地率参数（α）表征四栅内存在的耕地和空地，对市镇用地数量进行修正，计算市镇用地面积：

$$\begin{cases} A_i = L_i \times W_i \times (1-\alpha_i) \\ L_i = W_i = \dfrac{P_i}{4} \end{cases} \quad (8\text{-}1)$$

式中，A_i 为市镇 i 用地面积；L_i、W_i 分别为市镇 i 边界的长、宽；P_i 为市镇 i 四栅周长，以矩形作为市镇的统一形态。

清中期（1820年），以《嘉庆重修一统志》及各地方志中的记载为基础，参考《清史稿》和《清代地理沿革表》，提取各城市城垣周里数及分府城镇数量。市镇四栅参考资料相对丰富的江南市镇情况（樊树志，1990），大镇 $L_i \times W_i$ 取 $3.75 \times 10^6 \text{m}^2$，中镇取 $2.5 \times 10^6 \text{m}^2$，小镇取 $2.5 \times 10^5 \text{m}^2$；省城 α_i 取 65%（曹婉如等，1997），府城取 50%，县城和市镇取 40%[①]。

在历史时期城镇用地的基础上，社会经济、政策制度等的发展改变人口数量与人口结构，从而影响对土地资源的需求，居住、生产、商业活动等用地随之扩大。近代，城墙对束缚城市发展的阻力愈发明显，城市用地逐渐突破城墙，出现明显扩张。本书中，近现代各时段（1911年、1936年、1952年）的建设用地数量结合人口数量和人口结构进行估算：

$$\begin{cases} A_j = A_{\overline{jp}} \times P_T \times \beta_j, \quad j = u, t, v \\ A_{\overline{utp}(t)} = \left(A_{\overline{up}(t)} = A_{\overline{tp}(t)}\right) = A_{\overline{utpb}(t-1)} + \left| A_{\overline{utps}} - A_{\overline{utpb}(t-1)} \right| \times \left(\frac{N_{uc(t)}}{N_{pc(t)}} \div \left(\frac{N_{uc(t)}}{N_{pc(t)}} \right)_s \right) \end{cases} \quad (8\text{-}2)$$

式中，A_j 为用地数量，其中 u、t、v 分别代表府级城市、市镇、农村；$A_{\overline{jp}}$ 为人均用地水平，其中设定城镇人均用地水平 $A_{\overline{utp}} = A_{\overline{up}} = A_{\overline{tp}}$；$P_T$ 为府级人口总数（曹树基，2002；王树槐，1984）；β_j 为府级人口结构占比（江苏五十年编辑委员会，1999）；$\left(\dfrac{N_{uc(t)}}{N_{pc(t)}} \right)_s$ 为 t 期城镇人均社会经济指标标准，与 $A_{\overline{utps}(t)}$ 相对应；$N_{uc(t)}$ 为 t 期各府城镇社会经济指标，$N_{pc(t)}$ 为 t 期各府城镇人口数量；$A_{\overline{utpb}(t-1)}$ 为 $t-1$ 期各府城镇人均用地水平；$A_{\overline{utps}(t)}$ 为 t 期城镇人均用地水平标准，其中，城内人口趋于饱和时的城镇人均用地水平 $A_{\overline{utps}}$ 为

$$A_{\overline{utps}} = \frac{L_i \times W_i}{H_i \times P_{Hi}} \quad (8\text{-}3)$$

式中，H_i 为城内户数；P_{Hi} 为户均人口数。

清末民初（1911年）。除省城和部分府城内尚留少量空地外，绝大部分县城内部拥挤严重，人口出现向城外发展。利用此时该城市城墙内的土地面积与城内人口数量推算城内人口趋于饱和时的城镇人均用地水平[②]。以该时段会馆商会的数

---

① 利用《测绘金陵城内地名坐向清查荒基全图》（20世纪10年代）结合40年代侵华日军江苏省城市测绘图综合确定。本章将清朝中期（1820年）至城镇空地率提取用图的绘制时间（金陵城10年代，其他城镇40年代）时段内城内新增的建设用地与清朝中期城外存有的建设用地数量上作相抵处理。

② 如仪征城内人口约2万，城外有1.2万；镇江城内人口约6.5万，而城外则有13.7万（王树槐，1984）。可知在上述城市中，原本城墙内的空地在近百年的时间里开发殆尽。该时段城镇人均用地标准参考镇江城和仪征城的均值，取 $30\text{m}^2/$人。

量，表征商业的发达程度，以此修正各府城镇人均用地水平。

民国中期（1936 年）与中华人民共和国成立初期（1952 年）。民国中期，各业在城镇设厂，民族资本开始有较大的发展。自 1937 年，江苏各地不同程度地受到侵占，交通运输系统瓦解，工业工厂被占驻，手工业大都陷于停顿，这一时期城镇发展处于停滞状态。抗战结束至中华人民共和国成立，城镇人口逐渐回升，城镇建设逐步恢复。假定民国中期的城镇建设发展与中华人民共和国成立初期相当，城市人均用地水平[①]依据中华人民共和国成立初期数据确定。分别以能够反映地区间经济及城镇发展水平差异的 1936 年城镇人均各业产品总值、1952 年城镇人均第二、第三产业增加值作为社会经济指标，修正各府（市）城镇人均用地水平。

2）农村聚落用地数量估算

农村是聚落体系的重要构成部分。现有历史文献鲜有关于大范围农村聚落用地数量的记载。农村聚落多以亲缘或宗族关系为纽带，形成过程缓慢稳定，数量及分布主要受人口、家庭结构、居住方式，以及地形、水源、耕作半径等要素的影响，一般不受特定空间物理障碍（如城墙）的阻隔。农村地区社会功能形态简单，用地以耕地及农村聚落用地为主，人口与耕地关系的变动影响着农村聚落的生成和演化。在农耕社会，耕地的产出能力受到自然条件、劳动力投入和耕作技术的多重约束，使得一定数量的耕地所能供养的人口数量受到限制。人口、耕地和农村聚落三者不断在时间、空间和功能上寻求协调平衡，利于农业生产和农村社会的有效运转。因此，相较城镇用地，农村聚落用地数量与农村人口存在显著正相关。本书通过人口数据、人均用地水平、居住形式等推导各时段农村聚落用地数量。

$$\begin{cases} u = \dfrac{A_{\mathrm{r}}}{A_{\overline{\mathrm{vpr}}}} \\ A_{\mathrm{h}(n)} = \dfrac{A_{\mathrm{h}(m)}}{P_{\mathrm{f}(m)}} \times P_{\mathrm{f}(n)} \div \lambda_{(n)} \\ A_{\overline{\mathrm{vp}}(t)} = A_{\overline{\mathrm{vpr}}(t)} \div \left(\lambda_{\mathrm{h}(t)} - \left(\lambda_{\mathrm{h}(t)} - \lambda_{\mathrm{l}(t)} \right) \times \left(\dfrac{N_{\mathrm{ac}(t)}}{N_{\mathrm{pv}(t)}} \div \left(\dfrac{N_{\mathrm{ac}(t)}}{N_{\mathrm{pv}(t)}} \right)_{\max} \right) \right) \end{cases} \quad (8\text{-}4)$$

式中，u 为农村住宅容积率；A_{r} 为农村人均住宅面积；$A_{\overline{\mathrm{vpr}}}$ 为农村人均宅基地面积；$A_{\mathrm{h}(n)}$ 为研究期 n 农村户均宅基地面积；$A_{\mathrm{h}(m)}$ 为依据年 m 户均宅基地面积；$P_{\mathrm{f}(m)}$ 为依

[①] 根据中华人民共和国成立前无锡市及徐州市市辖区城市人口（王树槐，1984；江苏农村经济 50 年编委会，2000）和建成区面积（南京师范学院地理系江苏地理研究室，1982），求算得到城镇人均用地面积分别为 44 m²/人、61 m²/人。1936 年与 1952 年城镇人均用地标准，前者取较小值，后者取平均值，即 51 m²/人。

据年 m 农村户均人口；$P_{f(n)}$ 为研究期 n 农村户均人口；$\lambda_{(n)}$ 为研究时段 n 农村宅基地占农村聚落用地的比例，$(1-\lambda)$ 即为公共建筑用地占比；$A_{\overline{vp}(t)}$ 为 t 期农村人均用地水平；$\lambda_{h(t)}$、$\lambda_{l(t)}$ 分别为 t 期农村宅基地占聚落用地之比的上、下限；$N_{ac(t)}$ 为 t 期各府农村社会经济指标；$N_{pv(t)}$ 为 t 期各府农村人口数量；$\left(\dfrac{N_{ac(t)}}{N_{pv(t)}}\right)_{max}$ 为 t 期农村人均社会经济指标的最大值。

历史时期，农村社会经济发展极为缓慢，农村用地结构相对稳定，居民住房结构多为单层，这一居住形式一直延续到 20 世纪 70 年代末。改革开放后，随着农村经济好转，居住条件不断改善（郑斌，2011；吴文恒等，2008）。假设改革开放前农村人均住房面积基本保持稳定，这一阶段某一时期的农村人均住房面积可视为历史农村人均住房面积的一般值。本章进行如下参数设定。

清中期（1820 年）。1820 年农村住宅容积率以 1978 年的值计算（0.245）（林忆南等，2015）。进一步考虑不同农业区农户所饲养的家畜、家禽种类与数量对畜禽舍用地及其活动场地的影响。每田场平均各类家畜家禽数量在 270~380 头（只）不等，水稻茶区、扬子水稻小麦区、冬麦高粱区各类家畜家禽总量逐区递增且家畜数量逐区递增（卜凯，1941）。据此，对不同农业区内的 u 作微调。其中水稻茶区设为 0.27（包括江宁府、镇江府、常州府、苏州府、太仓州），扬子水稻小麦区设为 0.245（包括通州、海门厅、扬州府、淮安府、泗州），冬麦高粱区（包括海州、徐州府）设为 0.22。1820 年农村人均住宅面积采用 1933 年的调查数据，其中水稻茶区为 16.81m²/人、扬子水稻小麦区为 20.44m²/人、冬麦高粱区为 14.08m²/人（卜凯，1941）。进而求得农村人均宅基地面积分别约为 62.26m²/人、83.43m²/人、64m²/人（暂不考虑农村公共建筑用地占比）。结合各府农户人口，得到分府农村聚落用地数量。

清末民初（1911 年）。人均宅基地面积基本稳定，乡村社会经过漫长历史时期的积累，农村用地部分逐渐被用于交通、基础设施和公共设施，适度考虑农村公共建筑用地占比（1−λ）。这一时期，政府出于战争、灾荒及人口增长等的考虑，通过法令鼓励垦殖。农业公司逐渐成立，进行了一系列农田水利工程建设。因此，以农村人均农业公司数量作为对各府农村公共用地占比作差别化处理的依据。

民国中期（1936 年）。在南京国民政府的倡导推动下，合作运动快速发展。至 1936 年，江苏江南县均合作社数量 71 所，江北县均合作社数量 56 所（孙振兴，2009）。以村落为组织的单位，合作社下又开设互助社，规定区域内的农户应全数加入互助社为社员，连用保甲制度，以保组织互助社，结合乡村社会建设运动，大力发展生产，兴办水利，开发产业，开展了生计、教育、卫生、宗教等综合性乡村建设工作（朱考金和王思明，2008）。这一时期，农村公共建筑用地占比有所提高。因此以农村人均互助社数量对农村公共用地占比作差别化处理。

中华人民共和国成立初期（1952年）。1950年开始中国进行全面土地改革，历时两年全部完成，农民生产积极性高涨，兴修水利，积肥改土，农业生产迅速得到恢复。1951年开始，试办初级农业合作社，1952年主要农产品产量达到历史最高水平。这一时期，农村劳动力中除农林牧渔业劳动力外，以工业劳动力为最多，主要从事自然资源的开发（如采矿、晒盐、森林采伐等）、农副产品加工及工业品加工修理等。因此，以农村劳动力中工业劳动力人数占农村人口的比值作为对各市农村公共用地占比作差别化处理的依据。结合1985年遥感解译数据，近200年江苏省各期建设用地数量估算结果如表8-1和图8-3所示。

表8-1 近200年江苏省历史典型时段分府(市)建设用地数量 （单位：km²）

府/州名	1820年	1911年	1936年	市名①	1952年	1985年
江宁	61.97	66.22	105.27	南京	107.28	792.67
镇江	78.26	60.43	74.58	无锡	107.17	394.34
常州	149.53	76.06	157.05	徐州	225.63	1832.11
苏州	197.32	86.92	111.81	常州	76.01	336.83
太仓	19.36	12.72	27.40	苏州	145.35	532.59
通州	54.56	144.54	219.91	南通	301.81	331.75
海门	11.41	17.52	37.58	连云港	103.66	996.25
扬州	169.79	191.64	315.29	淮安	135.44	1564.71
淮安	85.02	164.44	254.04	盐城	227.85	987.07
泗州	36.73	19.21	49.03	扬州	163.31	595.69
海州	30.07	80.68	116.67	镇江	61.27	306.11
徐州	69.45	121.55	203.76	泰州	193.35	454.94
				宿迁	132.19	1562.12
总计	963.47	1041.93	1672.39	总计	1980.32	10687.18

①为了便于统计和对比，此处"市名"及所代表的行政区划范围以2017年为准。

8.3.2 典型时段建设用地空间重建

1）空间配置原则

建设用地空间重建基于以下基本假设：①与建设用地布局相关的地貌等自然

资源条件不随时间变化;②现代建设用地由历史建设用地逐步扩张发展而来,历史城市用地、市镇用地、农村聚落用地的范围不超过现代相应城市用地、城镇用地、城镇村用地的界线,已消亡的历史城市除外;③历史城市治所点均分布于现

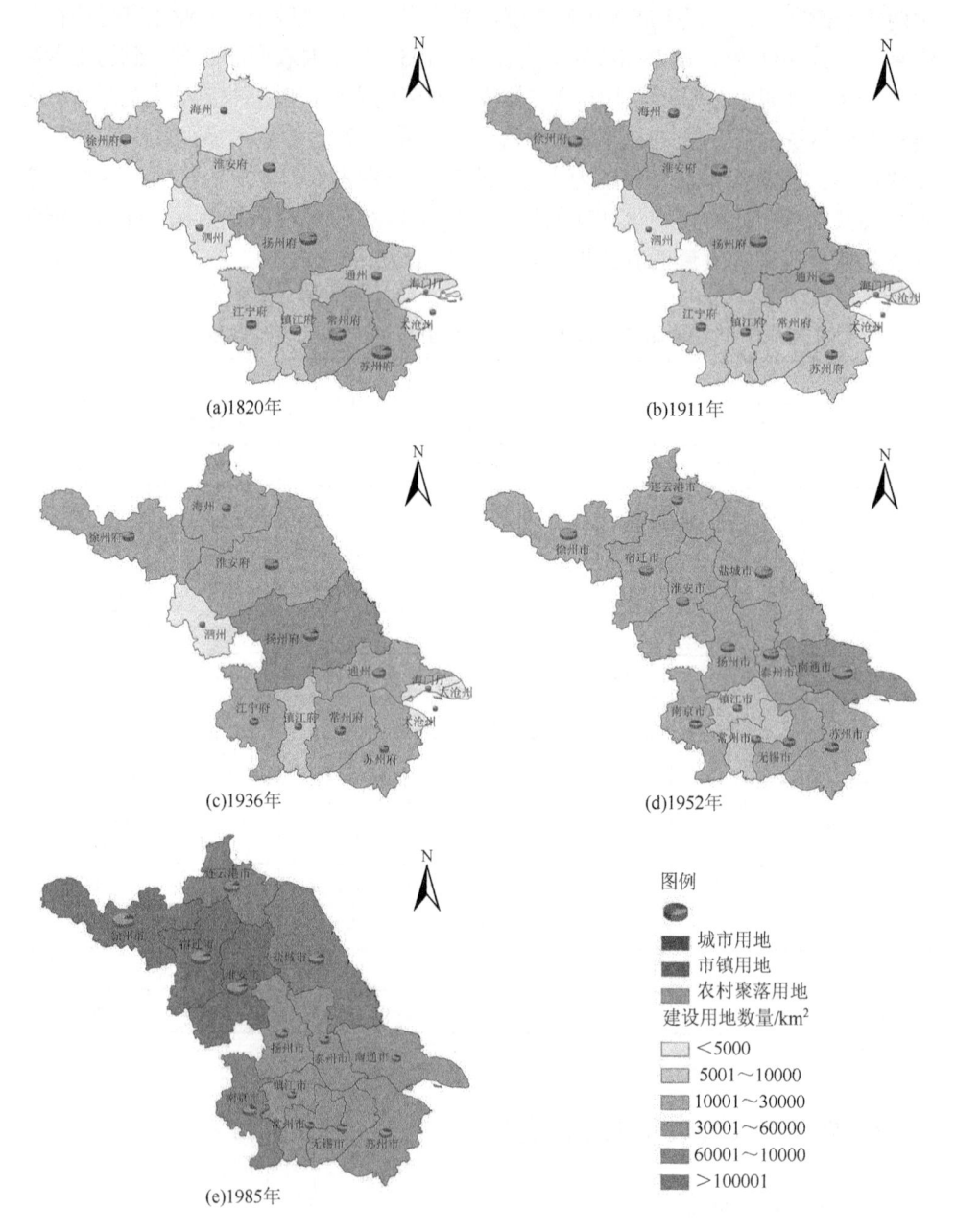

图 8-3 近 200 年江苏省历史典型时段分府(市)城镇村用地数量变化

代城市范围内。对于历史过程中存在但现今消亡的城镇,结合历史城市的存废考证补充;④仅考虑村镇用地间正向演化,即村镇用地转化为城市用地及农村聚落用地转化为市镇用地或城市用地,不考虑城镇用地间的逆向演化。

2) 配置方法与配置结果

建设用地空间分布受自然与人文因素共同影响。从宜居、安全和生活生产便利角度,选取高程、坡度、距水域距离等自然条件指标,距道路、城镇、农村聚落点距离等社会经济指标,建立评价模型,熵权法确权,形成用地适宜性配置底图,兼顾用地连片性进行空间重建。

基期(1820年)以城市治所点、市镇点及农村聚落点为中心,其中城市以城池形态为控制边界,基于栅格适宜性及连片性(林忆南等,2015),将估算的城市、市镇及农村聚落用地规模对应的栅格数量分别确定为相应用地。其中,基期城市治所点、市镇点及农村聚落点,分别在现代城市点、城镇点及城镇村聚落点(由用地转化而来)范围内按城市存废情况、各府考证市镇数量、各府农村聚落用地估算数量所对应的聚落点数量根据现代治所位置、市镇及农村聚落用地面积按适宜性评价值择优确定。

过程期(1911年、1936年、1952年)城市用地、市镇用地及农村聚落用地分别在现代城市用地、城镇用地及城镇村聚落用地范围内进行扩张。城市用地按适宜性及连片性特征于城墙范围内扩增后发展至城墙外。市镇用地与农村聚落用地均按用地适宜性值高低确定用地空间位置。相应技术路线如图8-4所示。

根据上述方法,得到各时段下的建设用地空间格局。为便于显示,将布尔型数据(200m×200m)转为比例型数据(1km×1km)(图8-5)。从图8-5中可以发现,近200年来江苏省建设用地总量呈显著增长趋势,但不同区域、不同时段的增长特征差别显著。建设用地空间分布上具有亲水网、路网等特征,并随居民点极化与扩散效应而不断扩张。

清中期(1820年),江苏省建设用地主要集中于苏州府、常州府等苏南地区,包括江宁府、镇江府、常州府、苏州府、太仓州在内的苏南地区的建设用地约占全省建设用地总量的一半。这一农业社会时期,水域对聚落空间格局影响较大,出于生产、生活的需要,区域中心聚落往往位于主要支流与干流的交汇处。农村聚落也因农耕灌溉等需要,多沿河流、湖泊分布。聚落分布密度,长江以南至太湖及周边众多小湖泊范围内的镇江府、常州府、苏州府中北部最密;苏中高邮湖一带的扬州府中部及西南部,长江以北的通州西部,苏北黄河下游入海江苏境内一段的淮安府西北部次之。至清末民初(1911年),苏南地区受战争影响用地分布密度骤减;苏中各府及苏北淮安府、徐州府、海州建设用地总量略有增长。苏北淮安府中部及徐州府西南部的建设用地分布密度有所增长。至民国中期(1936年),建设用地在苏中通州西部、扬州中部及在苏北骆马湖周边一带的徐州府东南部、灌河一带的海州南部、淮安府北部及中部、泗州西南部分布较为密集。同期又因为公路和铁路的修建，建设用地数量快速增长。至中华人民共和国成立初期（1952年），建设用地在民国中期的基础有所增长，其中南通沿海地区用地分布密度增长较为明显，而淮安中南部用地分布密度因水域面积减小而有所减少。

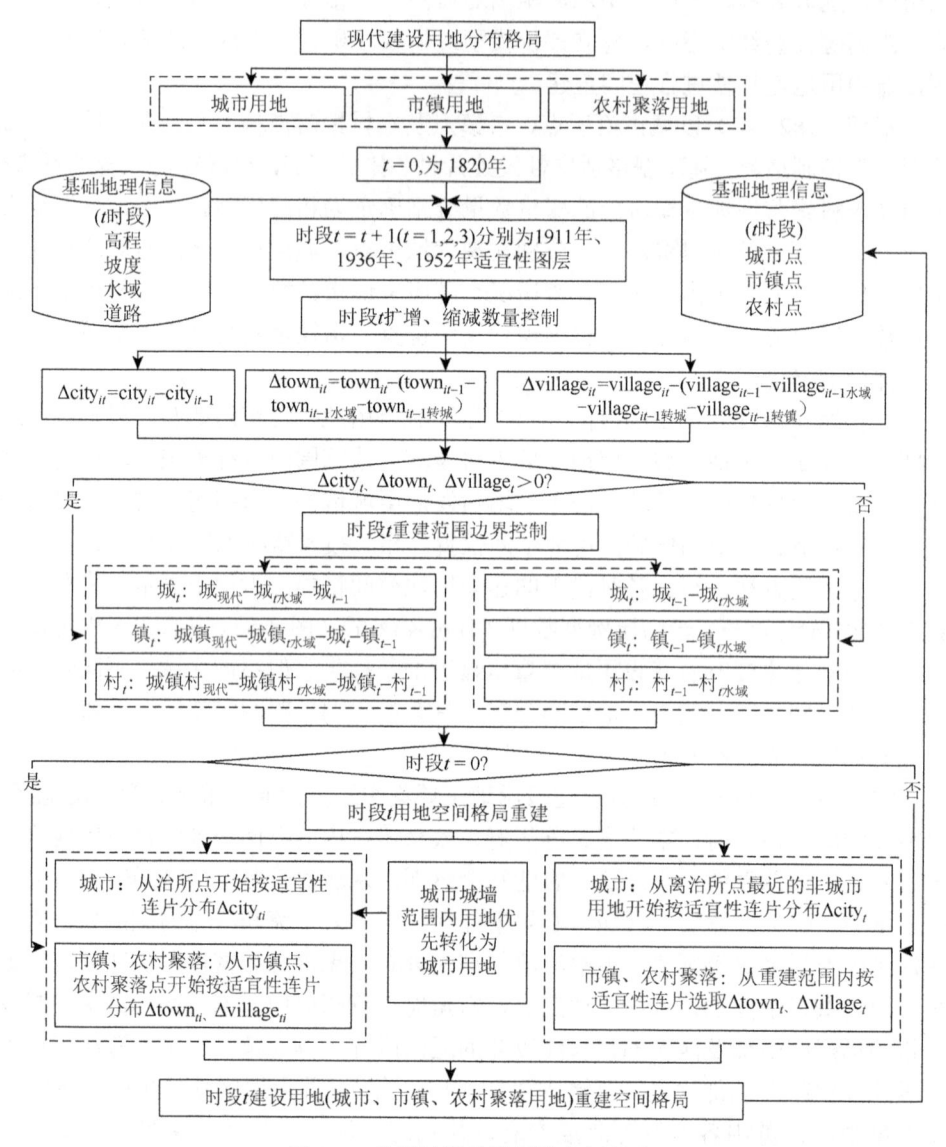

图 8-4 典型时段建设用地空间重建

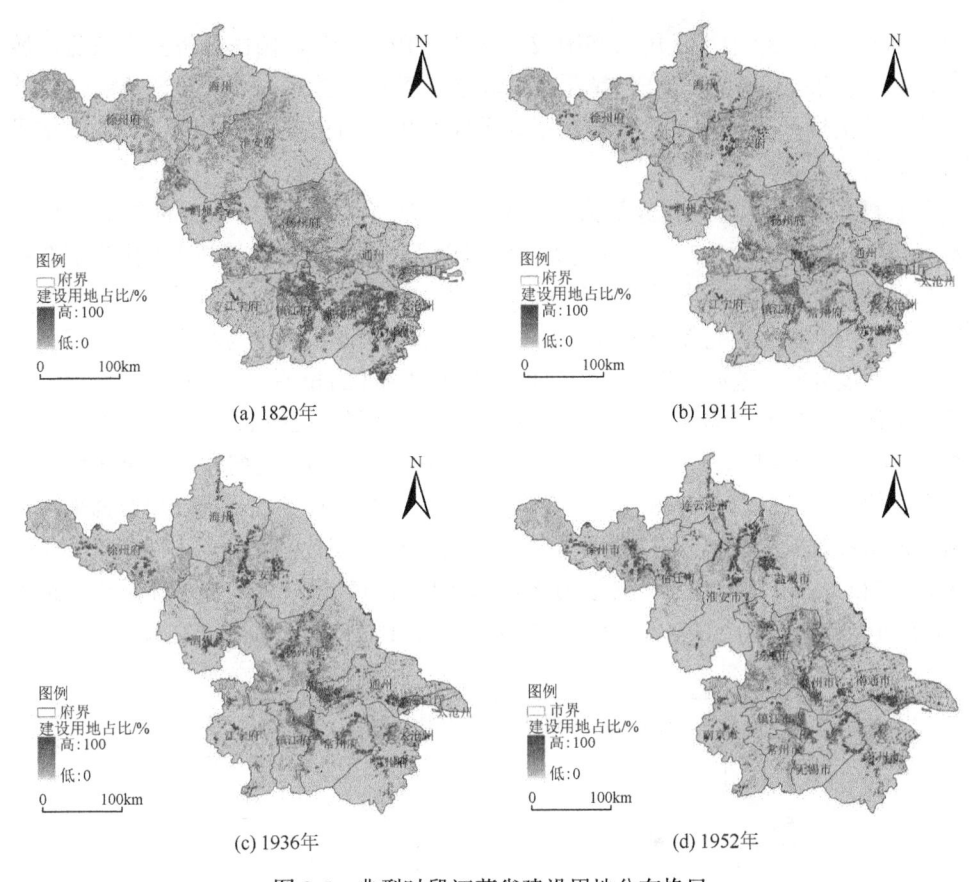

第8章 历史城乡建设用地数量估算与空间重建

(a) 1820年

(b) 1911年

(c) 1936年

(d) 1952年

图 8-5 典型时段江苏省建设用地分布格局

8.4 建设用地重建结果验证

8.4.1 趋势验证与相关性验证

城镇用地。清中期（1820 年），江宁府、苏州府因作为江宁布政史司及江苏布政史司的治所之地，人口城镇化率较其他府城高，两府城镇用地面积约占全省城镇用地面积的一半。这一时期，苏中、苏北地区的城镇发展缓慢。至清末民初（1911 年），因鸦片战争（1840~1842 年）及太平天国运动（1851~1864 年）的爆发，苏南地区所受影响较大，城镇人口骤减，城内惨遭焚掠，建设用地数量因战争摧毁和人口骤减而大量减少，后逐渐恢复，城镇用地数量增长幅度小于苏中及苏北地区，其中江宁府城镇用地数量较少，约占 20%。至民国中期（1936 年），江苏社会环境相对稳定，民族工商业在城镇逐渐发展，城镇用地面积稳定增长，全省城镇用地面积约占建设用地总面积的 16%，苏南各府城镇用地面积仍高于苏中、苏北地区。至中华人民共和国成立初期（1952年），国民经济基本恢复，城乡建设与发展显著加快，在城镇用地面积上，苏南、苏中、苏北呈现逐级递减的态势。从上述历史过程来看，城镇用地重建结果与历史实际基本吻合，数据结果与总体趋势基本一致。

农村聚落用地。农耕社会，人们的生活、生产资料来源于区域内的资源与环境，特别是共同作为农业生产基地的耕地与农村聚落。耕地是农民最基本的生产资料和生存资源，农耕经济是农村聚落存在、发展的经济基础。农村聚落是农民的住所，也是进行饲养畜禽、仓储粮食的地方。耕地与农村聚落的发展是相互关联、相互促进的。通过分析重建时段农村聚落面积与耕地数量间的相关性，可在一定程度上判断数量估算结果的可靠性。耕地数据中清代利用曹雪等（2014）的重建结果；民国数据主要参考《中国近代农业生产及贸易统计资料》《中国土地问题之统计分析》《中国农业的发展（1368—1968年）》等补充订正；中华人民共和国成立后数据采用全国土地概查数据及中国经济统计数据库。采用SPSS统计分析，1820年、1911年、1936年和1952年府（市）级农村聚落用地与耕地数量规模的相关性系数分别为0.531、0.720、0.746、0.769，分别在10%、1%、1%、1%的水平上显著（图8-6）。

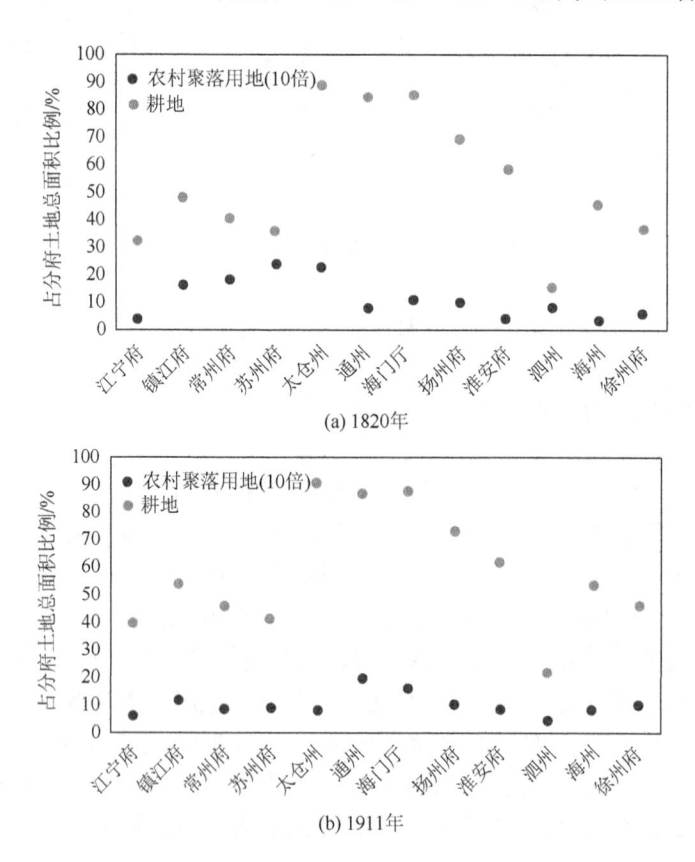

(a) 1820年

(b) 1911年

(c) 1936年

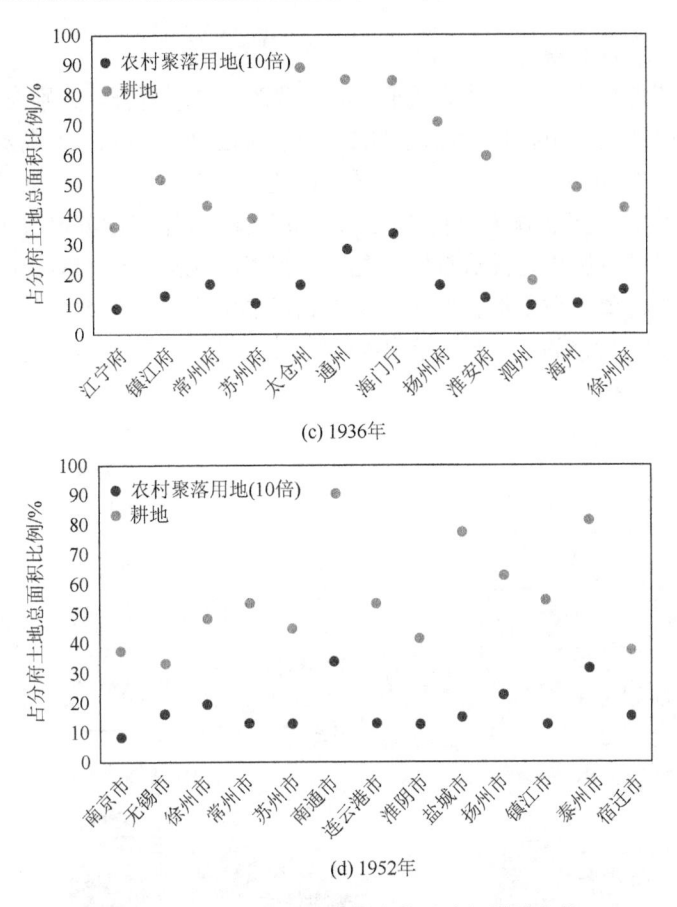

(d) 1952年

图 8-6 典型时段分府农村聚落用地与耕地占比

8.4.2 典型时段定量验证

为评估重建结果的可靠性，从历史数据的可得性出发，将重建结果与一定时期特定区域的历史地图进行直接对比，选用重建村镇点数量与历史地图集中村镇点数量的绝对误差、相对误差及覆盖率等指标对重建结果的精度进行定量评估。

$$AE = rr - hm \tag{8-5}$$

$$RE = (rr - hm)/hm \times 100\% \tag{8-6}$$

$$CR = ca/hm \times 100\% \tag{8-7}$$

式中，AE、RE、CR 分别为重建村镇点数量与历史地图集中村镇点数量的绝对误差、相对误差、重建村镇点 1km 范围内的历史地图集中村镇点覆盖率；rr 为重建村镇点数量；hm 为历史地图集中村镇点数量；ca 为重建村镇点 1km 范围内的历史地图集中村镇点数量。

综合江苏省平原广阔、地势低平、水网稠密等区域特征，分别在苏南、苏中、苏北地区选取地处宁镇扬丘陵岗地区的丹阳县［图8-7（a）］、太湖水网平原区的常熟县［图8-7（b）］、长江冲积平原区的南通县［图8-7（c）］、徐淮黄泛平原区的宿迁县［图8-7（d）］作为评价样区。以20世纪30年代江苏日版军事地图作为评价底图，经过对历史地图进行空间配准和投影转化后，分别对样区内重建及历史地图集中的村镇点数量进行对比。考虑到可能的测绘及配准误差，以重建村镇点1km为范围设定缓冲区，将此范围内与历史地图中一致的点作为有效点，评估结果如图8-7和表8-2所示。

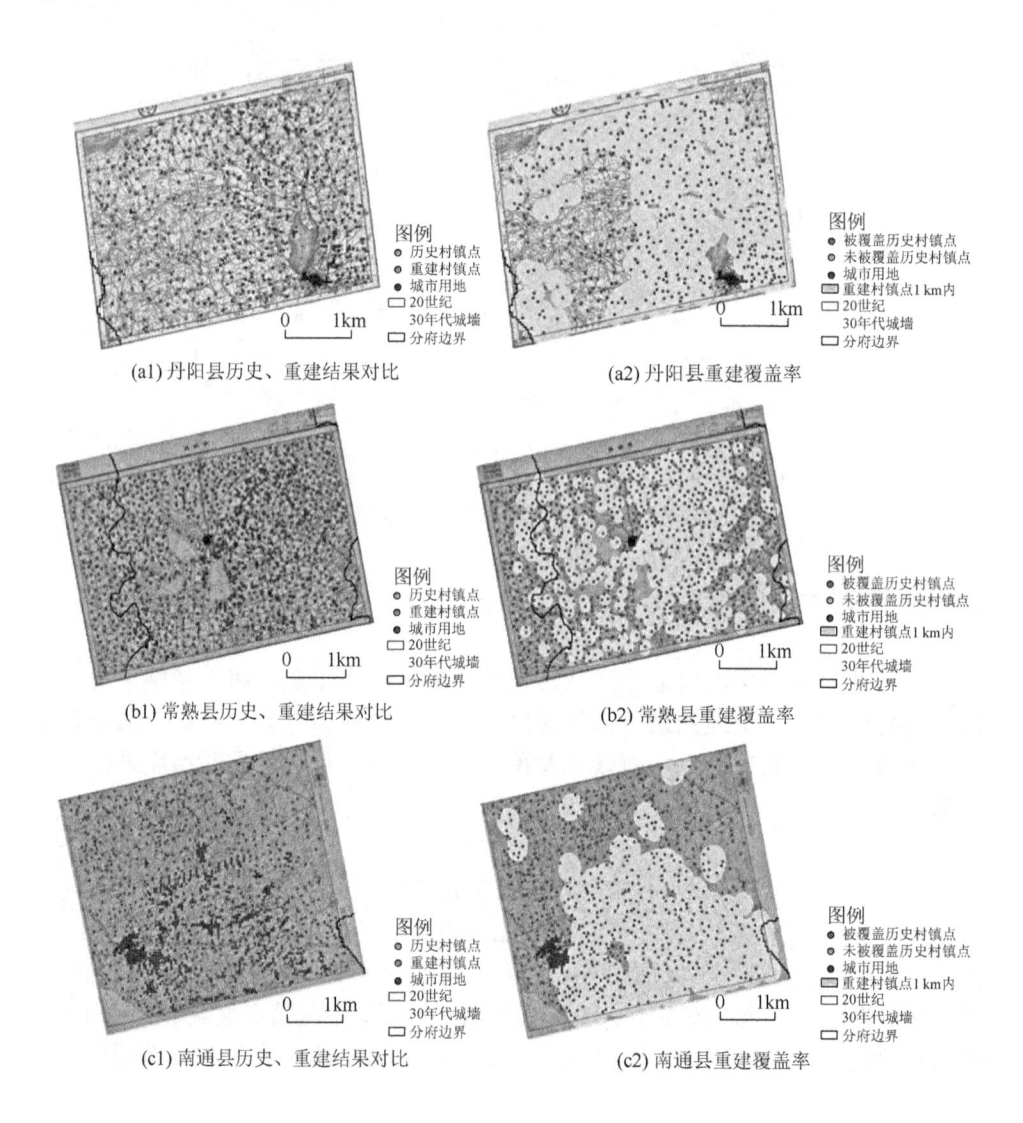

(a1) 丹阳县历史、重建结果对比

(a2) 丹阳县重建覆盖率

(b1) 常熟县历史、重建结果对比

(b2) 常熟县重建覆盖率

(c1) 南通县历史、重建结果对比

(c2) 南通县重建覆盖率

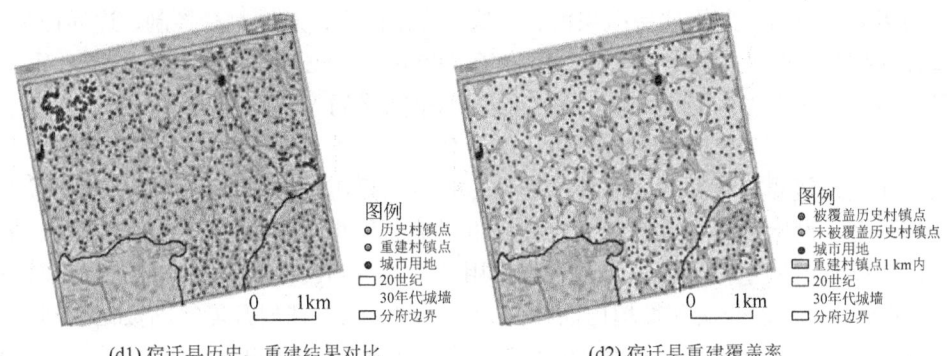

(d1) 宿迁县历史、重建结果对比　　　　　　(d2) 宿迁县重建覆盖率

图 8-7　典型区历史地图（20 世纪 30 年代）与重建结果（1936 年）评估结果

表 8-2　典型区重建结果精度评估

评价样区		AE	RE/%	CR/%
苏南	宁镇扬丘陵岗地区	−139	−30.82	76.72
	太湖水网平原区	−40	−4.45	62.03
苏中	长江冲积平原区	−31	−4.45	56.67
苏北	徐淮黄泛平原区	176	32.47	74.72
平均值		−8.5	−1.81	67.54

在 4 个评价样区中，从数量上看，重建结果中共有 2554 个村镇点；历史地图中对应的样区内共有 2588 个村镇点，数量误差率为−1.81%。其中，苏南太湖水网平原区、苏中长江冲积平原区相对误差较低，均为−4.45%；苏南宁镇扬丘陵岗地区、苏北徐淮黄泛平原区相对误差分别为−30.82%和 32.47%。从空间格局上看，在重建村镇点 1km 范围内的历史村镇点占比平均达 67.54%。其中，苏南宁镇扬丘陵岗地区、苏北徐淮黄泛平原区相对高，分别为 76.72%、74.72%；苏南太湖水网平原区次之，为 62.03%；苏中长江冲积平原区最低，为 56.67%。整体而言，重建模型的模拟精度较为理想。

8.5　本章小结

本书利用历史文献、统计资料、土地利用、基础地理信息等多种数据来源，结合历史建设用地变化特点，以城镇用地与农村聚落用地为重建对象，提出了数量重建控制下的空间格局重建的历史建设用地重建思路。城镇用地数量采用城垣、市镇四栅等代用指标估算，以及人口数量、人均用地数量推导；农村聚落用地数量采用人口数量、人均住房面积推导，基于一定假设，通过数量控制、边界控制、适宜性控制，兼顾用地连片性等原则，在 200m×200m 空间网格下，估算并重建了近 200 年 5 个时间断面下的江苏建设用地空间格局。

从结果上看，在典型历史断面（1820 年）下，覆盖研究区的不同研究成果之间存在较大差异。其中何凡能等（2002）利用《嘉庆重修一统志》中记载的城垣周长数据，设定相同行政等级对应的城市用地面积相等，采用方周（或圆周）求积，辅以一定偏差校正推算江苏省城市用地数量为 185.77km^2（其中江宁府面积为 60km^2，采用现今实测城垣内面积）；潘倩等（2015）在何凡能等的数据基础上，以城市人口比例修正城市用地，得到城市用地数量为 115.54km^2；林忆南等（2015）利用《嘉庆重修一统志》等数据对江苏省内县级及以上城市城垣周长进行逐一考证，累加后得到城市用地数量为 222.9km^2（其中江宁府面积为 146.35km^2，根据文献记载城垣周长推求）。本书在细化历史文献解析的基础上，将城镇用地细分为城市用地与城镇用地。由部分古代测绘地图可知，历史时期城市城墙内部依然存在较大数量的耕地和空地（如金陵城内的空地率达 65%），故城墙虽可作为城市与农村景观的区分线，但就土地利用方式和利用强度而言，将其作为城市用地与农村聚落用地分界线的合理性有待商榷。因此，采用空地率对基于城垣周长推算的城市用地规模进行修正，得到的 1820 年江苏省城市用地数量为 58.18km^2（其中江宁府的面积为 21km^2，根据现今实测城垣内面积乘以空地率修正[①]）。这一结果也与历史时期城市用地演化过程中城市用地伴随城市人口增长在城墙内部填充式增长与突破城墙后扩展式增长的一般动态演变特点相符合。农村聚落用地方面，不同的农村人均用地水平代用指标是农村聚落用地数量的差异来源。潘倩等（2015）以 1985 年的农村人均用地水平数据，得到 1820 年江苏省的农村聚落用地数量为 4724.68km^2；林忆南等（2015）选用 1978 年农村人均住房面积、住宅容积率推算的用地水平作为代用指标且省内农村人均用地均相等，得到的农村聚落用地数量为 783.93km^2。本章利用更为接近历史时期的 20 世纪 30 年代农村人均住房面积分区调查数据与住宅容积率推算的用地水平作为代用指标，得到农村聚落用地数量为 853.23km^2，这一结果更有利于体现省内不同地区的差异性。

与现有研究结果相比，本章的突破之处主要体现在以下方面：①扩展了重建对象，丰富了重建时段。在现有研究多以城市用地（何凡能等，2002）或城市用地与农村聚落用地（潘倩等，2015；林忆南等，2015）为研究对象的基础上，进一步将城镇用地划分为城市用地和市镇用地，弥补了县级行政单位下建设用地集聚载体的空缺，并在典型历史断面研究的基础上，借助代用参数，补充了近现代 3 个时期的研究成果，为连续时空重建结果创造了条件。②拓展了表征参数，加

---

① 参考方修琦等（2002）对北京城的研究，1913 年北京城的城内面积为 47.1km^2，本书所得结果更贴近历史。

强了参数修正。通过较为缜密的文献考证，在历史人口数量、人均用地面积等传统参数的基础上，引入了市镇四栅、农村住房容积率等表征参数；考虑到不同参数在适用条件、区域适用等方面的差异，进一步引入了城镇人均会馆商会数量、农村人均互助社数量等修正系数，从而使得重建形成的建设用地数量更接近历史实际。③强化了结果验证。针对现有研究强调模型方法，而在结果检验（验证）方面存在的不足，本书综合了建设用地变化过程与格局趋势验证、建设用地与生产协调性分析的相关性验证、居民点空间数量与格局分析的典型时段定量验证等直接和间接检验方法，加强了对重建结果合理性的解释。

第9章 历史土地利用格局全地类重建

针对当前历史土地利用空间重建研究多基于单一地类且空间分辨率较低的特征，本章尝试提出较高分辨率全地类土地利用空间重建方法。以1820年为时间断面，以现代江苏省域为研究区，以历史文献记载、历史地理学研究成果、现代统计数据、自然环境数据等为支撑，将土地利用类型划分为耕地、聚落用地（含城镇用地、农村居民点用地）、水域和其他用地［含林（草）地及未利用地］，考虑区域自然资源和社会经济特征，提出理论假设，对府级耕地、城镇用地、农村居民点用地数量进行修正。在修正历史府级土地利用数量后，沿用"将今论古"的基本思想，以现代土地利用格局为基础，从人地关系角度，考虑区域自然资源特点，结合历史地理学相关研究成果，提出历史土地利用全地类分析框架，在100m×100m空间格网下重建该历史断面下江苏省土地利用格局并进行数据检验，以期为LUCC及气候变化相关研究提供参考。本章技术路线图见图9-1。

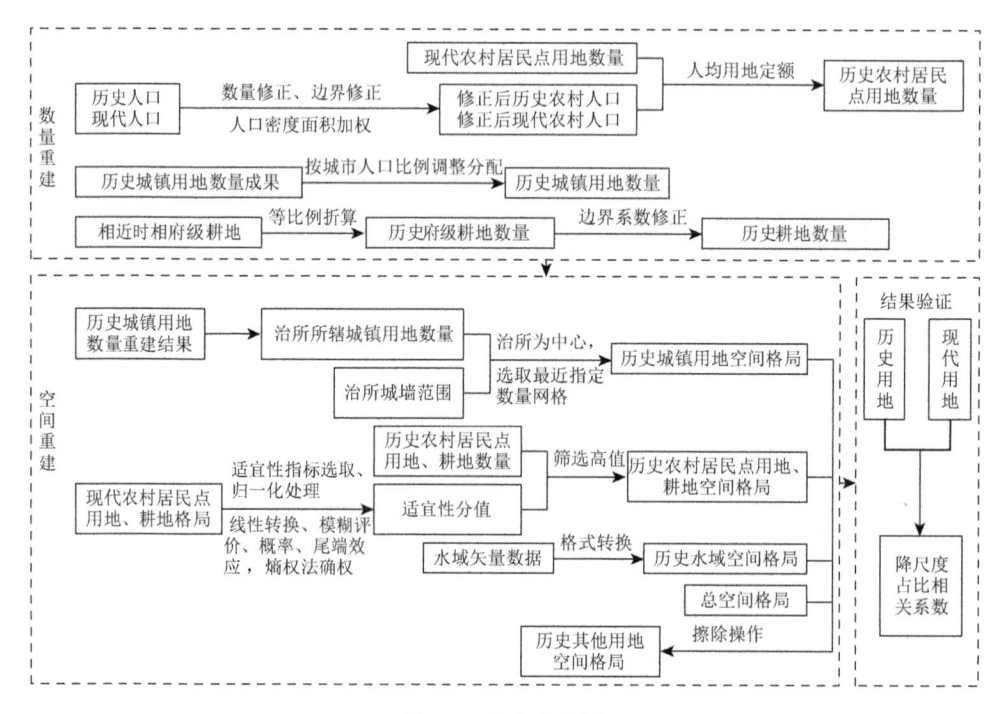

图 9-1 技术路线图

9.1 重建空间尺度及土地利用类型划分

1）重建空间尺度设定

为有效反映农村居民点历史特征，考虑现代江苏省农村居民点平均面积（田光进等，2002），结合用于反演的现代土地利用数据精度，本书将网格单元设为100m×100m。

2）重建土地利用类型划分

参考江苏省 1985 年土地利用数据、前人研究结果（王树槐，1984），结合土地利用特征（沈文星和马天乐，1994；吴传钧和郭焕成，1994；王树声，2009；鲁西奇，2011）与数据限制，本书对现代土地利用分类进行归并，将重建地类划分为耕地、聚落用地、水域和其他用地［林（草地）及未利用地］4 个一级类，其中，聚落用地进一步划分为城镇用地和农村居民点用地，同时城镇用地只考虑省府、府城（直隶厅、直隶州）和县城[①]的内城区（城垣内区域）[②]。

9.2 历史土地利用数量重建

9.2.1 聚落用地数量修正与重建

1）城市、农村人口数量修正

1820 年府级城市人口，参考江苏城市、人口的研究成果（曹树基，2002；樊树志，1990；王树槐，1984），依据本书时间断面及分析范围，经甄选修正[③]后获取。

1820 年府级农村人口，以 1820 年分府总人口与城市人口的差值计算。

1985 年市级农村人口，以总人口和农业人口比例（为减少随机性，取 1984～1986 年的平均值）的乘积计算。

修正行政界线后府级农村人口，通过人口密度面积加权法计取。

$$PR_i(1820) = PT_i(1820) - PU_i(1820) \tag{9-1}$$

---

① 本书中，历史政区分省、府（直隶厅、直隶州）、县（散厅、散州）3 级，等级相当于现代政区中省、市、县。治所为地方政府驻地，包括省治、府（州）治、县治等。县分为普通县和附郭县，其中，普通县指县治、府治不建于一处的县；附郭县指没有独立县城而将县治附设于府（州）城的县。

② 因全省情况难以逐一考证，不考虑城垣内存在耕地的情况。

③ 第一，为便于后续行政线修正处理，分析范围在 1820 年江苏省行政区划基础上，纳入安徽省泗州；第二，按府、县两级，忽略其他城镇等级，依照府城特征，对各府县人口进行补充和修正；第三，将府城、县城数量修正到 1820 年政区内对应值；第四，普通县人口采用县城的 1.2 万，附郭县人口采用中等市镇的 1.5 万。

$$\mathrm{PR}_i(1985) = \mathrm{PT}_i(1985) \times \left[1 - \frac{1}{3} \times \sum_{j=1984}^{1986} \frac{\mathrm{PU}_i(j)}{\mathrm{PT}_i(j)}\right] \quad (9\text{-}2)$$

$$\mathrm{RPR}_i(t) = \sum_{j=1}^{n} \frac{\mathrm{PR}_{ij}(t)}{S_{ij}} \sum_{k=1}^{m} S_{ijk} \quad (9\text{-}3)$$

式中，PR_i（1820）为1820年i府农村人口；PT_i（1820）为1820年i府总人口；PU_i（1820）为1820年i府城市人口；PR_i（1985）为1985年i市农村人口；$\mathrm{PT}_i(j)$为j年份i市总人口；$\mathrm{PU}_i(j)$为j年份i市非农人口；$\mathrm{RPR}_i(t)$为t年份i府农村人口；$\mathrm{PR}_{ij}(t)$为与i府有公共区域的j府（市）t年份农村人口；t取1820年、1985年；S_{ij}为与i府有公共区域的j府（市）面积；S_{ijk}为在i府范围内的j府（市）k部分面积；m为在i府范围内的j府（市）被分割的多边形单元数量；n为与i府有公共区域的府（市）级单元数量。

2）农村居民点用地数量重建

关于历史农村居民点用地数量的记载及研究较少。考虑到改革开放前，中国社会经济发展处于低速稳定阶段，受户籍管理制度控制和经济发展水平限制，城镇建设和城市化进程较为缓慢（汤茂林和姚士谋，1999），农村居民住房结构变化幅度不大，因此，假设1820年、1985年分府人均农村居民点用地面积基本稳定，并以此估算1820年府级农村居民点用地面积。方法如下：

$$G_i(1820) = \frac{\mathrm{RPR}_i(1820) \times G_i(1985)}{\mathrm{RPR}_i(1985)} \quad (9\text{-}4)$$

式中，$G_i(t)$为t年份i府农村居民点用地面积；$\mathrm{RPR}_i(t)$为t年份i府农村人口；t可取1820年、1985年。

3）城镇用地数量重建

采用本书第5章重建的1820年城镇用地数量成果。因城市人口数量不一，而史实中城市规模与人口数量一般存在相关关系，在上述成果基础上，根据城市人口比例修正城镇用地，将府城、县城的城镇用地面积按城市人口比例（亦即城市化率）对第5章的成果调整分配：

$$U_i = \frac{a \times m \times X_i}{\sum_{i=1}^{m} X_i} \quad (9\text{-}5)$$

$$V_j = \frac{b \times n \times Y_j}{\sum_{j=1}^{n} Y_j} \quad (9\text{-}6)$$

式中，U_i、V_j分别为i府、j县的城镇用地面积；a、b分别为府城、县城的城镇用地平均面积；m、n分别为府城、县城的数量；X_i、Y_j分别为i府、j县的城市人口。

9.2.2 耕地数量重建

现有历史耕地数量研究多以省域为单元，依据田亩数据修正或人均耕地数估算。江苏省内部耕地质量和人均耕地数量差异较大，上述方法会导致较大误差。考虑到江苏省内历史时期各府耕地变化幅度相对一致，本书采用等比例折算法重建分府耕地数量。

假设1820年和1932年各府耕地在省内所占比例稳定，由1932年分县耕地、1820年江苏（包括上海市）和安徽耕地数量可得1820年分府耕地数量（不考虑海岸线影响）。同时，因行政边界变动，需进行耕地数量修正，其中，将外边界修正到与现代一致时，由此产生若干耕地面积变化区域，即"修正区域"。重建方法如下。

（1）计算未修正行政界线前各府耕地面积：

$$Y_{h,i} = \frac{X_{h,i} \times Y_h}{\sum_{h=1}^{2}\sum_{i=1}^{n} X_{h,i}} \tag{9-7}$$

式中，$Y_{h,i}$为1820年h省i府耕地面积；$X_{h,i}$为1932年h省i府耕地面积；Y_h为1820年h省耕地面积；1820年，对隶属安徽省的泗州，$h=1$；1820年，对除泗州，隶属江苏省的其他府，$h=2$；n为研究府级单元数量。

（2）计算修正行政界线后各府耕地面积：

$$R_j = \sum_{j,k=1}^{n}(a_j \times \beta_k) \tag{9-8}$$

$$\mathrm{YR}_{h,i} = Y_{h,i} \times \sum_{j=1}^{m}(1 + \lambda \times R_j) \tag{9-9}$$

式中，R_j为修正比例系数；a_j为修正区域j占其所在县k的土地面积比例；β_k为1932年修正区域j所在县k占其所在府耕地面积比例；当变动幅度很小或修正区域所在县耕地面积未知时，R_j可由修正区域j土地面积占所在府土地面积比例得到；$Y_{h,i}$为1820年h省i府耕地面积；$\mathrm{YR}_{h,i}$为界线修正后1820年h省i府耕地面积。对于λ，如果修正区域j向1820年范围外扩展，$\lambda=1$；反之，如果向1820年范围内缩减，$\lambda=-1$。

（3）纳入以上计算的耕地数量。

9.3 历史土地利用全地类重建

9.3.1 城镇用地空间重建

为确定城镇用地空间分布，考量与治所邻近度，提出基本假设：以治所为中心，将多级治所[①]对应行政单元所辖城镇用地面积之和折算成网格单元数量（设为 i），距离其最近的 i 个现代城镇用地所在网格为历史城镇用地空间分配位置。

9.3.2 农村居民点用地、耕地空间重建

历史人口倾向于先在最宜居的地方生存并开垦质量高的耕地，通过适宜性评价、熵权法确权和数量控制，进行农村居民点用地和耕地空间配置。

1）地类可能分布最大范围确定

历史农村居民点用地最大分布范围确定：假设现代农村居民点用地和城镇用地（去除重建城镇用地所在的连片网格和与历史水域重叠的城镇用地后）为历史农村居民点用地最大分布范围，即"潜在农村居民点用地"。对于清代城市化率高、农村人口膨胀的江宁府、苏州府，其农村居民点用地面积也超过现代水平，进行包括耕作半径外剔除、焦点统计总体选取、随机选取等操作，扩大分布范围。

耕地最大分布范围确定：假设 1985 年（大规模城市化建设前）耕地分布为历史耕地可能分布最大范围，同时，为避免城镇用地与耕地间出现断裂带，将已重建城镇用地所在连片网格去除已重建城镇用地后的极少量网格用地类型也设为耕地。

假设验证：采用部分地区 20 世纪 60 年代 CORONA 影像与 80 年代遥感影像进行判断，上述假设基本准确。

2）评价指标选取

农村居民点用地与耕地分布是在自然因素与人类活动共同作用下形成的，结合前人研究成果（林超等，1946；金其铭，1988；谢花林和李波，2008），选取的适宜性评价指标如表 9-1 所示。

3）指标归一化处理

为消除量纲影响，同时考虑到部分指标对评分值的影响非线性，采用异质化

[①] 分单一治所、府县同城、多县同城三种情况。单一治所情况仅存在于直隶州、直隶厅、普通县中。府县同城指府、县（多县）治所建于一处；多县同城指多个县城共有一个治所。

归一化处理方法。指标归一化值为 0 时,调整为次小值的 0.1 倍,以避免后续熵权法计算值无效。

表 9-1 农村居民点用地与耕地适宜性评价指标体系

目标层	指标层	属性	权重(农村居民点用地)	权重(耕地)
自然条件	高程	区间值	0.256	0.408
	坡度	区间值	0.114	0.168
	离最近河流距离	负指标	0.100	0.133
	土壤质地	区间值	—	0.031
	pH	区间值	—	0.015
	全氮	正指标	—	0.024
	全磷	正指标	—	0.019
	全钾	正指标	—	0.006
	土壤有机质含量	正指标	—	0.029
社会经济条件	离最近村镇距离	负指标	0.112	0.151
	离最近县城距离	负指标	0.077	—
	居民点等级	正指标	0.340	—
	耕地连片性	正指标	—	0.017

农村居民点用地评价指标量化与归一化处理:

(1)地形(包括高程、坡度)。以高程为例,采用与不同高程值所在网格对应的农村居民点用地分布适宜性程度来反映实际情况并构建隶属度函数。同时,借鉴模糊统计法,将不同高程值与所对应的隶属度及其概率分布曲线相联系(易昊旻等,2013),分布概率值越大,适宜性程度越高。最终归一化处理方法如下式所示。

$$y_i = \frac{N(x_i) - N(x_{\min})}{N(x_{\max}) - N(x_{\min})} \tag{9-10}$$

式中,y_i 为归一化值;$N(x_i)$ 为某高程值下分布现代农村居民点用地数量;$N(x_{\min})$ 为任意高程值下分布现代农村居民点用地最小数量;$N(x_{\max})$ 为任意高程值下分布现代农村居民点用地最大数量。

坡度首先按 1°分类,归一化处理方法同高程。

(2)距离指标(包括离最近村镇距离、离最近县城距离、离最近河流距离)。

首先，因在一定间距范围内或距离范围外，距离指标对适宜性影响不敏感，在极差标准化前，做重分类处理：①参考 1820 年江苏村镇及县城平均半径、河流密度确定重分类间距；②通过与现代农村居民点用地叠加，统计各距离分布的网格数量，按距离从小到大排序，依据尾端效应，对应累计分布个数值为 95%的距离值，设为辐射半径；③对潜在农村居民点用地中辐射半径内的网格，分别以距村镇 500m、距县城 5km、距河流 500m 的距离值为间隔进行重分类，同时，将辐射半径外重的分类值设为辐射半径内重分类最大值＋1。然后通过对各重分类值做极差标准化得到各指标归一化值。

（3）居民点等级。首先，确定居民点等级值，由网格所在的农村居民点用地连片区域面积与网格到所在农村居民点用地连片区域几何中心点距离界定，公式如下：

$$G = \begin{cases} S/(L+100)^2 & S>10000 \\ S/(M+100)^2 & S=10000 \end{cases} \quad (9\text{-}11)$$

式中，S 为地类在现代农村居民点用地的网格所在的农村居民点用地连片区域面积；L 为网格到所在农村居民点用地连片区域几何中心点距离；M 为网格到离其最近的（非所在）农村居民点用地连片区域几何中心点距离；L、M 与 100 求和以降低差异性，防止离中心极近网格分值过大。

其次，值按由大到小排序，将累计分布数量值为 5%处的值设为居民点最高等级。再次，对潜在农村居民点用地所在网格进行相同操作，对大于居民点最高等级的值，设为最高等级＋1。最后，对各重分类值做极差标准化得到指标归一化值。

耕地评价指标量化与归一化处理：

（1）高程、坡度、离最近村镇距离、离最近河流距离。处理方法类似农村居民点用地，与之不同的是，在选取极大极小值时，直接采用现代耕地数据做处理。

（2）土壤表层（0~20cm）指标。氮、磷、钾、土壤质地归一化方法参考党安荣等（2000），pH、土壤有机质含量归一化方法参考周生路等（2004）。

（3）耕地连片性。用 Focal Statistics 函数，按八邻域，依据相邻网格数量进行极差标准化。

4）权重确定与综合评价

权重确定：以熵权法客观确定权重，其出发点是依据某同一指标观测值间的差异程度来反映其重要程度（郭亚军，2007）。最终确定的农村居民点用地，耕地权重见表 9-1。

综合评价所得栅格分值为 $\sum_{i=1}^{n} y_i \times W_i$。分值由高到低排序，按分府数量控制，优先将高值网格赋予相应地类，得到相应的农村居民点用地与耕地空间分布。

9.4 历史土地利用重建结果

通过图层叠加得到 1820 年 100m×100m 江苏省土地利用空间格局。

依照前述思路进行了数量及空间重建（图 9-2 和图 9-3）。对 1820 年江苏省土地利用结构作进一步分析，土地利用总体呈垦殖率较高但建设用地比例较低的特征。同时，不同地理分区的土地利用受人口分布、地形及河网密度等影响，差异较为显著（图 9-4），其中：宁镇扬丘陵区、徐淮平原区、里下河平原区土地利用类型以耕地及其他用地为主，沿海平原区、沿江平原区、太湖平原区以耕地及水域为主；

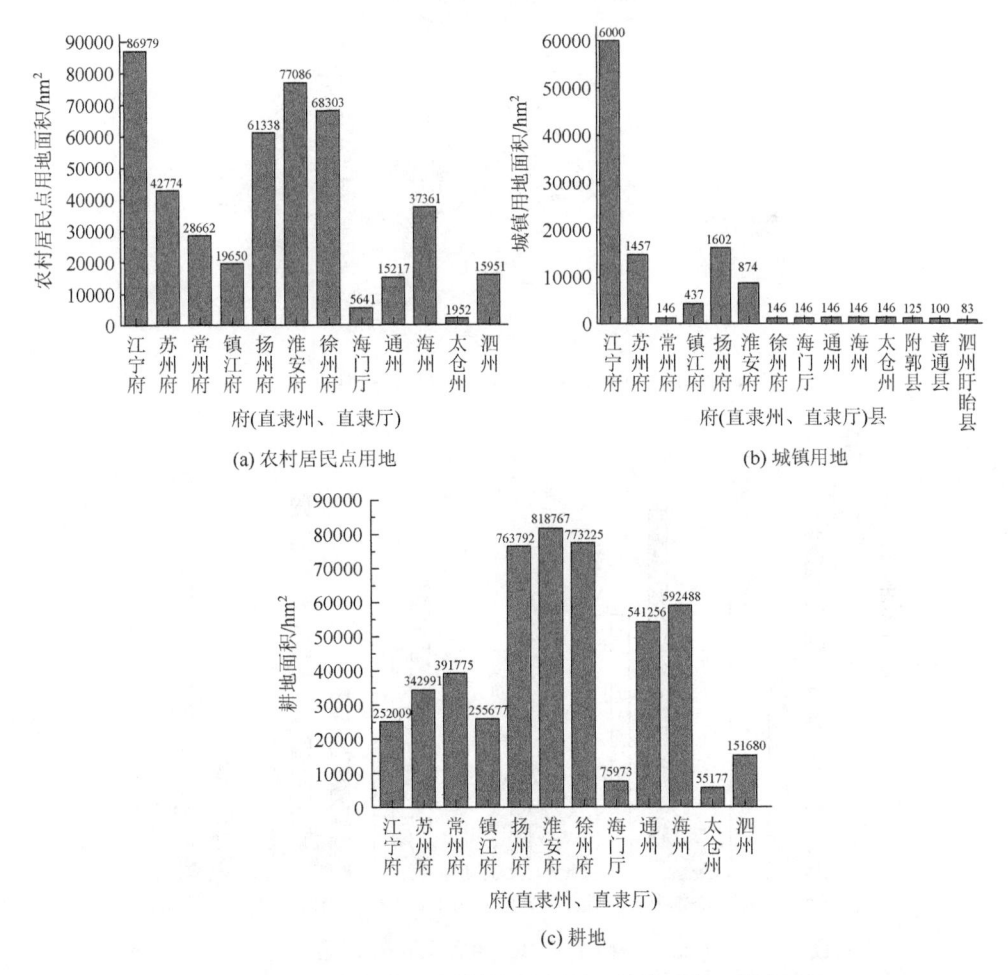

图 9-2 1820 年江苏省农村居民点用地、城镇用地、耕地面积

从整体来看，宁镇扬丘陵区、太湖平原区的城镇用地比例（0.49%及 0.27%）远高于其他地区，农村居民点用地比例（6.94%及 5.21%）也居高值；而沿海平原区城镇用地比例（0.02%）和农村居民点比例（0.94%）均为各分区中的最低值。

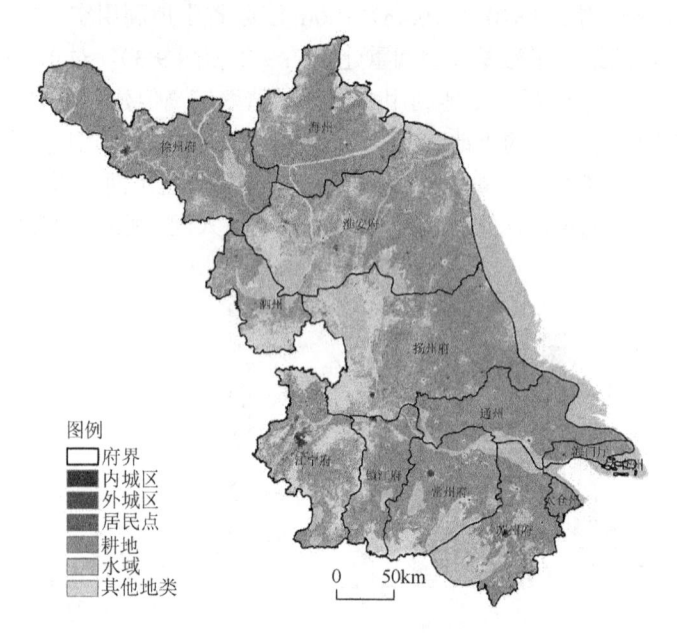

图 9-3　1820 年江苏省土地利用空间格局

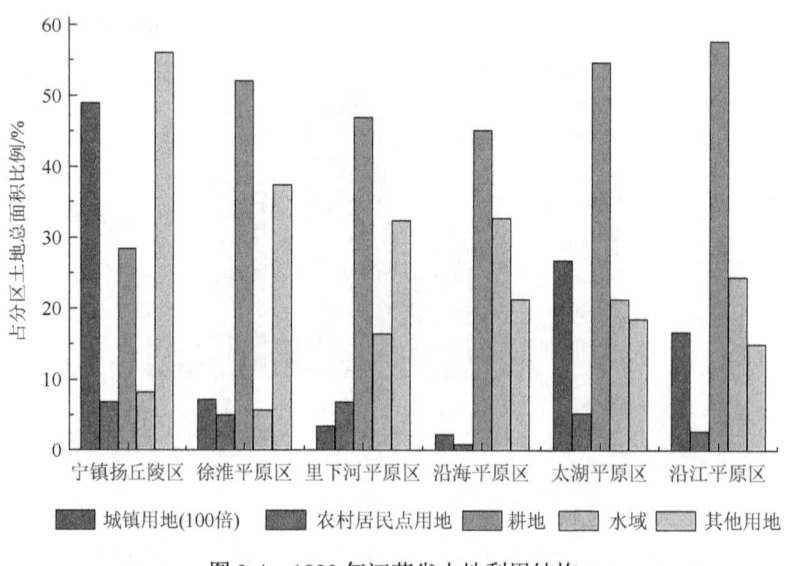

图 9-4　1820 年江苏省土地利用结构

因缺少历史土地利用空间分布数据，难以通过栅格直接比对检验结果的有效性。基于本书以府为单元进行数量重建，农村居民点用地、耕地为直接重建主要地类的特征，通过降尺度分析，分别将 1820 年、1985 年空间数据以 1985 年县域及市域为单元进行区域统计，如果两个年份各县农村居民点用地、耕地占其所在市域农村居民点用地、耕地面积比例呈线性正相关，可间接判断结果可靠性。检验前，对各县数据增长比例离散程度进行分析，数据均方差和变异系数均较大，排除了因发生各县数据增长比例一致情况而线性相关的可能性。

由图 9-5 可知，二者均呈现显著线性关系，R^2 分别为 0.772、0.822，同时，相关系数均大于 0.8，为极显著相关。这在一定程度上表明该研究结果具有一定的合理性。

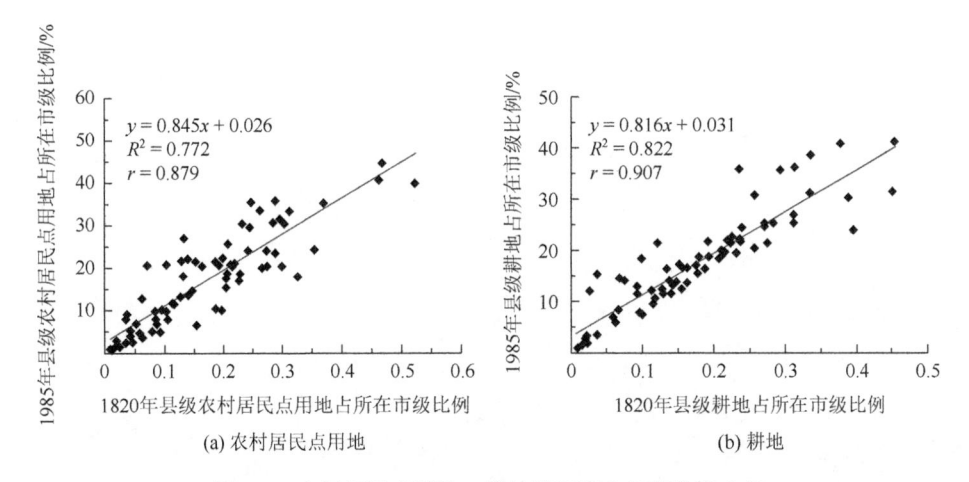

图 9-5 农村居民点用地、耕地降尺度占比相关性分析

9.5 本章小结

（1）本章选取特定历史时段，依据现代自然社会特征，通过设定理论假设及相应数理方法，重建了 100m×100m 空间格网下 1820 年江苏省全地类（耕地、聚落用地、水域和其他用地）土地利用格局，并重点探讨了耕地、建设用地、农村居民点用地空间重建方法。在重建过程中改进了现有研究的常用指标处理方式：加入居民点等级、耕地连片性等指标，考虑了栅格连片性对适宜性评价的影响；针对指标特征采用异质化归一化方法，并考虑尾端效应。因缺少历史栅格数据，最终采用间接验证法，统计检验结果显示本书方法能较为有效地重建历史时期土地利用格局。

（2）受历史资料全面性与精度限制，本章重建结果难以客观重现 1820 年真实的土地利用格局，但仍可视为历史潜在土地利用空间分布，并为区域历史土地利用模拟提供新的借鉴思路。后期，可依托日益细化的历史地理学研究成果，综合考虑区域发展阶段、城乡体系演进、土地利用分区等，对研究成果进行更新，并深入分析普适性、尺度效应及不同时段特征。同时，未来研究中，可分析潜在误差、误差影响程度及如何有效减少误差，并进行敏感性分析，发掘对重建精度影响最大的因素。

参 考 文 献

安徽省人民政府. 2009. 安徽60年[M]. 北京：中国统计出版社.
安徽省统计局, 国家统计局安徽调查总队. 1989. 安徽统计年鉴1989[M]. 北京：中国统计出版社.
安徽省统计局, 国家统计局安徽调查总队. 2001. 安徽统计年鉴2001[M]. 北京：中国统计出版社.
安徽省统计局, 国家统计局安徽调查总队. 2011. 安徽统计年鉴2011[M]. 北京：中国统计出版社.
白淑英, 张树文. 2004. 历史时期土地利用空间信息再现方法初探[J]. 干旱区资源与环境, 18（5）：77-80.
白淑英, 张树文, 张养贞. 2007. 土地利用/土地覆被时空分布100年数字重建——以大庆市杜尔伯特蒙古族自治县为例[J]. 地理学报, 62（4）：427-436.
鲍超, 陈小杰. 2014. 中国城市体系的空间格局研究评述与展望[J]. 地理科学进展, 33（10）：1300-1311.
毕于运, 郑振源. 2000. 建国以来中国实有耕地面积增减变化分析[J]. 资源科学, 22（2）：8-12.
卜凯. 1941. 中国土地利用[M]. 成都：成城出版社.
曹树基. 2001. 清代北方城市人口研究——兼与施坚雅商榷[J]. 中国人口科学,（4）：15-28.
曹树基. 2002. 清代江苏城市人口研究[J]. 杭州师范学院学报（社会科学版），（4）：50-56.
曹树基. 2005. 中国人口史（第五卷）[M]. 上海：复旦大学出版社.
曹树基. 2007. 田祖有神：明清以来的自然灾害及其社会应对机制[M]. 上海：上海交通大学出版社.
曹婉如, 郑锡煌, 黄胜璋. 1997. 中国古代地图集（清代）[M]. 北京：文物出版社.
曹雪, 金晓斌, 王金朔, 等. 2014. 近300年中国耕地数据集重建与耕地变化分析[J]. 地理学报, 69（7）：896-906.
曹雪, 金晓斌, 周寅康. 2013. 清代耕地数据恢复重建方法与实证研究[J]. 地理学报, 68（2）：245-256.
车明亮, 聂宜民, 姜曙千, 等. 2010. 平邑山区农村居民点分形特征及影响因素[J]. 农业工程学报, 26（S2）：360-365.
陈刚. 2014. "数字人文"与历史地理信息化研究[J]. 南京社会科学，（3）：136-142.
陈高佣. 1986. 中国历代天灾人祸表[M]. 上海：上海书店.
陈建新, 邓泽辉. 2005. 长江三角洲与珠江三角洲城镇历史沿革研究[J]. 华南理工大学学报（社会科学版），7（6）：24-31.
陈雯, 闫东升, 孙伟. 2015. 长江三角洲新型城镇化发展问题与态势的判断[J]. 地理研究, 34（3）：397-406.
陈彦光. 2009. 基于Moran统计量的空间自相关理论发展和方法改进[J]. 地理研究, 28（1）：1449-1462.
成一农. 2007. 清代的城市规模与行政等级[J]. 扬州大学学报（人文社会科学版），11（3）：

124-128.
成一农. 2009. 古代城市形态研究方法新探[M]. 北京：社会科学文献出版社.
成一农. 2011. 乌鲁木齐的秘密：现代城市中隐藏的古代城市[J]. 地图，(2)：66-71.
成一农. 2016. 中国古代城池基础资料汇编[M]. 北京：中国社会科学出版社.
成一农. 2019. 与包弼德教授《探寻地图中的主张：以1136年的〈禹迹图〉为例》一文商榷——兼谈历史学中的解释[J]. 清华大学学报（哲学社会科学版），34（3）：99-105.
程方. 2010. 清代山东农业发展与民生研究[D]. 天津：南开大学.
池子华. 2011. 农民工与民国时期苏南农业经济的转轨[J]. 民国研究，(1)：94-101.
池子华，李红英，刘玉梅. 2011. 近代河北灾荒研究[M]. 合肥：合肥工业大学出版社.
党安荣，阎守邕，吴宏歧，等. 2000. 基于GIS的中国土地生产潜力研究[J]. 生态学报，20（6）：910-915.
丁伟，庞瑞洺，许清海，等. 2011. 中国东部暖温带低山丘陵区表土花粉对人类活动的指示意义[J]. 科学通报，(11)：839-847.
董秀茹，尤明英，王秋兵. 2011. 基于土地评价的基本农田划定方法[J]. 农业工程学报，27（4）：336-339.
杜石然，范楚玉，陈美东，等. 2012. 中国科学技术史稿[M]. 北京：北京大学出版社.
段学军，王书国，陈雯. 2008. 长江三角洲地区人口分布演化与偏移增长[J]. 地理科学，28（1）：139-144.
樊宝敏，董源. 2001. 中国历代森林覆盖率的探讨[J]. 北京林业大学学报，23（4）：60-65.
樊树志. 1990. 明清江南市镇探微[M]. 上海：复旦大学出版社.
方修琦，叶瑜，葛全胜，等. 2005. 从城镇体系的演变看清代东北地区的土地开发[J]. 地理科学，25（2）：129-134.
方修琦，章文波，张兰生，等. 2002. 近百年来北京城市空间拓展与城乡过渡带演变[J]. 城市规划，26（4）：56-60.
封志明，刘宝勤，杨艳昭. 2005. 中国耕地资源数量变化的趋势分析与数据重建 1949~2003[J]. 自然资源学报，20（1）：35-43.
冯惠玲，张辑哲. 2006. 档案学概论[M]. 北京：中国人民大学出版社.
冯文勇，王乃昂，何彤慧. 2014. 鄂尔多斯地区历史城市等级体系研究[J]. 城市规划，38（8）：30-34.
冯永恒，张时煌，何凡能，等. 2014. 20世纪中国耕地格网化数据分区重建[J]. 地理科学进展，33（11）：1546-1555.
复旦大学历史地理研究中心. 2011. 中国人口地理信息系统[DB]. http://cpgis.fudan.edu.cn/cpgis/default.asp[2011-07-15].
傅林祥，林涓，任玉雪，等. 2013. 中国行政区划通史（清代卷）[M]. 上海：复旦大学出版社.
葛剑雄. 2001. 中国人口史[M]. 上海：复旦大学出版社.
葛全胜，戴君虎，何凡能，等. 2003. 过去300年中国部分省区耕地资源数量变化及驱动因素分析[J]. 自然科学进展，13（8）：825-832.
葛全胜，戴君虎，何凡能，等. 2008a. 过去300年中国土地利用、土地覆被变化与碳循环研究[J]. 中国科学：D辑，38（2）：197-210.
葛全胜，戴君虎，何凡能. 2008b. 过去三百年中国土地利用变化与陆地碳收支[M]. 北京：科学出版社.

葛全胜,方修琦,张雪芹,等.2005.20世纪下半叶中国地理环境的巨大变化:关于全球环境变化区域研究的思考[J].地理研究,24(3):345-358.

葛全胜,何凡能,郑景云,等.2004.21世纪中国历史地理学发展的思考[J].地理研究,23(3):374-384.

葛全胜,赵名茶,郑景云.2000.20世纪中国土地利用变化研究[J].地理学报,55(6):698-706.

耕地问题研究组.1992.中国耕地递减问题的数量经济分析[M].北京:经济科学出版社.

龚泽仪,齐清文,夏小琳.2014.基于中国近代地图的城镇体系演变信息图谱[J].测绘科学,39(8):103-110.

顾朝林.1992.中国城镇体系:历史·现状·展望[M].北京:商务印书馆.

顾朝林,柴彦威,蔡建明,等.1989.中国城市地理[M].北京:商务印书馆.

顾朝林,庞海峰.2008.基于重力模型的中国城市体系空间联系与层域划分[J].地理研究,27(1):1-12.

顾大男,周俊山.2010.中国民居地理分布格局及其演变[J].经济地理,30(8):1344-1348.

管驰明,崔功豪.2004.100多年来中国城市空间分布格局的时空演变研究[J].地域研究与开发,23(5):28-32.

郭红,靳润成.2007.中国行政区划通史(明代卷)[M].上海:复旦大学出版社.

郭亚军.2007.综合评价理论、方法及应用[M].北京:科学出版社.

国家统计局.2011.关于第一次全国人口调查登记结果的公报[DB/OL].http://www.stats.gov.cn/tjgb/rkpcgb/qgrkpcgb/t20020404_16767.htm[2011-07-03].

国家统计局城市社会经济调查司.1985.中国城市统计年鉴1985[M].北京:中国统计出版社.

国家统计局城市社会经济调查司.2001.中国城市统计年鉴2001[M].北京:中国统计出版社.

国家统计局城市社会经济调查司.2011.中国城市统计年鉴2011[M].北京:中国统计出版社.

国家统计局农村社会经济调查司.2001.中国县域统计年鉴2001[M].北京:中国统计出版社.

国家统计局农村社会经济调查司.2011.中国县域统计年鉴2011[M].北京:中国统计出版社.

国家统计局人口统计司,公安部三局.1988.中华人民共和国人口统计资料汇编[M].北京:中国财政经济出版社.

国民政府行政院.1943.国民政府年鉴[M].重庆:中心印书局.

国民政府主计处统计局.1936.中国土地问题之统计分析[M].南京:正中书局.

郝园林,森古一树.2017.CORONA影像在城市考古中的应用[J].边疆考古研究,(2):313-323.

何炳棣.2000.明初以降人口及其相关问题1368—1953[M].北京:三联书店.

何凡能,葛全胜,戴君虎,等.2007.近300年来中国森林的变迁[J].地理学报,62(1):30-40.

何凡能,葛全胜,郑景云.2002.中国清代城镇用地面积估算及其比较[J].地理学报,57(6):709-716.

何凡能,李士成,张学珍,等.2012.中国传统农区过去300年耕地重建结果的对比分析[J].地理学报,67(9):1190-1200.

何凡能,李士成,张学珍.2011.北宋中期耕地面积及其空间分布格局重建[J].地理学报,66(11):1531-1539.

何凡能,李士成,张学珍.2014.清代西南地区森林空间格局网格化重建[J].地理研究,33(2):260-269.

何凡能，田砚宇，葛全胜. 2003. 清代关中地区土地垦殖时空特征分析[J]. 地理研究, 22（6）: 687-697.
何一民. 2012. 中国城市史[M]. 武汉：武汉大学出版社.
侯杨方. 2005. 中国人口史（第六卷）[M]. 上海：复旦大学出版社.
胡焕庸. 1983. 论中国人口之分布：人口地理文集[M]. 上海：华东师范大学出版社.
胡贤辉，杨钢桥，张霞，等. 2007. 农村居民点用地数量变化及驱动机制研究：基于湖北仙桃市的实证[J]. 资源科学, 29（3）: 191-197.
胡最，郑文武，刘沛林，等. 2018. 湖南省传统聚落景观基因组图谱的空间形态与结构特征[J]. 地理学报, 73（2）: 317-332.
黄飞飞，张小林，余华，等. 2009. 基于空间自相关的江苏省县域经济实力空间差异研究[J]. 人文地理, （2）: 84-89.
霍仁龙，杨煜达，满志敏. 2016. 云南省掌鸠河流域近 300 年来聚落空间演变[J]. 地理研究, 35（9）: 1647-1658.
贾雁岭. 2017. 我国城市扩张的特征及效率分析[J]. 建筑经济, 38（2）: 19-25.
江苏农村经济 50 年编委会. 2000. 江苏农村经济 50 年[M]. 北京：中国统计出版社.
江苏省地图集编辑组. 1978. 江苏省地图集[M]. 南京：星球地图出版社.
江苏省交通史志编纂委员会. 1995. 江苏公路交通史[M]. 北京：人民交通出版社.
江苏省统计局，国家统计局江苏调查总队. 1985. 江苏统计年鉴 1985[M]. 北京：中国统计出版社.
江苏省统计局，国家统计局江苏调查总队. 2001. 江苏统计年鉴 2001[M]. 北京：中国统计出版社.
江苏省统计局，国家统计局江苏调查总队. 2011. 江苏统计年鉴 2011[M]. 北京：中国统计出版社.
江苏五十年编辑委员会. 1999. 江苏五十年：1949—1999[M]. 北京：中国统计出版社.
江太新. 1995. 关于清代前期耕地面积之我见[J]. 中国经济史研究, （1）: 47-51.
江伟涛. 2014. 土地利用视角下的句容县城形态——以民国地籍图资料为中心的考察[J]. 中国历史地理论丛, 29（2）: 33-45.
姜蓝齐，张丽娟，臧淑英，等. 2015. 清末耕地空间分布格局重建方法比较[J]. 地理学报, 70（4）: 625-635.
姜涛. 1993. 中国近代人口史[M]. 浙江：浙江人民出版社.
金其铭. 1988. 农村聚落地理[M]. 北京：科学出版社.
金勇强. 2015. 唐宋时期河湟地区城镇体系的演变[J]. 西藏研究, （5）: 15-20.
匡文慧，张树文，张养贞，等. 2005. 1900 年以来长春市土地利用空间扩张机理分析[J]. 地理学报, 60（5）: 841-850.
来亚文. 2018. "九里十三步"城与"九里三十步"城考——文献所见中国古代城郭周长的数字意象[J]. 历史地理, 36: 270-282.
李蓓蓓，方修琦，叶瑜，等. 2010. 全球土地利用数据集精度的区域评估：以中国东北地区为例[J]. 中国科学：D 辑, 40（8）: 1048-1059.
李蓓蓓，徐峰. 2008. 中国近代城市化率及分期研究[J]. 华东师范大学学报（哲学社会科学版）, 197（3）: 34-41.
李伯重. 1991. 简论"江南地区"的界定[J]. 中国社会经济史研究, （1）: 100-105.
李伯重. 2007. 江南农业的发展（1620—1850）[M]. 上海：上海古籍出版社.
李陈，靳相木. 2016. 基于引力模型的中心镇空间联系测度研究：以浙江省金华市 25 个中心镇为例[J]. 地理科学, 36 (5): 724-732.
李二玲, 庞安超, 朱纪广. 2012. 中国农业地理集聚格局演化及其机制[J]. 地理研究, 31 (5): 885-898.
李家洋, 陈泮勤, 马柱国, 等. 2006. 区域研究: 全球变化研究的重要途径[J]. 地球科学进展, 21 (5): 441-450.
李建, 董卫. 2008. 古代城市地图转译的历史空间整合方法: 以杭州市古代城市地图为例[J]. 城市规划学刊, (2): 93-98.
李柯, 何凡能, 张学珍. 2011. 基于MODIS数据网格化重建历史耕地空间分布的方法: 以清代云南省为例[J]. 地理研究, 30 (12): 2281-2288.
李良玉. 2004. 建国初期的土地改革运动[J]. 江苏大学学报: 社会科学版, (1): 39-44.
李巧萍, 丁一汇, 董文杰. 2006. 中国近代土地利用变化对区域气候影响的数值模拟[J]. 气象学报, 64 (3): 257-270.
李士成, 何凡能, 陈屹松. 2012. 清代西南地区耕地空间格局网格化重建[J]. 地理科学进展, 31(9): 1196-1203.
李士成, 何凡能, 张学珍. 2014. 中国历史时期森林空间格局网格化重建方法研究: 以东北地区为例[J]. 地理学报, 69 (3): 312-322.
李士成, 张镱锂, 何凡能. 2015. 过去百年青海和西藏耕地空间格局重建及其时空变化[J]. 地理科学进展, 34 (2): 197-206.
李为, 张平宇, 宋玉祥. 2005. 清代东北地区土地开发及其动因分析[J]. 地理科学, 25 (1): 7-16.
李文海, 刘仰东, 夏明方. 1994. 中国近代十大灾荒[M]. 上海: 上海人民出版社.
李孝聪, 武弘麟. 1992. 应用彩虹外航片研究城市历史地理——以九江、芜湖、安庆三座沿江城市的文化景观演化与河道变迁关系为例[J]. 北京大学学报, (历史地理学专刊): 37-41.
梁方仲. 2008. 中国历代户口、田地、田赋统计[M]. 北京: 中华书局.
林超, 楼桐茂, 王成敬, 等. 1946. 嘉陵江流域地理考察报告(下卷)[J]. 地理专号, (1): 105-135.
林珊珊, 郑景云, 何凡能. 2008. 中国传统农区历史耕地数据网格化方法[J]. 地理学报, 63 (1): 83-92.
林忆南, 金晓斌, 杨绪红, 等. 2015. 清代中期建设用地数据恢复与空间网格化重建: 方法与实证[J]. 地理研究, 34 (12): 2329-2342.
林忆南, 金晓斌, 杨绪红, 等. 2017. 近两百年江苏省城乡建设用地数量估算与空间重建[J]. 地理学报, 72 (3): 488-506.
刘纪远, 匡文慧, 张增祥, 等. 2014. 20世纪80年代末以来中国土地利用变化的基本特征与空间格局[J]. 地理学报, 69 (1): 3-14.
刘纪远, 张增祥, 徐新良, 等. 2009. 21世纪初中国土地利用变化的空间格局与驱动力分析[J]. 地理学报, 64 (12): 1411-1420.
刘纪远, 张增祥, 庄大方, 等. 2003. 20世纪90年代中国土地利用变化时空特征及其成因分析[J]. 地理研究, 22 (1): 1-12.
刘沛林, 刘春腊, 邓运员, 等. 2010. 中国传统聚落景观区划及景观基因识别要素研究[J]. 地理学报, 65 (12): 1496-1506.
刘彦随, 刘玉, 翟荣新. 2009. 中国农村空心化的地理学研究与整治实践[J]. 地理学报, 64 (10): 1193-1202.

龙花楼,李婷婷. 2012. 中国耕地和农村宅基地利用转型耦合分析[J]. 地理学报, 67 (2): 201-210.
龙瀛, 金晓斌, 李苗裔, 等. 2014. 利用约束性CA重建历史时期耕地空间格局: 以江苏省为例[J]. 地理研究, 33 (12): 2239-2250.
鲁西奇. 2011. 城墙内外: 古代汉水流域城市的形态与空间结构[M]. 北京: 中华书局.
路遇, 滕泽之. 2000. 中国人口通史(下)[M]. 山东: 山东人民出版社.
罗静, 张镱锂, 刘峰贵, 等. 2014. 青藏高原东北部河湟谷地1726年耕地格局重建[J]. 地理研究, 33 (7): 1285-1296.
骆毅. 1998. 清朝人口数字的再估算[J]. 经济科学, (6): 120-128.
满志敏. 2008. 小区域研究的信息化: 数据架构及模型[J]. 中国历史地理论丛, (2): 5-11.
毛广雄, 曹蕾, 丁金宏, 等. 2009. 基于传统和五普口径的江苏省城市规模分布时空演变研究[J]. 经济地理, 29 (11): 1833-1838.
南京师范学院地理系江苏地理研究室. 1982. 江苏城市历史地理[M]. 南京: 江苏科学技术出版社.
内政部年鉴编纂委员会. 1936. 内政年鉴[M]. 上海: 商务印书馆.
潘倩, 金晓斌, 周寅康. 2015. 清代中期江苏省土地利用格局网格化重建[J]. 地理学报, 70 (9): 1449-1462.
彭雨新. 1990, 清代土地开垦史[M]. 北京: 中国农业出版社.
覃丽君, 金晓斌, 蒋宇超, 等. 2019. 近六百年来长江三角洲地区城镇空间与城镇体系格局演变分析[J]. 地理研究, 38 (5): 1045-1062.
全国农业区划委员会. 1981. 中国综合农业区划[M]. 北京: 中国农业出版社.
单德启. 2009. 安徽民居[M]. 北京: 中国建筑工业出版社.
上海市统计局. 2001. 上海市国民经济和社会发展历史统计资料[M]. 北京: 中国统计出版社.
上海市统计局, 国家统计局上海调查总队. 2009. 光辉的六十载: 上海历史统计资料汇编 1949—2009[M]. 北京: 中国统计出版社.
上海市统计局, 国家统计局上海调查总队. 1981. 上海统计年鉴[M]. 北京: 中国统计出版社.
上海市统计局, 国家统计局上海调查总队. 2001. 上海统计年鉴[M]. 北京: 中国统计出版社.
上海市统计局, 国家统计局上海调查总队. 2011. 上海统计年鉴[M]. 北京: 中国统计出版社.
沈惊宏, 周葆华, 余兆旺. 2016. 泛长三角地区城市的空间结构演变[J]. 地理研究, 35 (3): 482-492.
沈文星, 马天乐. 1994. 江苏省林地资源利用现状、问题与对策[J]. 林业资源管理, (4): 50-53.
实业部中国经济年鉴编纂委员会. 1934. 中国经济年鉴[M]. 上海: 商务印书馆.
史娟, 张凤荣, 赵婷婷. 2008. 1998—2006年中国耕地资源的时空变化特征[J]. 资源科学, 30 (8): 1191-1198.
史威, 朱诚, 马春梅, 等. 2008. 中坝遗址约4250 a B.P.以来古气候和人类活动记录[J]. 地理科学, 28 (5): 703-708.
史志宏. 1989. 清代前期的耕地面积及粮食产量估计[J]. 中国经济史研究, (2): 47-60.
斯波义信. 2013. 中国都市史[M]. 北京: 北京大学出版社.
宋伟, 陈百明, 杨红, 等. 2008. 我国农村宅基地资源现状分析[J]. 中国农业资源与区划, 29 (3): 1-5.
孙雁, 刘志强, 王秋兵, 等. 2011. 百年沈阳城市土地利用空间扩展及其驱动力分析[J]. 资源科学, 33 (11): 2022-2029.

孙振兴. 2009. 民国时期江苏农村合作社研究（1927—1937）[D]. 南京：南京农业大学.
谭其骧. 1982. 中国历史地图集[M]. 北京：中国地图出版社.
谭雪兰, 张炎思, 谭洁, 等. 2016. 江南丘陵区农村居民点空间演变特征及影响因素研究：以长沙市为例[J]. 人文地理,（1）：89-93.
谭瑛, 张涛, 杨俊宴. 2016. 基于数字化技术的历史地图空间解译方法研究[J]. 城市规划, 40（6）：82-88.
汤茂林, 姚士谋. 1999. 江苏省城市化进程与现状特征研究[J]. 经济地理, 19（4）：117-122.
田光进, 刘纪远, 张增祥, 等. 2002. 基于遥感与 GIS 的中国农村居民点规模分布特征[J]. 遥感学报, 6（4）：307-312.
托津等. 1992. 钦定大清会典事例：嘉庆朝[M]. 台北：文海出版社.
汪桂生, 颉耀文, 王学强, 等. 2013. 明代以前黑河流域耕地面积重建[J]. 资源科学, 35（2）：362-369.
王成超, 杨玉盛. 2012. 基于农户生计策略的土地利用与土地覆盖变化效应综述[J]. 地理科学进展, 31（6）：792-798.
王传胜, 孙贵艳, 朱珊珊. 2011. 西部山区乡村聚落空间演进研究的主要进展[J]. 人文地理, 26（5）：9-14.
王家庭, 张俊韬. 2010. 我国城市蔓延测度：基于 35 个大中城市面板数据的实证研究[J]. 经济学家,（10）：56-63.
王金朔, 金晓斌, 曹雪, 等. 2014. 清代北方农牧交错带农耕北界的变迁[J]. 干旱区资源与环境, 29（3）：20-25.
王茂军, 刘志林, 霍婷婷, 等. 2010. 1932-1979 年山东省城镇体系结节地域结构的变动分析[J]. 人文地理, 25（3）：47-54.
王茂军, 申玉铭, 高宜程. 2007. 民国时期山东城镇体系的空间组织：基于洋货空间流通的分析[J]. 地理研究, 26（6）：1221-1232.
王其钧. 2007. 中国传统民居[M]. 北京：外文出版社.
王士达. 1931. 近代中国人口的估计[M]. 北京：北平社会调查.
王树槐. 1984. 中国现代化的区域研究：江苏卷（1860—1916）[M]. 台北：近代史研究所.
王树声. 2009. 从河津与韩城看中国古代城市建设用地结构[J]. 西安建筑科技大学学报（自然科学版）, 41（3）：391-396.
王兴中, 李胜超, 李亮, 等. 2014. 地域文化基因再现及人本观转基因空间控制理念[J]. 人文地理, 29（6）：1-9.
王宇坤, 陶娟平, 刘峰贵, 等. 2015. 西藏雅鲁藏布江中游河谷地区 1830 年耕地格局重建[J]. 地理研究, 34（12）：2355-2367.
王哲. 2013. 源-汇数据在近代经济史中的使用初探——以 19 世纪末长江中下游诸港的子口税贸易数据为例[J]. 中国经济史研究,（2）：21-33.
王哲, 吴松弟. 2010. 中国近代港口贸易网络的空间结构——基于旧海关对外一埠际贸易数据的分析（1877—1947）[J]. 地理学报, 65（10）：1299-1310.
隗瀛涛. 1998. 中国近代不同类型城市综合研究[M]. 成都：四川大学出版社.
魏学琼, 叶瑜, 崔玉娟, 等. 2014. 中国历史土地覆被变化重建研究进展[J]. 地球科学进展, 29（9）：1037-1045.

吴传钧, 郭焕成. 1994. 中国土地利用[M]. 北京: 科学出版社.
吴宏岐. 2011. 明清珠江三角洲城镇发展与生态环境演变互动研究[M]. 武汉: 长江出版社.
吴文恒, 牛叔文, 郭晓东, 等. 2008. 黄淮海平原中部地区村庄格局演变实证分析[J]. 地理研究, 27 (5): 1017-1026.
肖磊, 黄金川, 孙贵艳. 2011. 京津冀都市圈城镇体系演化时空特征[J]. 地理科学进展, 30 (2): 215-223.
颉耀文, 汪桂生. 2014. 黑河流域历史时期水资源利用空间格局重建[J]. 地理研究, 33 (10): 1977-1911.
颉耀文, 王学强, 汪桂生, 等. 2013. 基于网格化模型的黑河流域中游历史时期耕地分布模拟[J]. 地球科学进展, 28 (1): 71-78.
谢国兴. 1991. 中国现代化的区域研究: 安徽省 (1860—1973) [M]. 台北: 近代史研究所.
谢花林, 李波. 2008. 基于 logistic 回归模型的农牧交错区土地利用变化驱动力分析——以内蒙古翁牛特旗为例[J]. 地理研究, 27 (2): 294-304.
徐建华, 岳文泽. 2001. 近 20 年来中国人口重心与经济重心的演变及其对比分析[J]. 地理科学, 21 (5): 385-389
徐占春. 2009. 上海开埠后江南地区的变化及其对上海发展的影响[J]. 常熟理工学院学报 (哲学社会科学), (3): 102-106.
许道夫. 1983. 中国近代农业生产及贸易统计资料[M]. 上海: 上海人民出版社.
许学强, 周一星, 宁越敏. 2009. 城市地理学[M]. 2 版. 北京: 高等教育出版社.
严巍, 董卫. 2015. 历史城市时空信息梯度网络构建方法及应用研究: 以洛阳老城为例[J]. 建筑学报, 1 (2): 106-111.
杨立国, 林琳, 刘沛林, 等. 2014. 少数民族传统聚落景观基因的居民感知与认同特征: 以通道芋头侗寨为例[J]. 人文地理, 29 (6): 60-66.
杨忍. 2017. 基于自然主控因子和道路可达性的广东省乡村聚落空间分布特征及影响因素[J]. 地理学报, 72 (10): 1859-1871.
杨绪红, 金晓斌, 郭贝贝, 等. 2014. 基于最小费用距离模型的高标准基本农田建设区划定方法[J]. 南京大学学报 (自然科学), (2): 202-210.
杨绪红, 金晓斌, 林忆南, 等. 2016. 中国历史时期土地覆被数据集地理空间重建进展评述[J]. 地理科学进展, 35 (2): 159-172.
姚远, 李效顺, 曲福田, 等. 2012. 中国经济增长与耕地资源变化计量分析[J]. 农业工程学报, (14): 209-215.
叶笃正, 符淙斌. 2004. 全球变化科学领域的若干研究进展[J]. 中国科学院院刊, 19(5): 336-341.
叶瑜, 方修琦, 戴玉娟 等. 2006. 东北 3 省民国时期耕地数据的同化与垦殖率重建[J]. 自然科学进展, 16 (11): 1419-1427.
叶瑜, 方修琦, 任玉玉, 等. 2009a. 东北地区过去 300 年耕地覆盖变化[J]. 中国科学: D 辑, 39 (3): 340-350.
叶瑜, 方修琦, 张学珍, 等. 2009b. 过去 300 年东北地区林地和草地覆盖变化[J]. 北京林业大学学报, (5): 137-144.
易昊旻, 周生路, 吴绍华, 等. 2013. 基于正态模糊数的区域土壤重金属污染综合评价[J]. 环境科学学报, 33(4): 1127-1134.

尹昌应, 石忆邵, 王贺封. 2013. 晚清以来上海市建成区边界扩张过程与特征[J]. 地理科学进展, 32（12）: 1793-1803.
雍振华. 2009. 江苏民居[M]. 北京: 中国建筑工业出版社.
元木靖, 刘金生, 张宗奇. 1999. 1949-1990: 中国耕地观察[J]. 中国土地, （3）: 36-38.
云和义. 1999. 清代以来内蒙古大量开垦土地的主要原因[J]. 内蒙古农业科技, （6）: 8-11.
曾山山, 周国华, 肖国珍, 等. 2011. 地理学视角下的国内农村聚居研究综述[J]. 人文地理, 26（2）: 68-73.
曾早早, 方修琦, 叶瑜. 2011a. 吉林省近 300 年来聚落格局演变[J]. 地理科学, 31（1）: 87-94.
曾早早, 方修琦, 叶瑜. 2011b. 基于聚落地名记录的过去 300 年吉林省土地开垦过程[J]. 地理学报, 66（7）: 985-993.
张佰林, 蔡为民, 张凤荣, 等. 2016a. 隋朝至 1949 年山东省沂水县农村居民点的时空格局及驱动力[J]. 地理研究, 35（6）: 1141-1150.
张佰林, 蔡为民, 张凤荣, 等. 2016b. 中国农村居民点用地微观尺度研究进展及展望[J]. 地理科学进展, 35（9）: 1049-1061.
张芳. 2012. 明清时期辽东半岛城镇体系演变研究[D]. 北京: 中央民族大学.
张鸿辉, 曾永年, 金晓斌, 等. 2008. 多智能体城市土地扩张模型及其应用[J]. 地理学报, 63（8）: 869-881.
张建民. 1990. 明清农业垦殖论略[J]. 中国农史, （4）: 9-27.
张洁, 陈星. 2007. 中国东部地区土地利用和植被覆盖的历史演变[J]. 南京大学学报: 自然科学版, 43（5）: 544-555.
张蕾, 何捷. 2020. 豫东平原古城淮阳城湖湿地历史景观探析——兼论科罗纳（CORONA）影像资料的解读与运用[J]. 中国历史地理论丛, 35（2）: 14-29.
张丽娟, 姜蓝齐, 张学珍, 等. 2014. 19 世纪末黑龙江省的耕地覆盖重建[J]. 地理学报, 69（4）: 448-458.
张善余. 2006. 人口地理学概论[M]. 上海: 华东师范大学出版社.
张尚武. 1999. 长江三角洲城镇密集地区形成及发展的历史特征[J]. 城市规划汇刊, （1）: 40-46.
张廷玉. 2000. 清朝文献通考[M]. 杭州: 浙江古籍出版社.
张研. 2008. 17~19 世纪中国的人口与生存环境[M]. 合肥: 黄山书社.
章有义. 1991. 近代中国人口和耕地的再估计[J]. 中国经济史研究, （1）: 20-30.
赵尔巽. 1976. 清史稿[M]. 北京: 中华书局.
赵冈. 1996. 中国历史上生态环境之变迁[M]. 北京: 中国环境科学出版社.
赵泉澄. 1941. 清代地理沿革表[M]. 北京: 中华书局.
赵文林, 谢淑君. 1988. 中国人口史[M]. 北京: 人民出版社.
浙江省财政税务志编纂委员会. 2002. 浙江省财政税务志[M]. 北京: 中华书局.
浙江省统计局, 国家统计局浙江调查总队. 2009. 浙江 60 年统计资料汇编[M]. 北京: 中国统计出版社.
浙江省统计局, 国家统计局浙江调查总队. 1984. 浙江统计年鉴 1984[M]. 北京: 中国统计出版社.
浙江省统计局, 国家统计局浙江调查总队. 2001. 浙江统计年鉴 2001[M]. 北京: 中国统计出版社.
浙江省统计局, 国家统计局浙江调查总队. 2011. 浙江统计年鉴 2011[M]. 北京: 中国统计出版社.
郑斌. 2011. 农村居民点用地与住房建设变化特征及驱动机制研究[D]. 北京: 中国地质大学.

郑正，马力，王兴平. 1998. 清朝的真实耕地面积[J]. 江海学刊，（4）：129-135.

中国第二历史档案馆. 1998a. 中华民国史档案资料汇编（第3辑：农商）[M]. 南京：江苏古籍出版社.

中国第二历史档案馆. 1998b. 中华民国史档案资料汇编（第5辑：财政经济）[M]. 南京：江苏古籍出版社.

中国军事史编写组. 2003. 中国历代战争年表（下册）[M]. 北京：解放军出版社.

中华人民共和国国家统计局. 2001. 中国人口统计年鉴2001[M]. 北京：中国统计出版社.

中华人民共和国住房和城乡建设部. 2014. 中国传统民居类型全集[M]. 北京：中国建筑工业出版社.

中华书局. 1986. 嘉庆重修一统志[M]. 北京：中华书局.

钟翀. 2015. 上海老城厢平面格局的中尺度长期变迁探析[J]. 中国历史地理论丛，（3）：56-70.

周昌柏. 1989. 安徽公路史（第一册）[M]. 合肥：安徽人民出版社.

周清澍. 1964. 试论清代内蒙古农业的发展[J]. 内蒙古大学学报：社会科学，（2）：35-63.

周荣. 2001. 清代前期耕地面积的综合考察和重新估算[J]. 江汉论坛，（9）：57-61.

周生路，李如海，王黎阳，等. 2004. 江苏省农用地资源分等研究[M]. 南京：东南大学出版社.

周一星. 1995. 城市地理学[M]. 北京：商务印书馆.

朱彬，马晓冬. 2011. 苏北地区乡村聚落的格局特征与类型划分[J]. 人文地理，26（4）：66-72.

朱传民，黄雅丹，吴佳，等. 2012. 不同地貌区耕地集约利用水平空间分异及驱动机制：以江西省为例[J]. 山地学报，30（2）：156-164.

朱道才，陆林，晋秀龙，等. 2011. 基于引力模型的安徽城市空间格局研究[J]. 地理科学，31（5）：551-556.

朱枫，崔雪锋，缪丽娟. 2012. 中国历史时期土地利用数据集的重建方法述评[J]. 地理科学进展，31（12）：1563-1573.

朱考金，王思明. 2008. 民国时期江苏乡村建设运动初探[J]. 中国农史，27（4）：85-92.

朱沛莲. 1987. 江苏省及64县市志略[M]. 台北：国史馆.

邹逸麟. 2013. 明清以来长江三角洲地区城镇地理与环境研究[M]. 北京：商务印书馆.

Bai X，Dawson R J，Urge-Vorsatz D，et al. 2018. Six research priorities for cities and climate change[J]. Nature，555（7694）：23-25.

Bures R，Kanapaux W. 2011. Historical regimes and social indicators of resilience in an urban system: the case of Charleston，South Carolina[J]. Ecology and Society，16（4）：16.

Chandler T. 1987. Four Thousand Years of Urban Growth: An historical census[M]. Lewiston: The Edwin Mellen Press.

Chang K. 1986. The Archaeology of Ancient China[M]. 4th edition. New Haven: Yale University Press.

Chang S. 1970. Some observations on the morphology of Chinese walled cities[J]. Annals of the American Association of Geographers，60：63-91.

Conzen M R G. 1969. Alnwick，Northumberland: A Study in Town-Plan Analysis[M]. London: Institute of British Geographers.

Doxiadis C A. 1970. Ekistics, the science of human settlements: Ekistics starts with the premise that human settlements are susceptible of systematic investigation[J]. Science，170：393-404.

Ellis E C, Ramankutty N. 2008. Putting people in the map: Anthropogenic biomes of the world[J]. Frontiers in Ecology and the Environment, 6 (8): 439-447.

Fairbank Center for Chinese Studies of Harvard University and Center for Historical Geographical Studies at Fudan University. 2016. The China historical geographic information system(CHGIS) Version 6[DB]. https://dataverse.harvard.edu/dataverse/chgis_v6[2021-12-21].

Fang L, Li P, Song S. 2017. China's development policies and city size distribution: An analysis based on Zipf's law[J]. Urban Studies, 54 (12): 2818-2834.

Feddema J J, Oleson K W, Bonan G B, et al. 2005. The importance of land-cover change in simulating future climates[J]. Science, 310 (5754): 1674-1678.

Foley J A, DeFries R, Asner G P, et al. 2005. Global consequence of land use[J]. Science, 309 (5734): 570-574.

Gabaix X. 1999. Zipf's Law for cities: An explanation[J]. Quarterly Journal of Economics, 114 (3): 739-767.

Geary R C. 1954. The contiguity ratio and statistical mapping[J]. The Incorporated Statistician, 5(3): 115-127, 129-146.

Getis A, Ord J K. 1992. The analysis of spatial association by use of distance statistics[J]. Geographical Analysis, 24 (3): 189-206.

Goldewijk K K. 2001. Estimating global land use change over the past 300 years: The HYDE Database[J]. Global Biogeochemical Cycles, 15 (2): 417-433.

Goldewijk K K. 2005. Three centuries of global population growth: A spatial referenced population (density) database for 1700-2000[J]. Population and Environment, 26 (4): 343-367.

Goldewijk K K, Battjes J J. 1997. A hundred year (1890–1990) database for integrated environmental assessments (HYDE, version 1.1) [M]. Bilthoven: National Institute of Public Health and the Environment (RIVM).

Goldewijk K K, Beusen A, Drecht G, et al. 2011. The HYDE 3.1 spatially explicit database of human-induced global land-use change over the past 12, 000 years[J]. Global Ecology and Biogeography, (20): 73-86.

Goldewijk K K, Dekker S C, Zanden J L. 2017. Per-capita estimations of long-term historical land use and the consequences for global change research[J]. Journal of Land Use Science, 12: 313-337.

Goldewijk K K, Navin R. 2004. Land cover change over the last three centuries due to human activities: The availability of new global data sets[J]. Geo Journal, 61 (4): 335-344.

Goldewijk K K, Ramankutty N. 2004. Land cover change over the last three centuries due to human activities: The availability of new global data sets[J]. GeoJournal, 61 (4): 335-344.

Gong P, Li X, Zhang W. 2019. 40-Year (1978–2017) human settlement changes in China reflected by impervious surfaces from satellite remote sensing[J]. Science Bulletin, 64: 756-763.

Hall C, Tian H, Qi Y, et al. 1995. Modelling spatial and temporal patterns of tropical land use change[J]. Journal of Biogeography, 22 (4-5): 753-757.

He F N, Li S C, Zhang X Z. 2015. A spatially explicit reconstruction of forest cover in China over 1700-2000[J]. Global and Planetary Change, 131: 73-81.

Hedefalk F, Svensson P, Harrie L. 2017. Spatiotemporal historical datasets at micro-level for geocoded individuals in five Swedish parishes[J]. Scientific Data, 4: 1813-1914.

Ho P. 1959. Studies on the Population of China, 1368-1953[M]. Cambridfe: Harvard University Press.

Hurtt G C, Frolking S, Fearon M G, et al. 2006. The underpinnings of land-use history: Three centuries of global gridded land-use transitions, wood-harvest activity, and resulting secondary lands[J]. Global Change Biology, 12 (7): 1208-1229.

IGBP. 2001. Global change and earth system: A Planet under pressure[R]. IGBP Science Series 4.

IGBP. 2005. GLP science plan and implementation strategy[R]. IGBP Report. No.53.

Jin X, Pan Q, Yang X, et al. 2016. Reconstructing the historical spatial land use pattern for Jiangsu province in mid-Qing Dynasty[J]. Journal of Geographical Sciences, 26 (12): 1689-1706.

Jin X B, Cao X, Du X D, et al. 2015. Farmland dataset reconstruction and farmland change analysis in China during 1661-1985[J]. Journal of Geographical Sciences, 25 (9): 1058-1074.

Knapp R. 2000. China's Walled Cities[M]. Oxford: Oxford University Press.

Kostof S. 1992. The City Assembled: The Elements of Urban From Through History[M]. New York: Thames & Hudson Inc.

Kuang W, Zhang S, Li X, et al. 2021. A 30 m resolution dataset of China's urban impervious surface area and green space, 2000-2018[J]. Earth System Science Data, 13: 63-82.

Lambin E F, Turner B L, Geist H J, et al. 2001. The causes of land-use and land-cover change: Moving beyond the myths[J]. Global Environmental Change, 11 (4): 261-269.

Leemans R, Klein Goldewijk K, Oldfield B F. 2000. Developing a fast-track global database of land-cover history[R]. LUCC Newsletter, 5: 6-7.

Leyk S, Uhl J H, Connor D S, et al. 2020. Two centuries of settlement and urban development in the United States[J]. Science Advances, 6 (23): eaba2937.

Li B. 1997. Agricultural development in Jiangnan, 1620—1850[M]. New York: St. Martin's Press.

Li S C, He F N, Zhang X Z. 2015. A spatially explicit reconstruction of cropland cover in China from 1661 to 1996[J]. Regional Environmental Change, 16 (2): 417-428.

Lin S S, Zheng J Y, He F N. 2009. Gridding cropland data reconstruction over the agricultural region of China in 1820[J]. Journal of Geographical Sciences, 19 (1): 36-48.

Liu H, Gong P, Wang J, et al. 2020. Annual dynamics of global land cover and its long-term changes from 1982 to 2015[J]. Earth System Science Data, 12: 1217-1243.

Liu M L, Tian H Q. 2010. China's land cover and land use change from 1700 to 2005, estimations from high-resolution satellite data and historical archives[J]. Global Biogeochemical Cycles, 24 (3): 1-18.

Long Y, Jin X B, Yang X H, et al. 2014. Reconstruction of historical arable land use patterns using constrained cellular automata: A case study of Jiangsu, China[J]. Applied Geography, 52: 67-77.

Matsumoto H. 2004. International urban system and air passenger and cargo flows: some calculation[J]. Journal of Air Transport Management, 10 (4): 239-247.

Miller H J. 2004. Tobler's first law and spatial analysis[J]. Annals of the Association of American Geographers, 94 (2): 284-289.

Moran P A P. 1950. Notes on continuous stochastic phenomena[J]. Biometrika, 37: 17-23.

Mumford L. 1968. The City in History: Its Origins, Its Transformations, And Its Prospects[M]. San Diego: Harvest Books.

Osada S. 2003. The Japanese urban system 1970—1990[J]. Progress in Planning, 59 (3): 125-231.

Paclone M. 2001. The internal structure of cities in the third world[J]. Geography, 3: 189-209.

Perkins H D. 1969. Agriculture Development in China: 1368—1968[M]. Edinburgh: Edinburgh University Press.

Pongrats J, Reick C, Raddatz T, et al. 2008. A reconstruction of global agricultural areas and land cover for the last millennium[J]. Global Biogeochemical Cycles, 22 (3): 1-16.

Ramankutty N, Foley J A. 1999. Estimating historical changes in global land cover: Croplands from 1700 to 1992[J]. Global Biogeochemical Cycles, 13 (4): 997-1027.

Ray D K, Pijanowski B C. 2010. A backcast land use change model to generate past land use maps: application and validation at the Muskegon River watershed of Michigan, USA[J]. Journal of Land Use Science, 5 (1): 1-29.

Reba M, Reitsma F, Seto K C. 2016. Spatializing 6,000 years of global urbanization from 3700 BC to AD 2000[J]. Scientific Data, 3: 160034.

Rodriguez R S, Ürge-Vorsatz D, Barau A S. 2018. Sustainable Development Goals and climate change adaptation in cities[J]. Nature Climate Change, 8: 181-183.

Sanchez-Rodriguez R, Seto K C, Simon D, et al. 2005. Science Plan: Urbanization and global environmental change, International Human Dimensions Programme on Global Environmental Change[R]. Bonn.

Seto K C, Guneralp B, Hutyra L R. 2012. Global forecasts of urban expansion to 2030 and direct impacts on biodiversity and carbon pools[J]. PNAS, 109: 16083-16088.

Seto K C, Ramankutty N. 2016. Hidden linkages between urbanization and food systems[J]. Science, 352: 943-945.

Skinner W. 1977. The City in Late Imperial China[M]. Stanford: Stanford University Press.

Solecki W, Seto K C, Marcotullio P. 2013. It's time for an urbanization science[J]. Environment, 55: 12-17.

Thompson R S. 2000. BIOME 300: Understanding the impacts of human activities on land cover over the past 300 years[R]. IGBP Newsletters, 43: 2-3.

Tian H Q, Banger K, Bo T, et al. 2014. History of land use in India during 1880-2010: Large-scale land transformations reconstructed from satellite data and historical archivers[J]. Global and Planetary Change, 121: 78-88.

Tobler W R. 1970. A computer movie simulating urban growth in the Detroit region[J]. Economic Geography, 46: 234-240.

Turner B L, Clark W C, Kates R W, et al. 1990. The Earth As Transformed by Human Action: Global and Regional Changes in the Biosphere Over the Past 300 Years[M]. New York: Cambridge University Press.

Turner II B L, Skole D, Sanderson S. 1997. Land use and land cover change[J]. Earth Science Frontiers, 4 (1-2): 26-33.

Uhl J H, Leyk S, McShane C M, et al. 2021. Fine-grained, spatiotemporal datasets measuring 200

years of land development in the United States[J]. Earth System Science Data, 13: 119-153.
Voldoire A, Eickhout B, Schaeffer M, et al. 2007. Climate simulation of the twenty-first century with interactive land-use changes[J]. Climate Dynamics, 29 (2-3): 2-3.
Wei X Q, Ye Y, Zhang Q, et al. 2015. Methods for cropland reconstruction based on gazetteers in the Qing Dynasty (1644—1911): A case study in Zhili province, China[J]. Applied Geography, 65: 82-92.
Xue Q F, Jin X B, Cheng Y N, et al. 2019. The historical process of the masonry city walls construction in China during 1st to 17th centuries AD[J]. PLOS ONE, 14: e0214119.
Yang X H, Guo B B, Jin X B, et al. 2015b. Reconstructing spatial distribution of historical cropland in China's traditionalcultivated region: Methods and case study[J]. Chinese Geographical Science, 25 (5): 1-15.
Yang X H, Jin X B, Guo B B, et al. 2015a. Research on reconstructing spatial distribution of historical cropland over 300 years in traditional cultivated regions of China[J]. Global and Planetary Change, 128: 90-102.
Ye Y, Wei X Q, Fan L, et al. 2015. Reconstruction of cropland cover changes in the Shandong Province over the past 300 years[J]. Scientific Reports, 5: 13642.
Yee D K, Harley J B, Woodward D. 1994. The History of Cartography, Volume 2, Book 2: Cartography in the Traditional East and Southeast Asian Societies[M]. Chicago: The University of Chicago Press.
Zhang H H, Zen Y N, Jin X B, et al. 2016. Simulating multi-objective land use optimization allocation using Multi-agent system-A case study in Changsha, China[J]. Ecological Modeling, 320: 334-347.
Zhou S, Dai J, Bu J. 2013. City size distributions in China 1949 to 2010 and the impacts of government policies[J]. Cities, 32 (3): S52-S57.